铁路新职人员岗位培训系列教材

# 内燃机车副司机

中国铁路上海局集团有限公司　编

中国铁道出版社有限公司

2024年·北 京

## 内 容 简 介

本书为铁路新职人员岗位培训系列教材之一，根据《铁路特有工种技能培训规范》和岗位作业标准编写。全书共六章，主要内容包括安全知识，规章基础知识，行车安全装备及机车车载安全防护系统，$DF_{4B}$型内燃机车专业知识，实作基本技能，实作专业技能。

本书可作为内燃机车副司机岗前资格性培训和岗位适应性培训教材，对各类职业院校相关师生也有重要的参考价值。本书内容如有不符最新规章标准之处，以最新规章标准为准。

**图书在版编目(CIP)数据**

内燃机车副司机/中国铁路上海局集团有限公司编．—北京：中国铁道出版社有限公司，2023.12(2024.11 重印)
铁路新职人员岗位培训系列教材
ISBN 978-7-113-30760-8

Ⅰ.①内…　Ⅱ.①中…　Ⅲ.①内燃机车-驾驶员-岗位培训-教材　Ⅳ.①U268.48

中国国家版本馆 CIP 数据核字(2023)第 225324 号

**书　　名：内燃机车副司机**
**作　　者：**中国铁路上海局集团有限公司

---

**责任编辑：**侯跃文　　**编辑部电话：**(010)51873421　　**电子邮箱：**jiche@tdpress.com
**编辑助理：**李晓慧
**封面设计：**郑春鹏
**责任校对：**安海燕
**责任印制：**赵星辰

---

**出版发行：**中国铁道出版社有限公司(100054，北京市西城区右安门西街 8 号)
**网　　址：**https://www.tdpress.com
**印　　刷：**北京盛通印刷股份有限公司
**版　　次：**2023 年 12 月第 1 版　2024 年 11 月第 2 次印刷
**开　　本：**787 mm×1 092 mm 1/16　**印张：**14　**字数：**334 千
**书　　号：**ISBN 978-7-113-30760-8
**定　　价：**58.00 元

---

# 编　委　会

# 前言

新职人员是铁路职工队伍的新生力量，也将是中国式现代化建设的中坚力量。随着我国铁路事业快速发展，路网规模持续扩大、技术装备不断更新、职工队伍大规模新老交替，对铁路专业技能人才，尤其是新职人员的知识结构、技能结构提出了更高的要求。为提高职工岗位技能源头培训质量，提升职工队伍素质，保障运输安全生产，推动铁路高质量发展和现代化建设取得新成效，根据国铁集团《铁路特有工种技能培训规范》和岗位作业标准，中国铁路上海局集团有限公司组织编写了“铁路新职人员岗位培训系列教材”。

本套教材严格落实铁路主要行车工种岗位资格性培训准入制度，紧密结合现场各工种岗位作业实际及职工培训中的重点，充分依据现行基本规章和作业标准，内容反映各专业新技术、新设备、新工艺、新规章制度变化，重点突出非正常情况下应急处置、作业标准和流程、安全规定、关键作业项点等。

本套教材的最大特点为“理实一体”，以岗位需求为导向，以提升职业素养和岗位技能为核心，将理论知识和实作技能融会贯通，融为一体。理论知识部分，遵循铁路专业学科的知识体系，由浅入深，既包含入门必备的基础知识，也针对专业知识逐步展开，使铁路新职人员较快掌握。实作技能部分，以提升技能操作水平为目标，紧密围绕岗位技能需求，突出必知必会内容，涵盖基本技能和专业技能。为便于教学和使用，每章后面配有复习思考题。

本套教材由中国铁路上海局集团有限公司教材编审委员会组织，集团公司领导高度重视，职工培训部主牵头，运输、客运、货运、机务、车辆、工务、电务、供电等各专业部门，分别组建以首席技师、工匠、技能大师等为主体的编写团队进行编写，适用于新职人员岗前资格性培训，也可作为日常岗位适应性培训教材。本套教材在编写过程中得到了相关运输站段的大力支持，在此一并表示感谢！

本书为“铁路新职人员岗位培训系列教材”之一，共六章，主要内容包括安全知识，规章基础知识，行车安全装备及机车车载安全防护系统，$DF_{4B}$型内燃机车专业知识，实作基本技能，实作专业技能。

编写过程中，虽多次组织现场调研、专题分析研讨，多层面广泛收集意见建议，但难免有不足和纰漏之处，恳请广大读者提出宝贵意见，便于日后修订完善。

编委会

2023年12月

# 目录

# 第一章　安全知识

本章的编写是为了加强铁路内燃机车副司机安全教育，认真贯彻“安全第一、预防为主、综合治理”的方针，使内燃机车副司机在工作中能够严格遵守各项劳动纪律和作业标准，提高安全意识和岗位作业能力，确保铁路作业劳动安全，本章主要介绍内燃机车副司机相关的安全知识。

## 第一节　劳动安全基础知识

### 一、机务劳动安全通用知识

1. 作业人员在作业过程中，应当服从管理和指挥，按规定着装，正确佩戴和使用劳动防护用品、用具。

2. 作业场所按国家(或行业)标准设置安全标志，阶梯、台阶设置明显的安全标线。各种设备应有安全操作规程，设备的危险部位及附近危险区域应醒目设置或悬挂安全警示标志。安全警示标志和安全操作规程的正面不得有妨碍公共视读的障碍物。

3. 禁止班前、班中饮酒，关键岗位班前、班后应进行酒测。

4. 设备操作者应熟悉设备，持有效证件上岗并严格遵守操作规程。

5. 一切工作开始之前均应首先检查作业设备、工具、防护用品及周围环境，如有不安全因素，应消除或采取安全措施后方可进行作业。禁止使用不符合安全要求的设备、工具和防护用品。工作完毕，应打扫清理干净工作场地，设备、工具等应定置管理。

6. 作业中自觉执行请销假制度，严禁脱岗、串岗、私自替班或换班，严格执行当班“五不准”(不准睡觉，不准离岗，不准喝酒，不准打牌下棋或玩耍电子产品，不准做与本职工作无关的事情)。

7. 横越铁路必须严格执行“一站、二看(确认左、右侧无车)、三呼唤确认、四手比通过，垂直穿越”制度；驻站调机及货物列车继乘站接的机车乘务员必须穿越站内正线时，普速铁路严格执行“一站、二问、三看、四呼唤确认、五手比通过，垂直穿越”的有形化措施的规定；作业人员在站场非站台侧上道作业时，严格执行“一人防护、一人作业”安全卡控措施。严禁与移动中的机车车辆抢越线路。六不准：不准在铁路上行走；不准在铁路上坐卧、休息；不准从车底下钻越；不准从“天窗(两车距离小于 3 m)”穿越；不准以车代步；不准从岔群通过。

8. 凡在坠落基准面 2 m 及以上的处所进行的修、扫、抹、擦、吊、架设、堆物等作业时均必须设有专人监护和设置防护。禁止穿高跟、硬底、带钉、易滑鞋。不得以抛掷方式传递工具、零部件和材料，不准探身过远。

9. 患有高处作业禁忌证患者、癫痫或晕厥史、肢体肌肉骨骼疾病及高处作业职业禁忌证者，不得从事高处作业。

10. 夜间作业(或采光不足场所)应有良好的照明条件,照明故障时不准作业。

11. 结合部作业应加强联系,单一指挥。两人及以上同时作业时,须认真执行"呼唤、应答、确认"制度。

12. 严格执行禁动牌摘挂制度(谁设置谁摘除)。凡挂有禁动牌或设有安全防护标志的各种操纵握柄、闸刀、开关等处所严禁擅自触动。

13. 禁止在机车车辆、机械设备、线杆、铁塔、高柱信号机、接触网下面和有倒塌危险、过分潮湿的地点及有毒气体附近休息、饮食、乘凉、避风雨。

14. 顺线路行走时,在站内应走站台、职工作业通道或两线中间;在区间、桥上和隧道内应走人行道,并须注意车辆动态。

15. 机械设备运转中,不准手触运动部件,不准脚踏及跨越运动件防护装置,严禁打开防护罩。

16. 上、下机车须面向机车,站稳抓牢,稳上稳下,防止滑跌。严禁单手下滑。

17. 禁止跨越地沟,禁止跳下、爬上地沟(站台)。

18. 各种易燃易爆、有毒等危险品要严格按规定保管、使用,严禁靠近或抛入火源。使用完毕的空罐应及时回收,妥善处置。

19. 进入有限空间场所内作业前,必须先通风、后检测,确认安全后再进入作业,外面应设监护人,保持定期通信联系,并采取防止中毒、窒息、触电、爆炸、坍塌等安全措施,发生意外时严禁盲目施救。

20. 手持电动工具应安装漏电保护装置,使用前认真检查确认。

21. 工作场所需装设临时用电线路时,必须先向配电箱管理部门提出申请,经批准后由专人负责安装,任何人不得随意装设。严禁私接、私藏熔断器的上插和熔芯。不得随意改变熔丝规格,不得私自更换熔丝。

22. 机械、电器设备、用电线路、接地线路、避雷线路应定期检查,发现接线柱松动、烧结、变色等现象要及时消除。

23. 进行各种耐压试验时,要在指定地点进行,设置专人防护,按规定穿戴耐压防护用品。

24. 在车顶进行清洁或检查、检修作业时,必须按规定设置防护,安全带挂在牢固位置,佩戴安全帽扣好下颚带,站稳抓牢,禁止靠边缘处行走,不得倒行,防止滑倒和坠落。

25. 机车移动中严禁进行外部作业。

26. 开关机车各门时不得手扶门框,注意防止挤伤。进入机械间巡视必须系紧衣扣、鞋带,站稳抓牢;处理故障应避开带电、转动部件。

27. 严禁在机车的电器室、动力室、冷却室、机械间、动车组司机室、救援列车、待乘室等禁烟场所内吸烟。

28. 进入段内的车辆(含私家车)严格执行段管规定。

29. 不得进入与自己工作无关的生产关键场所。

30. 在线路旁或在车站站台上等候列车,必须站在安全标线(距离)以内且面向列车避车。避车时不得打开雨伞,严禁身体各部位和所携带的物品及工具侵入安全限界。

31. 严禁身体各部位和所携带的物品及工具侵入安全限界。

32. 轨旁设备检修时,作业人员必须按规定着装,须在作业设备两端设置防护红牌,并安排防护人员进行防护。

33. 在电气化区段运行的机车、动车、车辆及自轮运转设备在可以攀登到车顶或作业平台的梯子、天窗等处所，均应有涂有“电气化区段严禁攀登”的警告标志并加锁管理或加装保险装置。

34. 电气化区段各种绝缘工具、防护用品要指定专人负责保管，定期进行试验，禁止使用未经试验、试验不合格或超过检验期的绝缘用品。电力机车检修时外接电源用的导线和电缆，要放在规定位置，并由专人保管。

35. 快速区段(指列车运行速度在 160 km/h 及以上的区段)在列车通过前 10 min 或连续通过时段内，所有人员必须到安全地点避车(不得到邻线避车，本线避车时，距钢轨头部外侧距离不得小于 3 m)，严禁在线路上和线路旁做任何事。

36. 快速区段站场单机挂车时，严禁靠正线一侧引导挂车，客车必须在有站台侧引导挂车。

37. 普速列车在高铁线路下车作业时，须汇报调度并得到准许下车的通知后方可下车作业。

## 二、机车乘务作业安全一般知识

1. 按规定的安全径路走行。机车调度员对出勤机车乘务员要提示劳动安全预想和安全措施。

2. 机车检查、给油时，要严格按程序作业，认真检查各部的安全防护装置。列车管有风检查时应手握连接器，防止弹起。

3. 动车前，必须执行“检查、呼唤应答、确认”制度，确认车组人员到齐、其他作业人员处于安全位置后方可动车。

4. 运行中，必须关闭机车司机室两侧车门和中门，认真瞭望，按规定鸣笛。除确认信号显示外，途中停留期间严禁打开邻正线侧或有列车通过侧司机室侧门。遇危及人身和行车安全时，应立即采取减速或停车措施。

5. 在中间站或区间停车下车检查、处理故障、摘挂机车时不得侵入邻线；邻线有列车通过时，不得在通过列车的一侧检查或上下机车。

6. 机车出入库、上下转盘、库内转线或驶进擦车台时，严禁站在脚蹬、司机室梯子处，车内不准探身车外；机车进出库内侵限附属设备必须关闭机车门窗。

7. 机车停留时，须做好防溜措施；禁止向车上或车下抛扔铁鞋(或杂物)。

8. 调整机车头灯焦距时，必须关闭电源。

9. 机车配备的安全防护用品，定置存放，加封管理。乘务员使用前应检查确认状态良好。

10. 严禁私存、私配车顶门窗钥匙；按规定位置攀登机车车顶，严禁从其他部位爬上车顶，并在操纵端主手柄上挂好“禁动”牌；电气化区段机车、车辆上方的接触网设备在未办理停电且可靠接地前，禁止任何人员攀登。

11. 司机室内吸烟时，烟头、火柴杆应熄灭后放入烟灰盒内，严禁向外抛掷烟蒂。机车其他各室禁止吸烟。

12. 乘务员(包括库内整备司机)出、退勤时应严格执行酒精含量测试，值乘前、值乘中严禁服用禁忌药品。

13. 配合电务车载设备人员进行车上检测作业时，机车在启机状态下，严禁司机擅离机车。并确认单阀在全制动位、制动缸压力不低于 300 kPa，机车控制开关在断开位，换向手柄在中立位，牵引(主)手柄在零位后，方可同意检测作业开始。

14. 机车空气系统故障时，在检查处置前应检查确认空气压缩机控制开关在断开位。

15. 当机车发现火情时，应急处置应遵循“统一指挥、快速反应、以人为本、迅速扑灭、减少损失”的基本原则。火救援中要把保证人员的生命安全作为第一原则，尽最大努力做好人员疏散、遇险人员抢救以及伤员救治工作。根据机车火灾现场实际情况和机型特点，采取有效的灭火方案和火灾扑救措施，迅速控制火势，扑灭火灾。机车火灾救援中要采取有力措施防止火势蔓延，尽可能减少火灾损失。

16. 接班时，应检查机车各部防护网罩、司机室和动力室内地板、机车中门安装齐全牢固及登顶天窗锁闭状态。

17. 在机车走行部作业时应将主手柄置于零位，换向手柄置于中立位，断开机控，单阀制动，并按规定使用禁动牌。

18. 差示压力计动作后，禁止立即打开柴油机曲轴箱检查。

19. 制动机试验、柴油机甩车及启动前，必须呼唤确认安全后方可进行。

20. 检查蓄电池时，应注意防止电解液溅到衣服、皮肤、眼睛等部位。严禁将金属物件搭放在蓄电池接线或极板上。

21. 更换闸瓦时，必须先采取防溜措施，再关闭相应台车制动缸塞门，按规定使用禁动牌，排除压力后方可进行。

## 第二节　铁路电气化安全基础知识

为保证电气化铁路工作人员人身安全，强化铁路机车乘务员作业安全控制，依据电气化铁路安全知识，对相关内容进行细化。本节主要介绍电气化铁路内燃机车副司机需遵守的相关学习内容。

### 一、电气化铁路区段作业一般安全注意事项

1. 除牵引供电专业人员按规定作业外，任何人员及所携带的物件、作业工器具等须与牵引供电设备高压带电部分保持 2 m 以上的距离，与回流线、架空地线、保护线保持 1m 以上距离，距离不足时，牵引供电设备须停电，并采取安设接地线(指所有可能来电方向进行验电、挂接地线，下同)等安全防护措施。

2. 作业人员在距离牵引供电设备高压带电部分不足 2 m，与回流线、架空地线、保护线不足 1 m 的建筑物或构筑物等设施设备上作业或应急处置前，牵引供电设备停电后，必须采取停电、安设接地线等安全防护措施后方可作业。作业时，必须设专人防护不得越过接地线防护范围；作业后，作业负责人要确认所有作业人员进入安全区域内方可通知正式完工。作业销令或接地线拆除后，严禁再次进入作业点进行任何与牵引供电设备有关的作业或应急处置。

3. 严禁向接触网上抛挂绳索等物体，发现牵引供电设备断线及其部件损坏，或发现牵

引供电设备上挂有线头、绳索、塑料布、风筝、树枝或脱落搭接等异物，均不得与之接触，应立即通知集团公司调度所、附近车站或供电设备管理单位；在牵引供电设备检修人员到达并采取措施以前，任何人员均应距已断线索或异物处所 10 m 以外。

4. 禁止在接触网支柱上搭挂衣物、攀登支柱或在支柱旁休息。禁止在吸流变压器下、支柱、铁塔下避雨。在雷雨天气巡视设备时，不准靠近避雷针、避雷器。雨天作业时，必须远离接触网支柱、接地线、回流线等设备。

5. 各单位要按规定配备符合国家标准或行业标准的劳动防护用品和生产用具，从业人员在作业中必须正确佩戴和使用。绝缘防护用品和生产用具应有专人保管，使用前必须认真检查，如有疑问或不良严禁使用。严格检验检测制度，绝缘防护用品和生产用具，每半年须送相关的供电段进行一次绝缘耐压试验。双方单位要建立检验检测档案，健全各项记录。

6. 电气化铁路附近发生火灾时，须遵守下列规定：

(1)电气化铁路及附近地区发生火灾时，必须通知列车调度员、供电调度员或供电设备管理单位。

(2)距牵引供电设备带电部分不足 4 m 的燃着物体，使用水或灭火器灭火时，牵引供电设备必须停电。

(3)距牵引供电设备带电部分超过 2 m 的燃着物体，使用沙土灭火时，牵引供电设备可不停电，但须保持灭火机具及沙土等与带电部分的距离在 2 m 以上。

## 二、登乘机车、车辆顶部作业安全注意事项

1. 机车、动车及各种车辆上方的牵引供电设备未采取停电、安设接地线等安全防护措施前，禁止任何人员攀登到车顶或车辆装载的货物上。

2. 对进入电气化铁路的非电力机车上危及人员安全、可能造成触电伤害的部位或零部件必须进行加装、改造。

3. 在电气化区段运行的机车、动车、车辆及自轮运转设备可以攀登到车顶或作业平台的梯子、天窗等处所，均应有“电气化区段，严禁攀登”的警告标志。机车、动车、车辆车顶门及机车、车辆、自轮运转设备攀登梯子应可靠加锁。

4. 电气化铁路区段，当列车、动车组在运行途中发生故障，机车司机、动车组司机、动车组机械师等需上车顶作业时，严格按照相关规定办理停电、安设接地线等安全防护措施后，方能作业。

5. 在电气化区段需临时登机车、动车、车辆顶部进行应急处置前，除按规定办理停电手续外，登顶人员(或通过机车乘务员)还应向列车调度员(或通过车站值班员)报告登顶作业具体的铁路名称、行别、里程、股道和两端支柱号，由列车调度员向供电调度员转达。在双(多)线隧道内、分段绝缘器下、电力机车禁停区内、电分相内、禁止“V”停区段、特殊区段等处所接触网应停电彻底；在电分相、中性区段、起电分段作用的设备(绝缘子、锚段关节、分段绝缘器)等处所接触网应采取短接线措施，否则禁止登顶人员碰触接触网设备。

## 三、车辆行人通过道口、横越铁路安全注意事项

### (一)车辆和行人通过电气化铁路平交道口必须遵守下列规定

1. 通过道口车辆限界及货物装载高度(从地面算起)不得超过 4.5 m，超过时，应绕行立

交道口或进行货物倒装。

2. 通过道口车辆上部或其货物装载高度(从地面算起)超过 2 m 通过平交道口时,车辆上部及装载货物上严禁坐人。

3. 行人持有长大、飘动等物件通过道口时,不得高举挥动,应与牵引供电设备带电部分保持 2 m 以上的距离。

**(二)横越铁路必须严格执行下列规定**

1. 横越铁路必须严格执行“一站、二看(确认左、右侧无车)、三呼唤确认、四手比通过,垂直穿越”制度。

2. 驻站调机及货物列车继乘站接的机车乘务员必须穿越站内正线时,普速铁路严格执行“一站、二问、三看、四呼唤确认、五手比通过,垂直穿越”的有形化措施的规定。

3. 作业人员在站场非站台侧上道作业时,严格执行“一人防护、一人作业”安全卡控措施。严禁与移动中的机车车辆抢越线路。

4. 六不准:不准在铁路上行走;不准在铁路上坐卧、休息;不准从车底下钻越;不准从“天窗(两车距离小于 3 m)”穿越;不准以车代步;不准从岔群通过。

## 四、接触网基本知识

接触网标称电压值为 25 kV,最高工作电压为 27.5 kV,短时(5 min)最高工作电压为 29 kV,最低工作电压为 19 kV。接触网的分段、分相设置应考虑检修停电方便和缩小故障停电范围,并充分考虑电力牵引的列车、动车组正常运行和调车作业的需要。分相的位置应避免设在进出站和变坡点区段。双线电气化区段应具备反方向行车条件。

**(一)接触线距钢轨顶面的高度及轨面标准线的规定**

接触网的高度主要以钢轨顶面标高为基准,钢轨顶面标高的变化直接影响接触导线距轨面高度、坡度和拉出值等几何参数,超过规定值时将恶化弓网关系,甚至危及行车安全。接触线距钢轨顶面的高度不超过 6 500 mm;在区间和中间站,不小于 5 700 mm(旧线改造不小于 5 330 mm);在编组站、区段站和个别较大的中间站站场,不小于 6 200 mm;站场和区间宜取一致;双层集装箱运输的线路,不小于 6 330 mm。

接触线的最低高度是指在最大正弛度时,接触线与钢轨顶面连线间的垂直距离,它是由货物列车最大允许装载高度及接触网带电部分距最高装载货物的绝缘空气间隙等因素决定的,还应综合考虑货车运行中向上振动量、工务抬道、接触网施工误差等因素。

考虑到接触线可能出现的最大负弛度及保证弓网间必要的接触压力,接触网导线距钢轨顶面的高度不能超过 6 500 mm。

**(二)接触网安全距离**

在牵引供电设备带电区域作业时,为了保证人身安全,专业人员在作业时均须按规定的程序和措施进行作业。其他人员(包括所携带的物件)与牵引供电设备带电部分的距离,不得少于 2 000 mm,以防触电。

在电气化区段内,如因特殊原因(如整理、苫盖货物),确实需要攀登车顶或在装载货物的车辆上作业时,应将所在线路接触网断电,并做好接地防护措施后,方准进行车顶或车上作业。否则严禁在车顶或车上作业。

双线电气化铁路实行“V”形天窗作业时，一条线路停电检修，另一条线路接触网仍然带电，并且会有单方向或双方向的列车运行，所以双线电气化铁路实行“V”形天窗作业，应制定严格的安全保证和防护措施。

## 复习思考题

1. 一切工作开始之前应做到哪些？
2. 中间站或区间停车下车检查、处理故障、摘挂机车时的安全注意事项有哪些？
3. 电气化铁路附近发生火灾时，须遵守哪些规定？
4. 车辆和行人通过电气化铁路平交道口必须哪些遵守？
5. 横越铁路线路必须执行哪些制度及六不准内容？

# 第二章　规章基础知识

本章主要对内燃机车副司机需要掌握的基本规章进行了简要介绍，内容包括行车相关技术设备、行车凭证、列车运行、调车作业及非正常应急处置、机车操作等，结合设备功能，注重对基本规章适应性描述，强化职工的安全意识与执标行为，在学习过程中，对照《铁路技术管理规程(普速铁路部分)》，以利于提高认知，透彻掌握。

## 第一节　技术设备

### 一、机　　车

#### (一)机车出段前的检查要求

牵引列车的机车在出段前，必须达到运用状态，主要部件和设备必须作用良好，符合国铁集团有关机车运用、维修的规定，并符合下列要求：

1. 车钩中心水平线距钢轨顶面高度为 815～890 mm。

2. 轮对：

(1)轮对内侧距离为 1 353 mm，允许偏差为±3 mm；

(2)轮箍或轮毂不松弛；

(3)轮箍、轮毂、辐板(辐条)、轮辋无裂纹；

(4)轮缘的垂直磨耗高度不超过 18 mm，并无碾堆；

(5)车轮踏面擦伤深度不超过 0.7 mm；

(6)车轮踏面上的缺陷或剥离长度不超过 40 mm，深度不超过 1 mm；

(7)机车轮缘厚限度见表 2-1(轮缘原设计厚度在 25 mm 及以下，由铁路局集团公司规定)；

(8)车轮踏面磨耗深度不超过 7 mm；采用轮缘高度为 25 mm 磨耗型踏面时，磨耗深度不超过 10 mm。

表 2-1　机车轮缘厚限度

| 序　　号 | 车轮踏面类型 | 测量点与踏面基线之间距离 $H$(mm) | 轮缘厚限度 (mm) |
|---|---|---|---|
| 1 | JM2、JM3 | 10 | 34～23 |
| 2 | JM | 12 | 33～23 |

### (二)机车车辆限界

为了确保机车车辆在铁路线路上的运行安全,防止机车车辆撞击邻近线路的建筑物和设备,而对机车车辆和接近线路的建筑物、设备所规定的不允许超越的轮廓尺寸线,称为限界。

机车车辆限界是一个和线路中心线垂直的极限横断面轮廓,它规定了机车车辆不同部位宽度和高度的最大尺寸,以及底部零件至轨面的最小距离。机车车辆限界与桥梁、隧道等限界相互对应,当机车车辆在满载状态下正常运行时,不会因摇晃、偏移等现象而与桥梁、隧道及线路上的其他设备相接触,从而保证行车安全。机车车辆上部限界如图 2-1 所示。

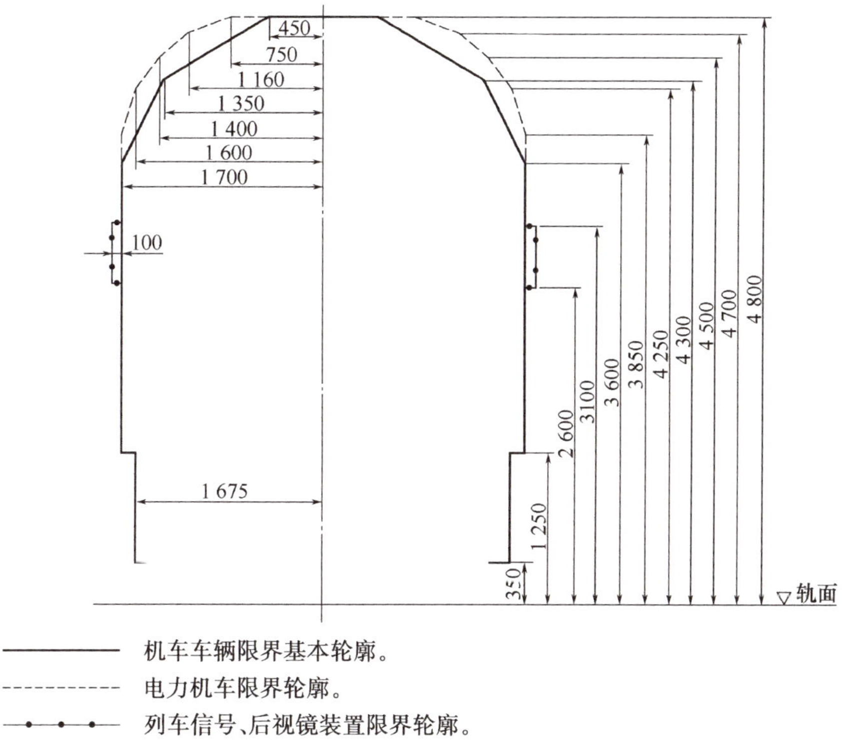


机车车辆限界基本轮廓。

电力机车限界轮廓。

列车信号、后视镜装置限界轮廓。

图 2-1　机车车辆上部限界(单位:mm)

## 二、铁路线路

铁路线路是机车车辆和列车运行的基础,它承受着由机车车辆轮对传来的巨大压力,并引导机车车辆轮对运行。为了确保列车按规定速度安全、平稳、不间断地运行,以保证铁路运输部门能够质量良好地完成客货运输任务,铁路线路必须保持完好状态。

### (一)铁路线路分类

1. 按线路用途

铁路线路分为正线、站线、段管线、岔线、安全线及避难线。

(1)正线是指连接车站并贯穿或直股伸入车站的线路。

(2)站线是指到发线、调车线、牵出线、货物线及站内指定用途的其他线路。

(3)段管线是指机务、车辆、工务、电务、供电等段专用并由其管理的线路。

(4)岔线是指在区间或站内接轨,通向路内外单位的专用线路。

(5)安全线是为防止列车或机车车辆从一进路进入另一列车或机车车辆占用的进路而发生冲突的一种安全隔开设备。

(6)避难线是在长大下坡道上能使失控列车安全进入的线路。

2. 按线路正线数目

按正线数目可分为单线、双线、两线、多线线路等。

(1)单线是指区间只有一条正线的铁路线路。

(2)双线是指区间内设有两条正线,上下行列车分别在各自正线上按左侧单方向运行的线路。

(3)两线是指区间内设有两条正线,分别按两条单独的线路组织行车的线路。

(4)多线是指区间内设有三条及以上正线的线路。

**(二)铁路线路组成**

铁路线路是一个整体的工程结构,基本组成包括路基、桥隧建筑物和轨道三大部分。路基和桥隧建筑物是铁路线路的基础。在铁路线路的施工过程中,总是先修筑路基和桥隧建筑物,然后才铺设轨道。在路基、桥隧建筑物修成之后,就可在其上铺设轨道。轨道是用来引导机车车辆运行方向,并直接承受由机车车辆的轮对传来的压力,使之传递、扩散到路基及桥隧建筑物上的整体工程结构。由于轨道长期受到列车运行的车轮冲击作用,因此,它的各组成部分均应具有足够的强度和稳定性,以保证列车能够按照规定的最高速度安全、平稳、不间断地运行。

轨距是钢轨头部踏面下 16 mm 范围内两股钢轨工作边之间的最小距离。我国主要采用 1 435 mm 的国际标准轨距。与标准轨距相对应的还有宽轨距和窄轨距,宽轨距为 1 524 mm;窄轨距有 1 067 mm 和 1 000 mm 两种。

**(三)道　　岔**

道岔是一种使机车车辆能从一股道转入另一股道的线路连接设备,在车站上大量铺设。道岔因其构造不同而形式多样。普通单开道岔有左开和右开之分,是最常见、最简单的线路连接设备。

普通单开道岔的组成包括转辙器、辙叉及护轨、连接部分。除了单开道岔外,按照构造上的特点和所连接的线路数目不同,还有双开道岔、三开道岔及交分道岔。普通单开道岔主要有 9、12、18 号等型号,它们所允许的侧向过岔最高速度分别为 30 km/h、45 km/h、80 km/h。

道岔编号的原则一般为从列车到达方向起顺序编号,上行为双号,下行为单号;尽头线上,向线路终点方向顺序编号。车站划分车场时,每个车场的道岔单独编号。一个车站的道岔不得有相同的编号。

1. 用阿拉伯数字从车站两端由外向内、由主(主要进路)而次(次要进路)依次编号,上行列车到达一端用双数,下行列车到达一端用单数。

2. 每一道岔均应单独编号,对于渡线道岔、交分道岔以及每一道岔连接线(又称梯线)

的道岔,应编以连续的单数或双数。

3. 站内道岔,一般以车站站舍中心线作为划分单数与双数的分界线。

4. 当车站有数个车场时,每一车场的道岔必须单独编号,此时道岔号应使用三位数表示,其中百位数表示车场号,个位和十位则表示道岔号。

**(四)股道编号**

我国铁路采用左侧行车制,原则上以开往北京方向为上行方向,反之为下行方向。单线区段内的车站,从靠近站舍的线路起,向远离站舍方向顺序编号;双线区段内的车站,从正线起顺序编号,上行一侧为双号,下行一侧为单号;尽头式车站,向终点方向由左侧开始顺序编号,如站舍位于线路一侧时,从靠近站舍的线路起,向远离站舍方向顺序编号。一个车站(分场时为一个车场)的股道不准有相同的编号。

1. 股道编号原则

站内正线规定用罗马数字编号(Ⅰ,Ⅱ,…),站线用阿拉伯数字编号(1,2,3,…)。

(1)单线铁路车站

从靠近站舍的线路起,向远离站舍方向顺序编号。一般先编正线和到发线,而后再按顺序编其他站线。

(2)双线铁路车站

从两正线开始顺序编号,上行一侧编为双数,下行一侧编为单数。

(3)尽头式车站

向终点方向由左侧开始顺序编号(站舍为站端式);如站舍位于线路一侧时,从靠近站舍的线路起,向远离站舍方向顺序编号。中间站一般没有尽头式。

2. 股道有效长

股道有效长是指线路上可以停留机车车辆而不妨碍邻线行车的长度。股道有效长的起止范围是由警冲标、道岔的尖轨尖端(无轨道电路)或道岔基本轨接头处的钢轨绝缘(有轨道电路)、出站信号机及车挡的位置分别确定。

(1)警冲标:警冲标是一种信号标志,用来指示机车车辆的停留位置,防止机车车辆的侧面冲撞。警冲标设在两会合线路线间距离为 4 m 的中间。线间距离不足 4 m 时,设在两线路中心线最大间距的起点处。在线路曲线部分所设道岔附近的警冲标与线路中心线间的距离应按限界的加宽增加。

(2)道岔尖轨尖端:对于对向道岔来说,要保证机车车辆在道岔前的停留位置不影响道岔的自由转换。无轨道电路的道岔以尖轨尖端为准;有轨道电路的道岔则以道岔基本轨接头处的钢轨绝缘为准。

(3)出站信号机:出站信号机的作用是作为列车占用区间的凭证,指示列车可否进入区间。牵引列车的机车应停于出站信号机的内方,以便司机瞭望信号。对于顺向道岔来说,出站信号机应设于警冲标后适当的位置;对于对向道岔来说,出站信号机可设在道岔尖轨尖端或道岔基本轨接头的钢轨绝缘处或稍后一些的地方。

(4)车挡:车挡的位置表明为线路的尽头。

我国铁路目前采用的货物列车到发线有效长主要有在Ⅰ、Ⅱ级铁路上为 1 050 m、850 m、750 m 及 650 m,Ⅲ级铁路上为 850 m、750 m、650 m 及 550 m。开行重载列车为主的铁路可采用大于 1 050 m 的到发线有效长。

## 三、铁路信号

铁路信号是保证行车安全，提高区间和车站通过能力以及编组站编解能力的自动控制及远程控制技术的总称。铁路信号的主要功能是保证行车安全，提高运输效率。铁路信号担负着铁路各种行车设备的控制和行车信息的传输，是铁路信息技术的重要组成部分。

信号是指示列车运行及调车作业的命令，有关行车人员必须严格执行。

从广义上说，铁路信号包括听觉信号和视觉信号。听觉信号又称音响信号，是用音响表示的信号，如用号角、口笛、机车鸣笛、响墩爆炸声等发出的信号，它以音响的强度、频率和时间长短来表达信号含义。视觉信号是用颜色、形状、位置、显示数目及灯光状况表达的信号，如用信号旗、信号灯、信号牌、信号机、信号表示器、信号标志显示的信号。

视觉信号按信号机具是否移动分为手信号、移动信号和固定信号。手持信号旗或信号灯发出的信号，叫手信号。在地面上临时设置的可以移动的信号牌，叫做移动信号，如为防护线路施工地点临时设置的方形红牌、圆形黄牌等。为防护一定目标，常设于固定地点的信号，叫固定信号，如设于地面的信号机和信号表示器等。在机车司机室内设置指示列车运行前方条件的信号叫机车信号，也属于固定信号。

### (一)禁止信号和进行信号

在我国铁路，按照运营要求，采用以下基本信号：

1. 要求停车的信号；
2. 要求注意或减速运行的信号；
3. 准许按规定速度运行的信号。

要求停车的信号叫做禁止信号或停车信号，要求注意或减速运行的信号以及准许按规定速度运行的信号，都叫做进行信号。

我国铁路视觉信号的基本颜色是红色、黄色和绿色。其中红色信号的基本意义是停车，黄色信号是注意或减速运行，绿色信号是按规定速度运行。

### (二)固定信号分类

1. 按设置部位分类

可分为地面信号和机车信号。地面信号是设于车站或区间固定地点的信号机或信号表示器，用来防护站内进路或区间闭塞分区以及道口；机车信号设于机车驾驶室内，用来复示地面信号显示，逐步成为主体信号使用。

2. 按类型分类

信号机按类型分为色灯信号机、臂板信号机和机车信号机。色灯信号机是用灯光的颜色、数目及亮灯状态表示信号含义的信号机，它具有昼夜显示一致、占用空间小等特点，但需可靠的交流电源。

3. 按用途分类

信号装置一般分为信号机和信号表示器两大类。

信号机是表达固定信号显示所用的机具，用来防护站内进路，防护区间，防护危险地点，具有严格的防护意义。信号机按防护用途的不同又可分为进站、出站、通过、进路、预告、接近、遮断、驼峰、驼峰辅助、复示、调车等信号机，另有设于铁路平交道口的道口信号机。

信号表示器是表示行车设备位置或状态的信号机具，通过它的表示对列车运行或调车作业发出指示。信号表示器有道岔表示器、脱轨表示器、进路表示器、发车表示器、发车线路表示器、调车表示器和车挡表示器。

4. 按重要程度分类

信号机可分为主体信号机和从属信号机，主体信号机是能够独立地显示信号，指示列车或调车车列运行条件的信号机，如进站、出站、进路、通过、驼峰、调车等信号机。从属信号机本身不能独立存在，只能附属于某种信号机的信号机，如预告信号机从属于进站信号机、所在区间的通过信号机、遮断信号机；复示信号机从属于进站、进路、出站、驼峰、调车等信号机。

5. 按停车信号的显示意义分类

按停车信号的显示意义可分为绝对信号和非绝对信号(亦称容许信号)。绝对信号是指当显示停止运行的信号时，列车、调车车列必须无条件遵守的信号显示。所有站内信号机的禁止信号显示均为绝对信号(但调车信号的禁止信号对列车来说不作为停车信号)。非绝对信号是指列车在列车信号机显示红灯、显示不明或灯光熄灭时允许列车限速通过，并准备随时停车的信号。如自动闭塞区间的通过信号机显示停车信号时，列车必须在信号机前停车，司机应使用列车无线调度通信设备通知车辆乘务员(随车机械师)。停车等候 2 min，该信号机仍未显示允许运行的信号时，即以遇到阻碍能随时停车的速度继续运行，最高速度不超过 20 km/h。运行到次一通过信号机(进站信号机)，按其显示的要求运行。在停车等候同时，必须与车站值班员、列车调度员联系，如确认前方闭塞分区内有列车时，不得进入。

6. 按安装方式分类

信号机可分为高柱信号机、矮型信号机、信号托架和信号桥。

高柱信号机的机构安装在信号机柱上，一般用于显示距离要求较远的信号机，它具有显示距离远、观察位置明确等优点。除《铁路技术管理规程(普速铁路部分)》规定的可采用矮型色灯信号机的处所外，色灯信号机应采用高柱信号机。矮型信号机设于位于建筑限界下部外侧的信号机基础上，一般用于显示距离要求不远的信号机上。因高柱信号机的设置受建筑限界的限制，另外应考虑信号机的设置不影响到发线有效长，站线出站、发车进路、一般情况下的调车信号机等采用矮型信号机。设于特殊地形和特殊条件下的信号机，其中包括进站信号机，经铁路局集团公司批准，亦可采用矮型信号机，如设于桥隧的预告信号机、通过信号机，双线双向自动闭塞区段的反方向进站信号机可采用矮型信号机。因受限界限制，不能安装信号机柱时，则以信号托架和信号桥代替。信号托架为托臂形结构建筑物，信号桥为桥形结构建筑物。

机务部门必须自觉树立按信号显示运行的意识，严格执行作业规程的规定，严禁臆测行车，发现异常及时果断采取措施，宁停勿险，宁可错停而不盲行。

## 四、联　锁

联锁是保证行车安全的重要技术措施，指的是信号设备与相关因素的制约关系。广义的联锁泛指各种信号设备所存在的互相制约关系。狭义的联锁，即一般所说的联锁，专指车站信号设备之间的制约关系。

为保证行车安全，联锁关系必须十分严密。车站内有许多线路，它们用道岔连接着。列车和调车车列在站内运行所经过的经路，称为进路。按道岔的不同开通方向可以构成不同的进路，列车和调车车列必须依据信号的开放而通过进路，即每条进路必须由相应的信号机来防护。如进路上的道岔位置不正确，或已有车占用，有关的信号机就不能开放；信号开放后，其所防护的进路不能变动，即此时该进路上的道岔不能再转换。信号、道岔、进路之间的这种相互制约的关系，称为联锁关系，简称联锁。

联锁的基本要求：防止建立会导致机车车辆相冲突的进路；必须使列车或调车车列经过的所有道岔均锁闭在与进路开通方向相符合的位置；必须使信号机的显示与所建立的进路相符。

进路上各区段空闲时才能开放信号，这是联锁最基本的技术条件之一。如果进路上有车占用，却能开放信号，则会引起列车、调车车列与原停留车冲突。

进路上有关道岔在规定位置才能开放信号，这是联锁最基本的条件之二。如果进路上有关道岔开通位置不对却能开放信号，则会引起列车、调车车列进入异线或挤坏道岔。信号开放后，其防护的进路上的有关道岔必须被锁闭在规定位置，而不能转换。

敌对信号未关闭时，防护该进路的信号机不能开放，这是联锁最基本的技术条件之三。否则列车或调车车列可能造成正面冲突。信号开放后，与其敌对的信号也必须被锁闭在关闭状态，不能开放。

联锁设备分为集中联锁（计算机联锁和继电联锁）和非集中联锁（色灯电锁器联锁和臂板电锁器联锁）。

## 五、闭　　塞

### （一）闭塞定义

车站向区间发车时，必须确认区间空闲（未被占用），在单线区间还必须防止两站同时向一个区间发车。为此要求按照一定的方法组织列车在区间的运行（用信号或行车凭证），保证在同一时间，同一地点，只有一趟列车占有，这种用时间、地点来间隔的技术方法，一般称为行车闭塞法，简称闭塞。用以完成闭塞作用的设备称为闭塞设备。

### （二）区间及闭塞分区

列车运行是以车站、线路所所划分的区间及自动闭塞区间的通过信号机所划分的闭塞分区作间隔。区间及闭塞分区的界限，按下列规定划分：

1. 站间区间

（1）在单线上，车站与车站间以进站信号机柱的中心线为车站与区间的分界线；

（2）在双线或多线上，车站与车站间分别以各该线的进站信号机柱或站界标的中心线为车站与区间的分界线。

2. 所间区间

两线路所间或线路所与车站间，以该线上的通过信号机柱的中心线为所间区间的分界线。设有进站信号机的线路所，所间区间的分界方法与站间区间相同。

3. 闭塞分区

自动闭塞区间同方向相邻的两架色灯信号机间，以该线上的通过信号机柱的中心线为闭塞分区的分界线。

### (三)基本闭塞

闭塞设备是保证区间行车安全、提高运输效率的区间信号设备。我国铁路目前主要使用半自动闭塞、自动闭塞和自动站间闭塞。

1. 半自动闭塞

半自动闭塞是通过装在区间两端车站控制室内的半自动闭塞机和两站相对方向的出站信号机之间实现相互控制的一种闭塞设备。以出站信号机的允许运行信号显示作为发车凭证,发车站的出站信号机(或线路所的通过信号机)必须经两站同意,办理闭塞手续后才能开放,列车进入区间自动关闭;而且在列车未到达接车站以前,向该区间发车用的所有信号机都不得开放,这就保证了两站间的区间内同时只有一列列车运行。继电半自动闭塞在各区间的相接车站都装有半自动闭塞机,是以继电电路的逻辑关系完成区间的闭塞作用的。

半自动闭塞区间不设轨道电路,不能监督列车在区间是否遗留车辆,列车的整列到达必须依靠车站值班员的确认,以专用的复原按钮发送到达复原信号之后,区间才能解除闭塞,因此是半自动的。

半自动闭塞存在的主要问题是区间没有空闲检查设备,在区间遗留车辆或车辆溜逸的情况下,极易造成事故。另外,事故复原不检查任何条件,即可解除闭塞,十分危险。改进的方法是在区间加装计轴器或长轨道电路,或者在繁忙单线建设自动闭塞。

2. 自动闭塞

自动闭塞是根据列车运行及有关闭塞分区状态,自动变换通过信号机显示而司机凭信号行车的闭塞方式。采用自动闭塞的区段,将站间区间划分为若干个小区间,叫做闭塞分区。在每个闭塞分区入口处(始端)装设通过信号机。在整个自动闭塞区段,各闭塞分区都设有轨道电路(或计轴器)。通过轨道电路(或计轴器)将列车运行和通过信号机的显示联系起来,根据列车运行自动变换通过信号机的显示,在列车运行过程中自动完成闭塞作用,无需人工参与,故称为自动闭塞。

自动闭塞按通过信号机的显示制式可分为三显示自动闭塞和四显示自动闭塞。

三显示自动闭塞的通过信号机有三种显示,能预告列车运行前方两个闭塞分区的状态,它使列车经常按规定速度在绿灯下运行,并可得到运行前方通过信号机显示的预告,基本上能满足运行要求,又能保证行车安全,因此应用广泛。

列车在三显示自动闭塞区段运行,越过显示黄灯的通过信号机时开始减速,至次架显示红灯的通过信号机前停车,因此要求每个闭塞分区的长度绝对不能小于列车的制动距离。随着列车速度和密度的不断提高,在一些繁忙的客货混运区段,各种列车运行的速度和制动距离相差很大,三显示自动闭塞不能解决这一矛盾,所以采用四显示自动闭塞。

四显示自动闭塞是在三显示自动闭塞的基础上增加一种绿黄显示,它能预告列车运行前方三个闭塞分区的状态。规定高速列车以规定的速度越过绿黄显示的通过信号机后必须减速,以使列车在抵达黄灯显示的通过信号机时不大于规定的允许速度,保证在显示红灯的通过信号机前停车。而对于低速、制动距离短的列车越过绿黄显示的通过信号机后不减速。由于增加了绿黄显示,就圆满地解决了上述矛盾。

四显示自动闭塞是具有速度含义的速差式自动闭塞,其每种显示都具有明确的速度含义。用两个闭塞分区满足一个列车全制动距离,能确保行车安全。《铁路技术管理规程

(普速铁路部分)》规定，列车运行速度在超过 120 km/h 的双线区段必须采用速差式自动闭塞。

3. 自动站间闭塞

自动站间闭塞是既不同于半自动闭塞，又不同于自动闭塞的闭塞方式。它与半自动闭塞相比，不需要人工办理闭塞和到达复原，闭塞作用是自动完成的。它与自动闭塞相比，两站间不划分闭塞分区，也不设通过信号机，两站之间作为一个闭塞分区。自动站间闭塞可在半自动闭塞的基础上装设区间轨道检查装置构成，可采用计轴设备或长轨道电路。在双向自动闭塞反方向运行时则借助区间轨道电路构成自动站间闭塞。在自动站间闭塞区间，原有半自动闭塞可作为备用闭塞设备。

自动站间闭塞须与集中联锁设备结合使用，自动检查区间空闲，发车站办理发车进路后即自动构成站间闭塞。列车到达接车站或返回发车站并出清区间后，自动解除闭塞。发车站在办理发车进路前，须确认区间空闲、接车站未办理同一区间的发车进路，并向接车站预告。发车站已向接车站预告，但列车不能出发时，在取消发车进路后，须通知接车站。

**(四)电话闭塞**

电话闭塞法是当基本闭塞法不能使用时所采用的代用闭塞法。当基本闭塞法不能使用时，应根据列车调度员的命令采用电话闭塞法行车。遇列车调度电话不通时，闭塞法的变更或恢复，应由该区间两端站的车站值班员确认区间空闲后，直接以电话记录办理。列车调度电话恢复正常时，两端站车站值班员应及时向列车调度员报告。

使用电话闭塞法行车时，列车占用区间的行车凭证为路票，当挂有由区间返回的后部补机时，另发给补机司机路票副页。路票应由车站值班员或指定的助理值班员填写。对于填写的路票，车站值班员应根据《行车日志》的记录，进行认真核对，确认无误，并加盖站名印后，方可送交司机。双线反方向行车使用路票时，应在路票上加盖“反方向行车”章；两线、多线区间使用路票时，应在路票上加盖“××线行车”章。

## 六、调度指挥

铁路运输系统的调度集中设备是运用远动技术理论基础，结合铁路运输的特点和具体要求而构成的区段(也可用于枢纽)遥控、遥信系统。调度集中能使调度员通过遥控设备直接控制所辖区段内各车站上道岔和信号设备、办理列车进路、组织和指挥列车运行；并通过其遥信设备使调度员在调度所及时了解现场道岔和信号等设备的状况和列车运行情况。因此调度集中就是列车运行集中控制的设备，是一种远动系统，采用列车调度指挥系统(TDCS)或调度集中系统(CTC)。

**(一)调度指挥系统**(TDCS)

TDCS 由国铁集团、铁路局集团公司、车站三级构成，应能实时自动采集列车运行及现场信号设备状态信息，并传送到国铁集团调度指挥中心和铁路局集团公司调度所，完成列车运行实时追踪、无线车次号校核、自动报点、正晚点统计分析、交接车自动统计、列车实际运行图自动绘制、阶段计划人工和自动调整、调度命令及行车计划下达、站间透明、行车日志自动生成等功能，实现各级运输调度的集中管理、统一指挥和实时监督。

TDCS 应能满足高安全、高可靠、高实时性的要求，建立维护管理体制，保证设备正常使用。TDCS 配置独立的处理平台，关键设备采用冗余配置。TDCS 采用独立的业务专网，国铁集团调度指挥中心、铁路局集团公司调度所及车站采用双局域网。各级局域网通过专用数字通道组成双环形广域网。

**(二)调度集中系统**(CTC)

CTC 由铁路局集团公司、车站两级构成。CTC 除实现 TDCS 的全部功能外，还应实现列车编组信息管理、调车作业管理、综合维修管理、列车/调车进路人工和计划自动选排、分散自律控制等功能。调度集中区段，车站应设集中联锁，区间应设自动闭塞或自动站间闭塞。

CTC 原则上应将同一调度区段内、同一联锁控制范围内所有车站(车场、线路所)的信号、联锁、闭塞设备纳入控制范围。调度集中区段的两端站、编组站、区段站，以及调车作业较多、有去往区间岔线列车或中途返回补机的中间站，可不列入调度所中心控制，应能通过调度集中车站终端进行自动或人工控制。

CTC 应具备分散自律控制和非常站控两种模式。分散自律控制模式是通过调度集中设备，实现进路自动和人工办理的模式；非常站控模式是遇行车设备故障、施工、维修需要时，脱离 CTC 控制转为车站联锁控制台人工办理的模式。

CTC/TDCS 与 GSM-R 数字移动通信系统或列车无线调度通信设备结合，实现调度命令、接车进路预告信息、调车作业通知单等向司机的传送，并能通过无线通信系统获取车次号校核、调车请求及签收回执等信息。

## 第二节　行车凭证

### 一、信号行车

铁路信号的作用是保证列车运行与调车作业安全，有效提高铁路运输生产的效率，降低运输成本，大大改善行车人员的劳动条件。机务行车以信号作为行车依据，作业中必须严格执行信号的显示要求，保障行车安全。

**(一)列车正常运行凭证**

1. 使用自动闭塞法行车时，列车进入闭塞分区的行车凭证为出站或通过信号机显示的允许运行的信号。

2. 使用自动站间闭塞法行车时，列车凭出站信号机或线路所通过信号机显示的允许运行的信号进入区间。

3. 使用半自动闭塞法行车时，列车凭出站信号机或线路所通过信号机显示的允许运行的信号进入区间。

**(二)信号故障时的行车**

进站、出站、进路和通过信号机的灯光熄灭、显示不明或显示不正确时，均视为停车信号。进站预告信号机或接近信号机的灯光熄灭、显示不明或显示不正确时，均视为进站信号机为关闭状态；非自动闭塞区段通过信号机的预告信号机的灯光熄灭、显示不明或显示不正确时，视为通过信号机为关闭状态。

1. 进站、接车进路信号机故障

进站、接车进路信号机故障不区分闭塞区段,故障时均按引导办法接车。

(1)引导接车

当进站、接车进路信号机不能使用时,应开放引导信号。引导信号不能开放或无进站信号机时,应派引导人员接车。引导接车时,列车以不超过 20 km/h 速度进站,并做好随时停车的准备。由引导人员接车时,应在引导员接车地点标处(未设的,引导人员应在进站信号机、进路信号机或站界标外方),显示引导手信号接车。列车头部越过引导信号,即可关闭信号或收回引导手信号。

引导手信号显示方式:昼间为展开的黄色信号旗高举头上左右摇动,夜间为黄色灯光高举头上左右摇动。

(2)特定引导接车

遇有施工又必须接发列车的特殊情况时,可按施工特定行车办法办理,引导接车并正线通过时,准许列车司机凭特定引导手信号的显示,以不超过 60 km/h 速度进站。车站不向司机递交书面行车凭证和调度命令。但车站仍按规定办理行车手续,并使用列车无线调度通信设备(其语音记录装置须作用良好)将行车凭证号码(路票为电话记录号码、绿色许可证为编号)和调度命令号码通知司机,得到司机复诵正确后,方可显示通过手信号。列车凭通过手信号通过车站。

特定引导手信号显示方式:昼间为展开绿色信号旗高举头上左右摇动,夜间为绿色灯光高举头上左右摇动。

2. 出站信号故障

出站信号机故障须对不同的闭塞区段加以区分。自动站间闭塞、半自动闭塞区段出站信号机故障,按基本闭塞设备故障处理,采用电话闭塞法行车,行车凭证为“路票”。自动闭塞区段出站信号机故障时,行车凭证为“绿色许可证”。

3. 自动闭塞区间通过信号故障

自动闭塞区间通过信号机显示停车信号(包括显示不明或灯光熄灭)时,列车必须在该信号机前停车,司机应使用列车无线调度通信设备通知车辆乘务员(随车机械师)。停车等候 2 min,该信号机仍未显示允许运行的信号时,即以遇到阻碍能随时停车的速度继续运行,最高不超过 20 km/h,运行到次一通过信号机(进站信号机),按其显示的要求运行。在停车等候同时,必须与车站值班员、列车调度员联系,如确认前方闭塞分区内有列车时,不得进入。

装有容许信号的通过信号机,显示停车信号时,准许铁路局集团公司规定停车后起动困难的货物列车,在该信号机前不停车,按上述速度通过。当容许信号灯光熄灭或容许信号和通过信号机灯光都熄灭时,司机在确认信号机装有容许信号时,仍按上述速度通过该信号机。

装有连续式机车信号的列车,遇通过信号机灯光熄灭,而机车信号显示允许运行的信号时,应按机车信号的显示运行。

司机发现通过信号机故障时,应将故障信号机的号码通知前方站(列车调度员)。车站值班员(列车调度员)发现或得到区间通过信号机故障的报告后,在故障修复前,对尚未进入区间的后续列车,改按站间组织行车。

## 二、书面行车凭证

### (一)调度命令

有关行车人员必须执行列车调度员命令,服从调度指挥。指挥列车运行的命令(运行揭示调度命令除外)和口头指示,只能由列车调度员发布。列车调度员在发布命令之前,应详细了解现场情况,并听取有关人员意见。

《铁路技术管理规程(普速铁路部分)》规定32项内容作为发布调度命令的依据,按照调度命令发布规范及现场作业实际,尚有其他方面亦须发令,比如在《铁路机车运用管理规则》中规定:救援抢险及医护人员凭调度命令命令登乘机车;列车运行中造成晚点,列车调度员也会发布"在安全基础上,请努力恢复正点"的调度命令。说明发令的内容远不止《铁路技术管理规程(普速铁路部分)》所提到的32项。其中规定的32项内容可以将其分类记忆。

1. 行车类:封锁、开通区间;向封锁区间开行救援列车、路用列车;临时变更或恢复原行车闭塞法;双线反方向行车、由双线改为单线或恢复双线行车;变更列车径路;发出在区间内停车或由区间返回的列车;开往区间内岔线的列车;发出临时由区间内返回后部补机的列车;改按天气恶劣难以辨认信号的办法行车或恢复正常行车。

2. 设备类:列车需临时降弓运行;因行车设备故障、灾害或施工,以及列车中挂有限速的机车车辆等;需要使列车临时限速运行(纳入运行揭示调度命令或本务机车、动车组自身设备原因限速时除外);动车组列车空调失效需打开部分车门限速运行;车站使用故障按钮、总辅助按钮。

3. 作业类:超长列车或列车挂有装载超限货物的车辆;单机附挂车辆;半自动闭塞区间,超长列车头部越过出站信号机(未压上出站方面的轨道电路)发车;在非到发线上接发列车;列尾装置故障(丢失)的货物列车继续运行;动车组列车转入或退出隔离模式(被救援时除外);动车组列车在列控车载设备控车和列车运行监控装置控车之间人工转换;正线、到发线接触网停电或送电(接触网倒闸、跳闸后试送电、向中性区送电或弓网故障排查除外);正线、到发线接触网停电后准许登顶作业;临时利用本务机车调车作业;利用天窗施工、维修作业;施工、维修作业较指定时间延迟结束。

4. 其他类:调度日(班)计划以外,临时加开或停运列车(单机除外);双线区间在区间内进行跨线装卸作业时,对开入其邻线的列车;双线区间在区间内有除雪机、起重机工作时,对开入其邻线的列车;双线区间在区间内发生冲突、脱轨、火灾、爆炸事故,对开入其邻线的列车;运行揭示调度命令与实际限速、行车方式或设备不符时;双管供风旅客列车运行途中改为单管供风;列车调度员认为有必要记录的上述以外的命令。

作为机务行车人员,上述32项内容中不需要发给司机的调度命令共有5条:封锁、开通区间;车站使用故障按钮、总辅助按钮;利用天窗施工、维修作业;施工、维修作业较指定时间延迟结束;正线、到发线接触网停电或送电(接触网倒闸、跳闸后试送电、向中性区送电或弓网故障排查除外)。

向封锁区间发出救援列车时,不办理行车闭塞手续,以列车调度员的命令,作为进入封锁区间的许可。向施工封锁区间开行路用列车时,列车进入封锁区间的行车凭证为调度命令。在运用工作中,作为行车凭证的调度命令和指示行车条件、联系行车事项的调度命令需要加以区别。

**(二)绿色许可证**

绿色许可证的适应范围仅在自动闭塞区段使用,而且只针对两种信号机,可以简化概括为:(2×3+1),2 是指两架信号机,即出站与发车(接发车)进路信号机;3 是指每种信号机的三种状态,即故障、未设、越过;1 是指线路所通过信号机故障。

绿色许可证使用:

1. 出站信号机故障时发出列车;

2. 由未设出站信号机的线路上发出列车;

3. 超长列车头部越过出站信号机发出列车;

4. 发车进路信号机发生故障时发出列车;

5. 超长列车头部越过发车进路信号机发出列车。

自动闭塞区段,因为出站信号机不能开放,车站值班员从监督器上不能确认第一个闭塞分区空闲时,第一闭塞分区情况不明,车站在发给司机规定的行车凭证后,应发给司机书面通知,要求列车以在瞭望距离内能随时停车的速度运行,最高不超过 20 km/h,确保安全。

书面通知不能作为直接的行车凭证,只作为行车的附带条件。

**(三)路　　票**

电话闭塞法是当基本闭塞法不能使用时,根据列车调度员命令所采用的代用闭塞法。由于此种闭塞方法全由人工控制,所以两站间的闭塞手续,必须在查明区间空闲后,方可办理。

使用电话闭塞法行车时,列车占用区间的行车凭证,不论单线或双线均为路票。填写路票时,当发出挂有由区间返回后部补机的列车时,应填写一式两份(仅编号顺序不同),其中交给后部补机的路票的右上角须加盖㊄字戳记作为路票副页,作为补机司机返回发车站的行车凭证。

为避免相对方向的两端站同时发出迎面列车,规定单线或双线反方向发车时,除根据《行车日志》等查明区间空闲外,还必须取得接车站的承认后,方可填发路票。双线正方向首列发车时,为保证安全,除查明区间空闲外,也应取得接车站的承认后,方可填发路票。在双线正方向发车时(首列除外),不必取得接车站的承认,但应根据收到前次发出的列车已到达接车站的电话记录在发车进路准备妥当后,方可填发路票。

遇下列情况,应停止使用基本闭塞法,改用电话闭塞法行车:

1. 基本闭塞设备发生故障导致基本闭塞法不能使用、自动闭塞区间内两架及以上通过信号机故障或灯光熄灭时;

2. 无双向闭塞设备的双线区间反方向发车或改按单线行车时;

3. 发出由区间返回的列车,或发出挂有由区间返回后部补机的列车时;

4. 自动站间闭塞、半自动闭塞区间,由未设出站信号机的线路上发车,或超长列车头部越过出站信号机并压上出站方面轨道电路发车时;

5. 在夜间或遇降雾、暴风雨雪,为消除线路故障或执行特殊任务,开行轻型车辆时。

自动站间闭塞设备故障,半自动闭塞设备良好时,可根据调度命令改按半自动闭塞法行车。

**(四)半自动闭塞发车进路通知书**

半自动闭塞区段,遇超长列车头部越过出站信号机而未压上出站方面的轨道电路发车时,行车凭证为出站信号机显示的允许运行的信号,并发给司机调度命令;遇发车进路信号机故障或超长列车头部越过发车进路信号机发车时,列车越过发车进路信号机的行车凭证为半自动闭塞发车进路通知书。

**(五)红色许可证**

车站行车室内一切电话中断,单线行车按书面联络法,双线行车按时间间隔法,列车进入区间的行车凭证均为红色许可证。在双线自动闭塞区间,如闭塞设备作用良好时,列车运行仍按自动闭塞法行车,但车站与列车司机应以列车无线调度通信设备直接联系(说明车次及注意事项等)。如列车无线调度通信设备故障时,列车必须在车站停车联系。

双线按时间间隔法行车时,只准发出正方向的列车。非自动闭塞区间发出第一个列车时,在发车前应查明区间已空闲。一切电话中断后,连续发出同一方向的列车时,两列车的间隔时间,应按区间规定的运行时间另加 3 min,但不得少于 13 min。

一切电话中断时,禁止发出下列列车:

1. 在区间内停车工作的列车(救援列车除外);
2. 开往区间岔线的列车;
3. 须由区间内返回的列车;
4. 挂有须由区间内返回后部补机的列车;
5. 列车无线调度通信设备故障的列车。

# 第三节　列车运行

列车是指编成的车列并挂有机车及规定的列车标志。动车组列车为自走行固定编组列车。单机、大型养路机械及重型轨道车,虽未完全具备列车条件,亦应按列车办理。列车运行是个动态的过程,为了保证列车运行平稳有序,多个部门必须按照本部门的作业标准协调作业,同时受到列车运输性质、区段(线路)、技术条件等因素制约,机车乘务员的作用尤为重要,执行标准,把握关键,按照流程,不错不漏地控制作业每一个环节,质量良好的完成生产运输任务。

## 一、列车编挂

**(一)基本概念**

1. 列车重量

根据机车牵引力、区段内限制坡度等因素,通过计算、试运行和各种类型机车牵引重量的平衡,最后取整而定的。

2. 列车长度

根据运行区段内各站到发线的有效长,并预留 30 m 的附加制动距离来确定的。

编组列车时,其重量或长度应满足列车运行图规定的各区段牵引定数或换长。

3. 超重列车

超重列车指实际牵引重量超过运行图规定的该区段货物列车牵引质量标准(考虑规定的波动尾数)的货物列车。积极提高列车重量,能节省机车运用台数,提高区段通过能力,降低运输成本。但如随意开行超重列车,由于受机车性能、司机操纵技术水平等的限制,可能造成运缓、区间停车或会让不当打乱运行秩序。为此，编组超重列车时，在编组站、区段站应商得机务段调度员的同意；在中间站应得到司机的同意。并均须经列车调度员准许，以便指挥行车时心中有数，保证列车运行有序。

4. 超长列车

凡列车计长超过列车运行图规定的换算长度时，为超长列车。但各站在接发列车时，应根据到发线有效长度确定是否按超长列车办理。

动车组以外的旅客列车应严格按规定的编组表编组，编挂隔离车。在装设集中联锁的区段，并设有列车运行监控装置时，有确保列车运行安全的运行控制设备，在此条件下运行的旅客列车可不挂隔离车。

**(二)车钩、软管及电气连接线摘挂和摘结的要求**

1. 动车组以外的列车中相互连挂的车钩中心水平线的高度差，不得超 75 mm。列车中车辆的连挂，由调车作业人员负责。软管的连接，有列检作业的始发列车由列检人员负责；无列检作业的，由调车作业人员负责。

2. 动车组采用机车调车作业时，随车机械师或动车段(所)胜任人员负责过渡车钩和专用风管的安装与拆卸、电气连接线的连接与摘解并打开车门，调车人员负责车钩连接与摘解、软管摘结。动车组无动力回送或被救援时，过渡车钩、专用软管的安装与拆卸由随车机械师负责，司机配合。

3. 列车机车与第一辆车的连挂，由机车乘务员负责。单班单司机值乘的由列检人员负责；无列检作业的列车，由车辆乘务员负责；无车辆乘务员的列车，由车站人员负责。

4. 列车机车与第一辆车的车钩摘解、软管摘结，由列检人员负责。无列检作业的列车，车钩、软管摘解由机车乘务员(单班单司机值乘的由车辆乘务员)负责，软管连接由车辆乘务员负责；无车辆乘务员的列车，由机车乘务员(单班单司机值乘的由车站人员)负责。

5. 列车机车与第一辆车电气连接线的连接与摘解由客列检作业人员负责，无客列检作业人员时，由车辆乘务员负责。

6. 货物列车本务机车在车站调车作业时，无论单机或挂有车辆，与本列的车辆摘挂和软管摘结，均由调车作业人员负责。

7. 旅客列车在途中摘挂车辆时，车辆的摘挂和软管摘结，由调车作业人员负责，密封风挡和电气连接线的连接与摘解由车辆乘务员负责，其他由列检作业人员负责，无列检作业人员时，由车辆乘务员负责，必要时打开车门，以便于调车作业。装有密接式车钩的客车车辆摘挂时，过渡车钩的安装与拆卸由列检人员负责，无列检人员时由车辆乘务员负责。

列车机车与动车组过渡车钩的连接与摘解、软管摘结、电气连接线的连接与摘解，由随车机械师负责。

**(三)列车中编挂关门车的规定**

列车中因装载的货物规定需停止制动作用的车辆，自动制动机临时发生故障的车辆，准许关闭截断塞门，简称关门车。

为保证列车在施行制动时有足够的制动能力，确保列车在规定的制动距离内停车，列车中机车和车辆的制动机均应加入全列车的制动系统。但实际会出现制动性能不良的车辆，而列车必须有充分可靠的制动性能，因此规定了列车中对车辆制动机关门的限制。

在列检作业场所在站编组始发的货物列车中，不得有制动故障关门车。如遇有因装载的货物规定需停止制动作用的车辆或在运行中自动制动机临时发生故障而一时不能修复的车辆时，允许关闭截断塞门的辆数，不得超过现车总辆数的6%(尾数不足一辆按四舍五入计算)。这样，制动能力一般可以保证每百吨列车重量的闸瓦压力。如关门车数不超过现车总辆数的6%时，为作业方便，可不计算每百吨列车重量的闸瓦压力，不填发制动效能证明书。机后三辆之内和列车中连续关门，对全列车的制动作用和紧急制动作用可靠性有较大的影响，且列车中部连续关门，制动时列车的纵向冲动大。根据车辆制动阀的制动性能，规定机后三辆之内不得有关门车和列车中不得连续关门超过两辆。为避免列车尾部纵向冲动过大，造成最后一辆车脱轨，并防止列车最后一辆车分离后溜逸，规定列车最后一辆车不得为关门车，最后第二、三辆车不得连续关门。

当车辆发生制动主管故障、通风不良、车钩故障等情况，但转向架技术状态良好时，考虑到对全列车制动作用的不利影响，不适于连挂在列车中部，在必要时可挂于列车尾部，此时对全列车制动作用的影响最小。如车辆的自动制动机不起作用时，必须对该车及相邻车辆连接的车钩采取防止车钩分离的安全措施，保证不发生车钩分离。

编有货车的军用列车、路用列车编挂关门车时，除有特殊规定外，执行货物列车的规定。

基于安全性的要求，旅客列车、特快货物班列不准编挂关门车。在运行途中(包括在站折返)如遇自动制动机临时故障，在停车时间内不能修复时，准许关闭一辆，但为避免列车尾部纵向冲动过大，并防止列车最后一辆车分离后溜逸，规定列车最后一辆不得为关门车。对120 km/h速度等级及编组小于8辆的140 km/h、160 km/h速度等级列车按规定关门时需限速运行，车辆乘务员须向司机递交限速证明书。

### (四)列车在任何线路上的紧急制动距离限值

为了保证列车能够安全停车，根据列车运行最高速度及制动性能，对不同列车类型的停车距离做出明确规定。最高运行速度是指列车在运行中可能达到的最高速度，不能超过机车、车辆设计的最高速度(即构造速度)。列车实际运行的最高速度还受到牵引动力、制动能力和线路条件的限制，因此不一定能达到表中的最高运行速度。

列车紧急制动距离是指列车由开始使用紧急制动(操纵自动制动阀到非常位)至完全停止的距离。在任何坡道上，列车紧急制动距离均应满足规定，因此在下坡道上制动能力不足时，有必要根据相应的制动限速表限定列车运行速度，见表2-2。

表2-2 列车紧急制动距离限值表

| 列车类型 | 最高运行速度(km/h) | 紧急制动距离限值(m) |
|---|---|---|
| 旅客列车(动车组列车除外) | 120 | 800 |
| | 140 | 1 100 |
| | 160 | 1 400 |
| 特快货物班列 | 160 | 1 400 |
| 快速货物班列 | 120 | 1 100 |
| 货物列车(货车轴重＜25 t，快速货物班列除外) | 90 | 800 |
| | 120 | 1 400 |
| 货物列车(货车轴重≥25 t) | 100 | 1 400 |

### (五)列车制动试验

列车自动制动机是保证列车运行安全的关键设备。在列车制动试验时,要认真确认列车制动主管风压漏泄程度、贯通状态和制动作用是否良好,以便发现故障及时处理。列车制动试验分为全部试验、简略试验和持续一定时间的全部试验三种,其试验项目、方法和技术要求如下:

1. 全部试验

列检作业场无列车制动机的地面试验设备或该设备发生故障时,机车对列车充满风后,司机应根据检车员的要求进行试验:

(1)自阀减压 50 kPa(编组 60 辆及以上时为 70 kPa)并保压 1 min,对列车制动机进行感度试验,全列车必须发生制动作用,并不得发生自然缓解,司机检查制动主管漏泄量,每分钟不得超过 20 kPa;手柄移至运转位后,全列车须在 1 min 内缓解完毕。

(2)自阀施行最大有效减压(制动主管定压 500 kPa 时为 140 kPa,定压 600 kPa 时为 170 kPa),对列车制动机进行安定试验,以便检车员检查列车制动机,要求不发生紧急制动,并检查制动缸活塞行程或制动指示器是否符合规定。

2. 简略试验

制动主管达到规定压力后,自阀减压 100 kPa 并保压 1 min,检查制动主管贯通状态,检车员、车站值班员或车站有关人员检查确认列车最后一辆车发生制动作用;司机检查制动主管漏泄量,每分钟不得超过 20 kPa。

3. 持续一定时间的保压试验

在长大下坡道前方的列检作业场需进行持续一定时间的保压试验时,应在列车制动机按全部试验方法试验后,自阀减压 100 kPa 并保压 3 min,列车不得发生自然缓解。

列车制动机试验时,司机应确认并正确记录充、排风时间,检查制动主管压力的变化情况,并作为本次列车操纵和制动机使用的参考依据。装有列尾装置的列车,进行列尾风压查询;装有防折关装置的机车,注意观察其状态;CCBⅡ、法维莱等微机控制的制动机,注意观察显示屏上充风流量信息。

## 二、列车分类和运行等级顺序

随着铁路运输事业的发展,为满足旅客和货物运输的不同需要,开行的列车也不尽相同,按照不同运输性质,列车可进行不同的分类。

1. 按运输性质分类

(1)旅客列车(动车组列车,特快、快速、普通旅客列车等);

(2)特快货物班列;

(3)军用列车;

(4)货物列车(快速货物班列、快运、重载、直达、直通、冷藏、自备车、区段、摘挂、超限及小运转列车等);

(5)路用列车。

2. 列车运行等级顺序

列车运行等级顺序原则上按速度等级从高到低排序,同速度等级的列车原则上按以下等级顺序：

(1)动车组列车；

(2)特快旅客列车；

(3)特快货物班列；

(4)快速旅客列车；

(5)普通旅客列车；

(6)军用列车；

(7)货物列车；

(8)路用列车。

开往事故现场救援、抢修、抢救的列车，应优先办理。

特殊指定的列车或列车种类，其等级应在指定时确定。

## 三、非正常行车

列车运行中，各有关作业人员应按规定执行车机联控和岗位作业标准。“车机联控”是车务、机务等行车有关人员使用列车无线调度通信设备，按规定联络，提示行车安全信息、确认行车要求的互控方式。车务、机务等行车有关人员应按车机联控有关规定执行，禁止使用无线调度通信设备闲谈与工作无关的事情。

### (一)站内临时停车

列车在车站临时停车后继续运行，按照停车对象不同，开车(发车)对象亦不同，除《车站行车工作细则》另有规定外，把握“谁停谁开”的原则。

1. 司机主动停车(指司机发现危及行车或人身安全的情况等原因主动停车)时，等停车原因消除后，由司机自行起动列车，车站不再发车。

2. 司机以外的列车乘务人员使用紧急制动阀(紧急制动装置)使列车停车，由车辆乘务员(随车机械师)查明情况消除隐患后，通知司机开车，车站不再发车。

3. 车站接发列车人员因发现货物装载问题、车辆抱闸等原因通知列车在站内临时停车的，等停车原因消除后，由车站按规定程序发车。

4. 因其他原因临时停车，由车站值班员组织司机、车辆乘务员(随车机械师)共同查明原因，恢复运行条件后，由车站按规定发车；动车组列车不需要车站发车，因此由车站通知动车组列车司机开车。

上述1、2、4项在临时停车后，司机应立即向车站值班员报告，并说明停车原因，车站值班员均应及时报告列车调度员。

### (二)恶劣天气行车

在天气恶劣情况下，信号机显示距离不足200 m时执行恶劣天气行车办法。此处信号机系指进站、出站、进路及自动闭塞区间通过信号机等指示列车运行的信号机。发生天气不良时，车站值班员或司机应将天气恶劣情况及发生地点报告列车调度员，列车调度员发布调度命令，改按天气恶劣难以辨认信号的办法行车。天气转好时亦由车站值班员或司机报告列车调度员，列车调度员发布调度命令恢复正常行车。

1. 列车按机车信号显示运行，但运行中司机亦应确认地面信号机的显示。两者显示一致时，正常运行；当地面信号显示与机车信号不一致时，列车应减速或停车。

2. 车站发车时，司机可凭车站值班员（发车人员）列车无线调度通信设备的通知起动列车（无线电发车），但此时车站列车无线调度通信设备的语音记录装置必须作用良好。在确认出站（进路）信号机显示正确后，再行加速。

3. 使用天气恶劣难以辨认信号办法行车，以及恢复正常行车，均需发布调度命令。对恢复正常行车的调度命令，应向已收到改按天气恶劣难以辨认信号办法行车调度命令而未越过天气恶劣区间的列车司机发布。

**（三）汛期行车**

工务部门应根据现场环境、气候特点、设备状况等并结合历年防洪经验，确定并公布防洪重点地段，防洪重点地段多是汛期灾害多发区域，如洪水、泥石流、山体滑坡、塌方落石等，线路、桥隧、路基、道床等稳定性会受到影响。日常当列车通过防洪重点地段时，司机要加强瞭望，并随时采取必要的安全措施。

为确保列车在汛期的运行安全，司机要认真了解担当区段的水害特点和防洪重点地段，做到心中有数。对暴风雨可能引起的洪水、泥石流、落石等应急预案要认真学习、掌握，值乘中认真瞭望，按规定速度运行，根据运行地段情况采取安全措施，遇线路塌方、道床冲空等危及行车安全的突发情况时应立即采取应急性安全措施。同时立刻以列车无线调度通信设备通知追踪列车、邻线列车及邻近车站。配备列车防护报警装置的列车可通过该装置对一定范围内的列车进行报警，首先使用该装置进行防护。

1. 列车通过防洪重点地段时，司机要加强瞭望，并随时采取必要的安全措施。

2. 当洪水漫到路肩时，列车应按规定限速运行；遇有落石、倒树等障碍物危及行车安全时，司机应立即停车，排除障碍并确认安全无误后，方可继续运行。

3. 列车遇到线路塌方、道床冲空等危及行车安全的突发情况时，司机应立即采取应急性安全措施，并立刻通知追踪列车、邻线列车及邻近车站。配备列车防护报警装置的列车应首先使用列车防护报警装置进行防护。

**（四）反方向行车**

在双线区间，列车应按左侧单方向运行。仅限于整理列车运行时，方可使列车反方向运行，但旅客列车仅在正方向区间的线路封锁施工、发生自然灾害或因事故中断行车等特殊情况下，经铁路局集团公司调度所值班主任准许，方可反方向运行。

我国铁路规定在双线区间按左侧单方向行车，这个运行方向称为正方向，相应的闭塞设备、列车信号机等行车设备也是按此设置的，在行车安全上有着可靠的保证；同时根据我国铁路成对行车的特点，列车在各自的线路上运行时，互不干扰，能够保证最大的通过能力，发挥最大的效益。

双线区间列车反方向运行时，需改变线路原正常运行方向，对运输安全、效率都有不利影响，所以规定只限于整理列车运行时才准采用。为了保证旅客列车运行安全，对旅客列车反方向运行应严加限制，不允许将旅客列车反方向运行作为一般整理列车运行的措施。因此规定旅客列车仅在正方向区间的线路封锁施工、发生自然灾害或因事故中断行车等特殊情况下，经铁路局集团公司调度所值班主任准许，方可反方向运行。

# 第四节　调 车 作 业

LKJ 等安全装备的使用，从防冒、防超、防溜等行车安全关键环节上进行全方位控制，有效确保了列车运行。但在调车工作中，由于缺乏有效的科技手段，且调车作业大多数环节依靠人工控制，场景复杂，在安全系数上大打折扣。因此，调车作业安全始终是机务行车安全的重点工作。控制调车安全，信号确认、速度控制、停车地点掌握是不可缺少的关键环节。

## 一、调车速度控制

调车作业的最高速度是根据调车作业的特点规定的，要求参加调车作业的人员必须认真遵守。

调车作业时，车辆的自动制动机多数情况下不加入机车操纵的制动系统，车列的减速和停车都要靠机车本身的制动力；又因调车机车在作业中经常牵出和推进作业交替进行；再有调车作业所经线路的标准、等级及道岔的辙叉型号等可能比正线、到发线低，因此规定在空线上牵引运行时，不得超过 40 km/h。在空线上推进运行时，除同样受到上述限制外，又因车列在前，司机不便于瞭望前方的进路和信号，只依靠车列前端负责瞭望的调车人员向调车指挥人显示信号或发出指令，再由调车指挥人显示减速或停车信号(指令)，由于中转信号需要时间，一旦发生险情，司机制动的时机将要推迟，容易造成事故，所以从调车速度上加以限制，规定为不得超过 30 km/h。

为了保证旅客的安全和舒适，防止装载爆炸品、气体类危险货物(压缩气体、液化气体等)、超限货物等物品的车辆因制动或制动不及产生冲撞等情况而发生意外，所以规定调动这类车辆时，不准超过 15 km/h。

连挂车辆时，为了避免损坏机车车辆和所装载的货物，不至于发生窜动、倒塌和损坏，必须严格控制速度。因此规定接近连挂车辆时，不准超过 5 km/h。

尽头线的终端不是车挡就是尽头站台，一旦掌握速度不当，可能造成前端车辆冲上车挡或与尽头站台发生冲突，所以规定距尽头线的终端留 10 m 的安全距离。在尽头式站台上进行装卸作业等特殊情况，必须进入 10 m 安全距离以内时，要严格控制速度，保证安全。

在电气化铁路的部分线路上，根据技术条件和作业需要并未完全挂网，为了区分有电区与无电区，接触网的终点均挂有终点标。为了防止担当调车作业的电力机车或动车组越过终点标进入无电区，造成刮弓、塌网或将高压电带入无电区造成损害等事故，电力机车或动车组在该线路上调车时，调车人员与司机应严格控制速度，距接触网终点标应有 10 m 的安全距离。

遇特殊情况，必须近于接触网终点标 10 m 进行调车作业时，须严格控制速度。

## 二、信号确认

调车作业时，调车组、扳道组、信号操纵人员等所有调车作业人员，显示信号或使用无线调车灯显设备发出指令时要正确、及时；机车乘务人员须不间断的确认地面固定信号和调车人员显示的手信号(无线调车灯显设备发出指令)，并须及时回示，表示确已了解。

推进连挂车辆时，调车指挥人应根据停留车位置的距离，显示“十、五、三车”距离信号或发出相应的指令。在调车车列前端距离被连挂车辆十车(约 110 m)时，显示十车信号或发出“十车”指令；距离五车(约 55 m)时，显示五车信号或发出“五车”指令；距离三车(约 33 m)时，显示三车信号或发出“三车”指令。如距离不足十车时，仅显示“五、三车”信号或发出“五、三车”指令；不足五车时，仅显示“三车”信号或发出“三车”指令；不足三车时，仅显示接近连挂信号或发出相应指令。接近连挂信号比照向显示人稍行移动信号显示。

推进连挂车辆时，司机须时刻注意确认“十、五、三车”距离信号或无线调车灯显设备的指令，并回示。同时，应按信号或指令的要求正确控制速度。为避免司机误认，调车指挥人在距停留车十车以内，不要再显示减速手信号。调车指挥人显示“十、五、三车”距离信号或发出指令后，如发现司机未回示或没有按规定减速时，应立即显示停车信号或发出紧急停车指令。调车作业中往往会出现很多意外情况，调车人员除应认真瞭望信号、注意调车车列及周围情况外，处理好紧急情况也是一项重要的要求。以往调车作业中发生过很多因处理突发事件不妥当而发生的调车事故，主要是调车人员执行这一规定不坚决、不果断所致，也有部分人员在紧急情况下，忙中出错，忘记或不知道显示停车信号或发出紧急停车指令。

单机挂车时，因司机视线不受影响，所以调车指挥人可不显示“十、五、三车”距离信号，使用无线调车灯显设备时可不发出“十、五、三车”指令。

推进车辆时，要先试拉，以检查车钩连挂状态，防止车钩没有挂好，导致推进中车辆溜走。在同一线路内，连续连挂车辆时，可不停车连挂，但要确认连挂状态，车组间距超过十车以上时，必须顿钩或试拉。一批作业过程中牵出后折返推进时，不需进行试拉。被连挂车辆距警冲标较近时，须采取相应安全措施。列车编组完了最后一钩，应进行试拉。推进车辆运行或连挂其他车辆时，调车指挥人确认前方进路和“十、五、三车”距离有困难时，可指派制动员、连结员在推进车辆的前部进行瞭望确认，有关人员须及时显示信号或发出指令，推进车辆较多时应派中转人员按规定中转信号，调车长应掌握显示信号或发出指令情况，发现盲目推进等情况时，要及时采取减速或停车措施。

## 三、越出站界、跟踪出站调车

1. 越出站界调车时，双线区间正方向，必须区间(自动闭塞区间为第一个闭塞分区)空闲；单线自动闭塞区间，闭塞系统必须在发车位置，第一个闭塞分区空闲，经车站值班员口头准许并通知司机后，方可出站调车。

单线半自动闭塞区间和双线反方向出站调车时，须有停止使用基本闭塞法的调度命令，与邻站办理闭塞手续，并发给司机出站调车通知书。

2. 跟踪出站调车，只准许在单线区间及双线正方向线路上办理，并须经列车调度员口头准许，取得邻站值班员承认的电话记录号码，发给司机跟踪调车通知书。在先发列车尾部越过预告、接近信号机(或靠近车站的第一个预告标)或《车站行车工作细则》规定的间隔时间后，方可跟踪出站调车，但最远不得越出站界 500 m。

遇下列情况，禁止跟踪出站调车：

(1)出站方向区间内有瞭望不良的地形或有长大上坡道(站名表由铁路局集团公司公布)；

(2)先发列车需由区间返回，或挂有由区间返回的后部补机；

(3)一切电话中断;

(4)降雾、暴风雨雪时;

(5)动车组调车作业。

跟踪调车作业完毕,车站值班员确认跟踪调车通知书收回后,向邻站发出电话记录号码。列车虽已到达邻站,但跟踪调车通知书尚未收回时,禁止办理区间开通手续。

## 第五节　非正常处置

机务运用工作是个动态的过程,其中有许多不可预控的因素,各部门进行了细致的风险研判,制定各种有形化措施及应急看板等,目的就是在出现非正常行车时能够迅速、安全、准确、高效地进行处置,减少对运输生产的影响。其一,机车乘务员的业务素质及行车经验至关重要,对出现的故障现象、非正常作业能够及时准确的判断并进行有效处置;其二,严格执行作业标准不可或缺,良好的作业习惯,不错不漏地完成作业内容;其三,先进技术设备广泛运用,以设备保安全,以程序控安全;其四,严格的管理,岗位自控,邻岗互控等都是保证安全行车行之有效的方法。

### 一、列车被迫停车后的处理

1. 列车在区间被迫停车不能继续运行时,司机应立即使用列车无线调度通信设备通知两端站(列车调度员)及车辆乘务员(随车机械师),报告停车原因和停车位置,根据需要迅速请求救援。需要防护时,列车前方由司机负责,列车后方由车辆乘务员(随车机械师)负责,无车辆乘务员(随车机械师)为列车乘务员负责。配备列车防护报警装置的列车应首先使用列车防护报警装置进行防护。单班单司机值乘的列车防护作业办法由铁路局集团公司规定。

如遇自动制动机故障,动车组以外的旅客列车司机应通知车辆乘务员立即组织列车乘务人员拧紧全列人力制动机,以保证就地制动;其他列车司机应立即采取安全措施,并向车站值班员(列车调度员)报告,请求救援。

对已请求救援的列车,不得再行移动,并按规定对列车进行防护。

车站值班员(列车调度员)接到司机通知后,应将区间内列车运行情况通知司机,并立即使用列车无线调度通信设备转告区间内有关列车。在停车原因消除前不得再放行追踪、续行列车。

需组织旅客疏散时,车站值班员得到列车调度员准许后,扣停邻线列车并通知司机,司机通知有关作业人员办理。

2. 列车被迫停车可能妨碍邻线时,司机应立即用列车无线调度通信设备通知邻线上运行的列车和两端站(列车调度员),并与车辆乘务员(随车机械师)分别在列车的头部和尾部附近邻线上点燃火炬;在自动闭塞区间,还应对邻线来车方向短路轨道电路。配备列车防护报警装置的列车应首先使用列车防护报警装置进行防护。司机应亲自或指派人员沿邻线一侧对列车进行检查,发现妨碍邻线时,应立即派人按规定防护。如发现邻线有列车开来时,应鸣示紧急停车信号。

单班单司机值乘的列车防护作业办法由铁路局集团公司规定。

车站值班员(列车调度员)接到列车被迫停车可能妨碍邻线的通知后,应立即通知邻线有关列车停车,在原因消除前不得向邻线放行列车。

## 二、响墩防护要求

列车在区间被迫停车后,根据下列规定放置响墩防护:

1. 已请求救援时,从救援列车开来方面(不明时,从列车前后两方面),距离列车不小于300 m处防护;

2. 一切电话中断后发出的列车(持有《铁路技术管理规程(普速铁路部分)》附件3通知书1的列车除外),应于停车后,立即从列车后方按线路最大速度等级规定的列车紧急制动距离位置处防护;

3. 对于邻线上妨碍行车地点,应从两方面按线路最大速度等级规定的列车紧急制动距离位置处防护,如确知列车开来方向时,仅对来车方面防护;

4. 列车分部运行,机车进入区间挂取遗留车辆时,应从车列前方距离不小于300 m处防护。

防护人员设置的响墩待停车原因消除后可不撤除(运行动车组列车的区段除外)。

## 三、列车分部运行要求

在不得已情况下,列车必须分部运行时,司机应报告前方站(列车调度员),并做好遗留车辆的防溜和防护工作。司机在记明遗留车辆辆数和停留位置后,方可牵引前部车辆运行至前方站。在运行中仍按信号机的显示进行,但在半自动闭塞区间或按电话闭塞法行车时,该列车必须在进站信号机外停车(司机已报告前方站或列车调度员列车为分部运行时除外),将情况通知车站值班员后再进站。车站值班员应立即报告列车调度员封锁区间,待将遗留车辆拉回车站,确认区间空闲后,方可开通区间。

下列情况列车不准分部运行:

1. 采取措施后可整列运行时;

2. 对遗留车辆未采取防护、防溜措施时;

3. 遗留车辆无人看守时;

4. 司机与车站值班员及列车调度员均联系不上时;

5. 遗留车辆停留在超过6‰坡度的线路上时。

## 四、列车发生火灾爆炸处理

列车发生火灾、爆炸应急处理:

1. 列车发生火灾、爆炸时,须立即停车(停车地点应尽量避开特大桥梁、长大隧道等,选择便于旅客疏散的地点),车站不再向区间放行列车,并通知邻线及后续相关列车停车。电气化区段,现场需停电时,应立即通知供电部门停电。

2. 列车需要分隔甩车时,应根据风向及货物性质等情况而定。一般为先甩下列车后部的未着火车辆,再甩下着火车辆,然后将机后未着火车辆拉至安全地段。

对甩下的车辆,在车站由车站人员负责采取防溜措施;在区间由司机、车辆乘务员负责采取防溜措施。

## 五、车辆故障处理

列车(动车组列车除外)运行途中发生车辆故障应急处理：

1. 发现客车车辆轮轴故障、车体下沉(倾斜)、车辆剧烈振动等危及行车安全的情况时，须立即采取停车措施。由车辆乘务员检查，对抱闸车辆应关闭截断塞门，排除工作风缸和副风缸中的余风，确认安全无误后，方可继续运行；如车轮踏面损坏超过限度或车辆故障不能继续运行时，应甩车处理。

2. 列车调度员接到热轴报告后，应按热轴预报等级要求果断处理。必要时，立即安排停车检查(司机应采用常用制动，列车停车后由车辆乘务员负责检查，无车辆乘务员的由司机确认能否继续安全运行)或就近站甩车处理。

3. 遇客车安全监控系统报警或其他故障需要列车限速运行时，车辆乘务员应使用列车无线调度通信设备通知司机，司机根据要求限速运行并报告车站值班员(列车调度员)。

## 六、列车退行要求

在不得已情况下，列车必须退行时，车辆乘务员或随车机械师(无车辆乘务员或随车机械师时为指派的胜任人员)应站在列车尾部注视运行前方，发现危及行车或人身安全时，应立即使用紧急制动阀(紧急制动装置)或使用列车无线调度通信设备通知司机，使列车停车。

列车退行速度，不得超过 15 km/h。未得到后方站(线路所)车站值班员准许，不得退行到车站的最外方预告标或预告信号机(双线区间为邻线预告标或特设的预告标)的内方。

车站接到列车退行的报告后，除立即报告列车调度员外，根据线路占用情况，可开放进站信号机或按引导办法将列车接入站内。

下列情况列车不准退行：

1. 按自动闭塞法运行时(列车调度员或后方站车站值班员确认该列车至后方站间无列车，并准许时除外)；

2. 在降雾、暴风雨雪及其他不良条件下，难以辨认信号时；

3. 一切电话中断后发出的列车(持有《铁路技术管理规程(普速铁路部分)》附件 3 通知书 1 的列车除外)。

挂有后部补机的列车，除上述情况外，是否准许退行，由铁路局集团公司规定。

## 七、救援列车的开行

车站值班员接到司机或工务、电务、供电等人员的救援请求后，应立即报告列车调度员。需封锁区间派出救援列车时，列车调度员应向有关车站发布命令封锁区间，并派出救援列车。

向封锁区间发出救援列车时，不办理行车闭塞手续，以列车调度员的命令，作为进入封锁区间的许可。

当列车调度电话不通时，应由接到救援请求的车站值班员根据救援请求办理，救援列车以车站值班员的命令，作为进入封锁区间的许可。

司机接到救援命令后，必须认真确认。命令不清、停车位置不明确时，不准动车。

救援列车进入封锁区间后，在接近被救援列车或车列 2 km 时，要严格控制速度，同时，使用列车无线调度通信设备与请求救援的机车司机进行联系，或以在瞭望距离内能够随时停车的速度运行，最高不得超过 20 km/h，在防护人员处或压上响墩后停车，联系确认，并按要求进行作业。

### 八、使用紧急制动阀停车

车辆乘务员、客运乘务组等列车乘务人员发现下列危及行车和人身安全情形时，应使用紧急制动阀（紧急制动装置）停车：

1. 车辆燃轴或重要部件损坏；
2. 列车发生火灾；
3. 有人从列车上坠落或线路内有人死伤；
4. 其他危及行车和人身安全必须紧急停车时。

使用车辆紧急制动阀时，不必先行破封，立即将紧急制动阀手柄向全开位置拉动，直到全开为止，不得停顿和关闭。遇弹簧手柄时，在列车完全停车以前，不得松手。在长大下坡道上，必须先看制动主管压力表，如压力表指针已由定压下降 100 kPa 时，不得再行使用紧急制动阀（遇折角塞门关闭时除外）。

动车组列车遇上述情况时，随车机械师、客运乘务组等列车乘务人员应立即报告司机采取停车措施；来不及报告时，应使用客室紧急制动装置停车。

列车乘务人员应将使用紧急制动阀（紧急制动装置）的情况报告司机。

## 第六节 机 车 操 作

机车乘务组担负着驾驶机车，维护列车安全正点地责任。操纵列车规范化、标准化是实现安全正点地重要手段。副司机作为机车乘务组的一员，要规范执标，全过程执标，立足本职岗位，积极履职尽责，做好司机的助手。

### 一、出勤及接车的有关规定

#### （一）出 勤

1. 出乘前必须充分休息，严禁饮酒，按规定着装，准时出勤。
2. 出勤时，机车乘务员应携带工作证和有关规章制度，到机车调度员处报到，接受指纹影像识别、酒精含量测试，按规定领取司机报单、司机手册、列车时刻表、运行揭示等行车资料和备品。
3. 认真阅读核对运行揭示及有关安全注意事项，结合担当列车种类、天气等情况，做好安全预想，并记录于司机手册。认真听取出勤指导，将司机手册交机车调度员审核并签认。
4. 办理运行揭示和列车运行监控装置专用 IC 卡（以下简称“IC 卡”）交付时，必须实行出勤机班与出勤调度员双审核、双确认的检验签认把关制度。

#### （二）接 车

1. 按职责分工进行交接。接车时，认真了解机车运用、检修情况，办理燃料和工具、备品交接。接车后，确认列车运行监控装置、机车信号、列车无线调度通信设备等行车安全装备合格证齐全、符合规定。将 IC 卡数据载入 LKJ 并确认无误。

2. 按规定的项目和标准检查机车、进行电气动作试验。

## 二、机车出库挂车的有关规定

1. 机车整备完毕机班全员上车后，要道准备出段。

(1)确认调车信号或股道号码信号、道岔开通信号、道岔表示器显示正确，厉行确认呼唤(应答)。

(2)移动机车前，应确认相关人员处于安全处所，防溜撤除，注意邻线机车、车辆的移动情况。段内走行严守速度规定。

(3)机车到达站、段分界点一度停车，确认出段时分，按压 LKJ【出入库】键，将出段时分记录在司机手册上。与车站值班员进行联系，了解挂车股道、走行经路等事项；按规定执行"问(指)路式"联控，确认首架信号机开放后，按信号显示出段。

2. 进入挂车线后，应严格控制机车速度，执行"十、五、三车"和一度停车规定，确认脱轨器、防护信号及停留车位置。

(1)距脱轨器、防护信号、车列 10 m 前必须停车。

(2)确认脱轨器、防护信号撤除后，显示连挂信号，以不超过 5 km/h 的速度平稳连挂。

(3)连挂时，根据需要适量撒砂，连挂后要试拉。

(4)副司机显示连结信号应遵循以下原则：

①连挂时，严禁靠正线一侧显示连结信号引导挂车。

②有站台时，在站台上显示连结信号引导挂车。

③无站台时，在司机侧显示连结信号引导挂车；连挂前，确认司机侧邻线有来车时，应在副司机侧显示连结信号引导挂车。

④显示连结信号时不得侵入邻线和机车限界。

(5)需由机车乘务员连结制动软管时，司机应将单阀置全制位、换向手柄置中立位后，连结人员方可进行作业。

(6)换端作业时，副司机确认非操纵端与行车无关的开关皆置于断开位并锁闭门窗，确认自、单阀手柄取出或置于规定位置并锁闭，CIR 和列尾装置控制设备置于非主控状态或关闭位，安装双套 LKJ 主机的非操纵端 LKJ 应关闭。

换端后，退出 LKJ 调车工作状态。司机将单阀置全制位，确认制动缸压力不低于 300 kPa。

(7)挂车后，机车保持制动，司机确认机车与第一位车辆的车钩、软管连接和折角塞门状态正常。

挂车后配合司机做好出发交接与安全装备操作、列车制动机试验。接收签认电子运统 1 或与车站办理交接的纸质运统 1、货运票据。正确设定 LKJ 列车种类和车速等级，准确输入列车编组等有关数据。正确选定 CIR 通信模式和运行线路；在 GSM-R 区段，正确注册 CIR 车次功能号并确认车次功能号注册成功。装有列尾装置的需确认本务机车与列尾装置主机形成"一对一"关系。

## 三、列车运行中的注意事项

1. 运行中必须严格执行"彻底瞭望、确认信号、准确呼唤、手比眼看"的"十六字令"，依照机车乘务员一次出乘作业标准，规范执行确认呼唤(应答)和车机联控制度。

2. 列车或单机停留时，不准停止柴油机、空气压缩机的工作，并保持制动状态。

(1)进站停车时，应注意车站接车人员的手信号。

(2)夜间等会列车时，应将机车头灯灯光减弱或熄灭。

(3)中间站停车，有条件时应对机车主要部件进行检查。

(4)机车乘务员必须坚守岗位，不得擅自离开机车。

3. 机车各安全保护装置和监督、计量器具不得盲目切(拆)除及任意调整其动作参数。机车各保护电器(油压、水温、接地、过流、柴油机超速、超压等保护装置)动作后，在未判明原因前，不得强迫启动柴油机及切除各保护装置。机车保护装置切除后，应密切注视机车各仪表的显示，加强机械间的巡视。

4. 运行中，应随时注意机车各仪表的显示。发现机车故障处所和非正常情况，要迅速判明原因及时处理，并将故障现象及处理情况填记“机车运行日志”。

5. 遇天气恶劣，应加强瞭望，信号机显示距离不足 200 m 时，应立即报告车站值班员或列车调度员。

6. 不得超越机车限界进行作业，电气化区段严禁攀登机车、车辆顶部，途中停车检查时，身体不得侵入临线限界。

7. 外走廊式的内燃机车运行中不得在走廊上作业。

8. 严禁向机车外部抛撒火种，机械间严禁吸烟。

9. 列车在区间被迫停车后不能继续运行时，司机应立即使用列车无线调度通信设备通知两端站、列车调度员及车辆乘务员，报告停车原因和停车位置，根据需要迅速请求救援并按规定设置防护。机车故障后 10 min 内不能恢复运行时，司机应迅速请求救援。

10. 副司机按规定执行机车上部巡视和汇报制度。巡视自反向进站信号机或站界标起至下一站进站信号机前止。第一次巡视检查后应详细汇报机车运转状况。后续巡视对各部件状态进行简要汇报，对不良部件应重点汇报。

(1)巡视检查项目：电气间、柴油机、增压器、牵引发电机、辅助传动装置、空气压缩机、辅助发电机、牵引电动机的通风机等状态是否正常；有无电气绝缘烧损气味、油水管路有无漏泄；水箱水位和各仪表显示是否正常。

(2)巡视检查时机：值乘列车始发出站后；列车运行中一般每 30 min 进行 1 次；发生异音、异状时。

## 复习思考题

1. 试述信号、联锁、闭塞的功能及联锁的关系。
2. 试述信号故障时的行车方法。
3. 试述调车安全的控制措施。
4. 举例说明发生非正常行车时的处理流程及办法。
5. 试述副司机显示连结信号应遵循的原则。

# 第三章　行车安全装备及机车车载安全防护系统

本章主要介绍与机车乘务员相关的重要行车安全装备，第一至第三节介绍了 LKJ2000 型列车运行监控装置的组成、控制功能、基本操作等内容；第四至第六节介绍了机车综合无线通信设备（以下简称“CIR 设备”）的组成、列车防护报警功能及其操作、客车列尾装置的基本原理及其操作；第七、八节介绍了机车车载安全防护系统（简称 6A 系统）的组成、操作及应急处置。

列车运行监控装置是用于防止列车冒进信号、运行超速和辅助司机提高操纵能力的重要行车设备。

CIR 设备是保障列车运行安全、提供调度通信业务等功能的行车通信设备。

6A 系统是针对机车运行过程中危及行车安全的重要事项、重点部件和部位的安全防护装置，实现机车空气制动安全监测、防火监控、高压绝缘检测、列车供电监测、走行部故障监测、自动视频监控及记录等功能，用于提高防范机车安全事故的能力。

## 第一节　LKJ2000 型列车运行监控装置设备简介

LKJ2000 型列车运行监控装置基本组成单元是一个主机箱和两个显示器。它的速度信息来自光电式速度传感器，机车信号信息来自通用式机车信号，压力监测除了检测列车管压力外，还检测机车制动缸的压力及均衡风缸压力，另外配备双针速度表。

### 一、主　机

主机内部有 A、B 两组完全相同的控制单元（分别称为 A 机、B 机），每组有 8 个插件位置。主机插件布局如图 3-1 所示。

| A机 | | | | | | | | B机 | | | | | | | |
|---|---|---|---|---|---|---|---|---|---|---|---|---|---|---|---|
| 电源 | 数字入出 | 数字输入 | 扩展通信 | 模拟入出 | 通信 | 信息处理 | 监控记录 | 监控记录 | 信息处理 | 通信 | 模拟入出 | 扩展通信 | 数字输入 | 数字入出 | 电源 |

图 3-1　主机插件布局

### 二、显 示 器

显示器由 10 英寸（254 mm）TFT 高亮度彩色液晶显示屏、21 个薄膜按键和大容量 IC 卡读卡器组成。

### (一)显示界面

显示器采用图形、汉字显示相关信息,包括机车信号,速度,限速,时间,公里标,线路纵断面(如桥梁、隧道、坡道、弯道),速度和限速曲线以及系统状态等。显示器显示界面如图 3-2 所示。

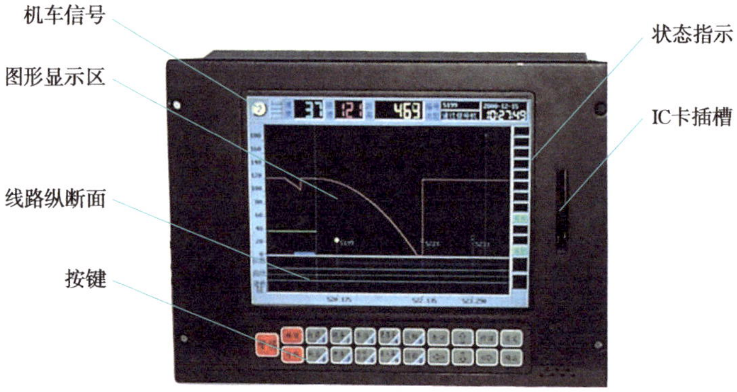


图 3-2　显示器显示界面

屏幕最上方的数据区依次为:机车信号、速度等级、速度、限速、距前方信号机距离、当前信号机类别、公里标、日期和时间。

信号状态显示区:显示当前的机车信号状态,有绿灯、绿黄灯、黄灯、红灯、红黄灯、双黄灯、黄 2 灯、白灯、黄 2 闪灯、红黄闪灯等。

速度等级显示区:从上至下有 LC、SD3、SD2、SD1 四种速度等级,亮的部分表示当前所处的速度等级状态。其中 LC 表示绿灯信号状态下的最高速度等级。SD1、SD2、SD3 分别表示速度等级 1、速度等级 2、速度等级 3。

运行速度区:显示机车当前的实际运行速度。

限制速度区:显示 LKJ 当前限速值。

距前方信号机距离区:显示距离前方信号机的距离。

信号机编号区:显示前方信号机的编号和类型。

公里标区:显示当前机车所在位置的公里标。

日期和时间区:显示当前的系统日期及时间。

屏幕右边为系统状态指示,自上到下依次为:

【故障】:系统与所有单元通信中断时亮。

【降级】:LKJ 处于降级工作状态时亮。

【紧急】:LKJ 实行紧急制动时亮。

【常用】:LKJ 实行常用制动时亮。

【卸载】:LKJ 实行卸载时亮。

【解锁】:解锁成功后亮,4 s 后灭。

【开车】:参数有效设定完毕亮,按压【开车】键进入通常工作状态后灭。

【调车】:LKJ 处于调车工作状态时亮。

【有权】:显示“有权”时本端显示器有操作权;显示“无权”时本端显示器无操作权。

【客货/巡检】:设定完毕后显示当前的客货状态(客本:客车本务状态;货本:货车本务状

态);在按巡检按钮后【巡检】亮 4 s。

【IC 卡】:正确插入 IC 卡后亮,无卡时灭。

【A 机/B 机】:显示"A 机"表示 A 机为当前工作机,显示"B 机"表示 B 机为当前工作机。

【侧线】:站内有多侧线数据时亮,输入股道号后显示输入的股道号码。

【支线】:前方有支线数据时亮,输入支线号后显示输入的支线号。

【入段】:有效按压【出/入库】键亮,再次按压【出/入库】键灭。

【诊断】:当机车故障诊断显示器故障时,在监控屏的状态指示栏位置诊断灯被点亮。

屏幕中间的窗口为版本号、实际速度、限速曲线窗口,同时在背景显示信号机、道岔、站中心及站名等。

版本号:屏幕左上角显示监控版本号和数据版本号。

实际速度:以绿色曲线描绘机车运行速度。

限制速度:以红色曲线描绘前方 4 km 内限速。

信号机位置、编号、信号机的状态:以坐标的方式显示前方 4 km 内的信号机位置,信号机的编号。

站中心及站名:以坐标(垂直线)的方式显示前方 4 km 以内所有站的站中心位置,并用汉字标注对应车站的名称。

机车位置:在整个曲线约 1/5 处有一条垂直分隔线,表示此处为当前机车位置,同时在速度窗口显示一个列车图标,图标的长度与输入的列车计长成正比。

道岔:以坐标(垂直线加进、出标记)形式显示进、出站的道岔位置。

线路纵断面、线路曲线、道桥隧:在整个屏幕的下方 3 个小窗口显示前方线路纵断面、线路曲线、道口、桥梁、隧道的情况。

公里标:在屏幕的最下方显示公里标。

在通常工作状态下,常用制动动作值用单红线表示,固定模式限速值与解除牵引力(卸载)动作速度值之间用光带显示。颜色变化规律:

1. 当速度<固定模式限速值时,光带为灰色;

2. 当固定模式限速值≤速度<卸载动作速度值时,光带为黄色;

3. 速度≥卸载动作速度值时,光带为黄色并闪烁。

当运行速度≥固定模式限速值后,在曲线显示窗口的左边界处显示一个放大标尺窗口,标尺纵向坐标以常用制动速度值为中点,上边界为列车紧急制动限速值,下边界为线路允许速度。同时,用数字提示当前运行速度与常用制动动作值的差值。

### (二)按　　键

1. 按键布置

按键为带背光的薄膜按键,在光线变暗时,按键上的字可自动透光,使夜晚或过隧道时,乘务人员能清晰地识别按键上的字符。按键布局如图 3-3 所示。

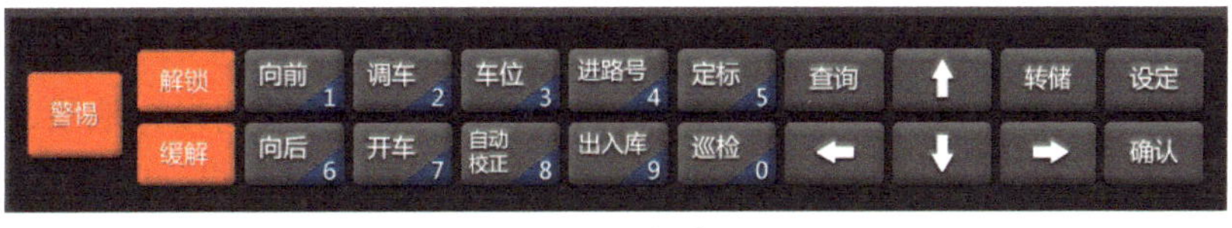


图 3-3　按键布局

按键共有21个，0～9共10个键为复合键，在监控状态下作功能键使用，在参数修改状态下作数字键使用；其他为单功能键。

2. 按键的主要功能

【警惕】：降级工作状态下暂停报警，解除防溜报警等。

【解锁】：按该键或配合【开车】、【确认】键进行解锁操作。

【缓解】：常用制动后的缓解操作。

【向前/1】：配合【车位】键进行滞后误差调整。

【向后/6】：配合【车位】键进行超前误差调整。

【调车/2】：按该键进入或退出"调车"工作状态。

【开车/7】：按该键执行对标开车操作。

【车位/3】：配合【向前/1】键或【向后/6】键进行距离误差调整。

【自动校正/8】：按该键自动调整滞后或超前误差。

【进路号/4】：当支线号或侧线号允许输入时，按该键进入"支线号"或"侧线股道号"输入操作状态。

【出入库/9】：按该键作机车出入库时间记录用。

【定标/5】：线路坐标打点记录；确认信号。

【巡检/0】：按该键执行副司机机械间巡视记录操作。

【查询】：进入信息查询操作状态。

【←】、【→】、【↑】、【↓】：在参数设定状态或查询状态，按压这些键，可以改变光标的位置；在输入数字时，【←】键作退格键用。

【转储】：进入文件转储操作状态；运行中按压【转储】键和【数字】键解除临时限速控制。

【设定】：进入或退出参数设定操作。

【确认】：参数设定或修改有效，保存退出；确认操作。

## 第二节　LKJ2000型列车运行监控装置基本控制功能

本节介绍了LKJ的控制方式、通常工作状态、降级工作状态、调车工作状态、非本务工作状态、20 km/h限速(随时停车)工作状态下的控制功能，介绍了三种防溜控制功能以及重载列车的控制、速度通道切换方法及相关语音提示。

通常情况下，显示器显示的限速值为常用固定模式限速值(常用制动动作值)。当LKJ发出常用制动指令或暂停常用制动控制时，显示紧急固定模式限速值(紧急制动动作值)。

本节描述的"非本务工作状态""20 km/h限速工作状态"，必须严格按照相关规定使用，不得随意进入。

### 一、控制方式

#### (一)固定限速模式控制

LKJ按照线路允许速度(包括线路、道岔、曲线、桥梁、隧道、长期慢行地段、临时慢行地段等各项允许速度和限制速度)、接触网限制速度、机车最高运行速度、车辆最高运行速度、特定限速等各项允许速度和限制速度的最低者确定固定模式限速值。对于半径400 m及以下的曲线地段,按线路允许速度值−2 km/h 确定该曲线地段的允许速度。

LKJ 按报警、卸载、常用制动、紧急制动四个过程防止列车超速。

1. 侧向道岔、临时限速地段

当列车速度达到固定模式限速值时语音提示报警;当列车速度达到固定模式限速值+1 km/h 时解除牵引力(卸载);当列车速度达到固定模式限速值+3 km/h 时实施常用制动控制;当列车速度达到固定模式限速值+5 km/h 时实施紧急制动控制。

2. 其他地段

当列车速度达到固定模式限速值+2 km/h 时语音提示报警;当列车速度达到固定模式限速值+3 km/h 时解除牵引力;当列车速度达到固定模式限速值+5 km/h 时实施常用制动控制;当列车速度达到固定模式限速值+8 km/h 时实施紧急制动控制。

3. 控制指令的解除

(1)卸载指令在速度低于常用制动限速值 3 km/h 后自动解除。

(2)常用制动指令的解除:当速度下降到比固定模式限速值低 5 km/h 时,语音提示“允许缓解”,确认可以缓解列车后,按压【缓解】键,LKJ 解除常用制动指令。

(3)紧急制动之后的解除:列车停车后,紧急制动指令自动解除,同时解除其他控制指令。

**(二)减速模式控制**

1. 在减速模式下,LKJ 以计算的常用制动和紧急制动限速防止列车在限速地点超速。

(1) 动作值:

常用计算模式限速值−实际速度值≤5 km/h 时,语音提示;

常用计算模式限速值−实际速度值≤1 km/h 时,输出解除牵引力(卸载)指令;

常用计算模式限速值−实际速度值=0 km/h 时,实施常用制动控制;

紧急计算模式限速值−实际速度值=0 km/h 时,实施紧急制动控制。

(2) 若列车管减压 50 kPa 及以上,LKJ 自动暂停常用制动的控制,只保留紧急制动控制,直至列车停车或者越过减速模式控制区后恢复常用制动控制。

2. 当列车尾部越过限速地段后,限速恢复为固定模式限速。

3. 控制指令的解除:

(1)卸载指令在速度低于常用制动限速值 3 km/h 后自动解除。

(2)常用制动指令的解除:速度下降到目标限速以下,语音提示“允许缓解”,确认可以缓解列车后,按压【缓解】键,LKJ 解除常用制动指令。

(3)紧急制动指令的解除:列车停车后,紧急制动指令自动解除,同时解除其他控制指令。

**(三)停车模式控制**

1. 当机车信号为停车信号(红黄灯,黄灯、双黄灯转白灯,灭灯,多灯,红黄灯转单红灯等),LKJ 以计算的常用制动和紧急制动限速监控列车停车(列车在站内停车控制时只采用计算的紧急制动限速监控列车)。

(1)动作值:

常用计算模式限速值−实际速度值≤5 km/h 时,语音提示;

常用计算模式限速值−实际速度值≤1 km/h 时,输出解除牵引力(卸载)指令;

常用计算模式限速值−实际速度值=0 km/h 时,实施常用制动控制;

紧急计算模式限速值－实际速度值＝0 km/h 时，实施紧急制动控制。

(2)若列车管减压 50 kPa 及以上，则 LKJ 自动暂停常用制动的控制，只保留紧急制动控制，直至列车停车后恢复常用制动控制。

2. 控制指令的解除：

(1)卸载指令在速度低于常用制动限速值 3 km/h 后自动解除。

(2)常用制动指令的解除：列车停车后，LKJ 语音提示“允许缓解”，确认可以缓解列车后，按压【缓解】键，LKJ 解除常用制动指令。

(3)紧急制动指令的解除：列车停车后，紧急制动指令自动解除，同时解除其他控制指令。

## 二、通常工作状态

设定正确的交路号、车站号、车次、客/货状态，并在“本务”状态下，按【开车】键后，LKJ 进入通常工作状态，自“开车对标”开始从数据芯片内顺序调用基础数据。

**(一)防止固定限速地点超速**

列车运行中，在固定限速地段，LKJ 以固定限速模式防止列车超速。

**(二)防止曲线、桥梁、道岔等减速地点超速**

列车运行前方为曲线、桥梁等限速地段，接近限速地点(客车 3 000 m、货车 2 000 m)，LKJ 语音提示“注意前方限速”，并以减速模式和固定限速模式防止列车通过限速地段超速。

列车运行前方侧向过岔，LKJ 接收到双黄灯、双黄闪灯后，调用车载基础数据文件中存储的对应道岔限速值，LKJ 语音提示“注意道岔限速”，并以减速模式和固定限速模式防止列车侧线过岔超速。侧线出站道岔限速控制时，LKJ 以出站信号机作为控制起始点，至列车尾部越过出站道岔为止。

**(三)减速信号控制**

对于绿黄灯、黄灯、黄 2 灯、黄 2 闪灯等减速信号，分两种控制方式，连续控制和分级控制如图 3-4 所示。

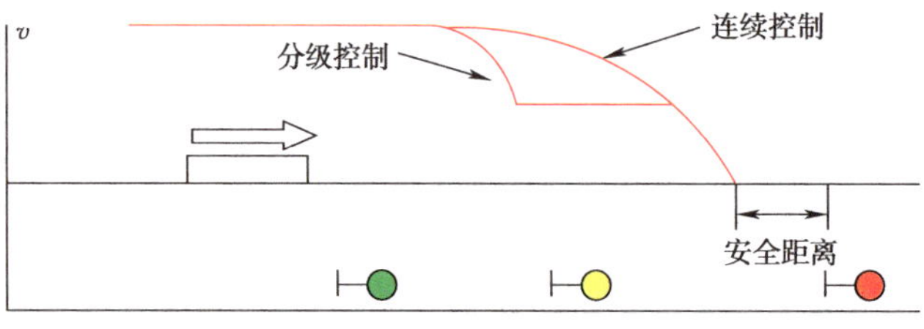


图 3-4 连续控制和分级控制

1. 连续控制

采用连续控制方式时，机车信号为绿黄灯、黄灯，LKJ 不设固定出口限速值，以停车模式监控列车在显示停车信号的信号机前停车；机车信号为黄 2 灯或黄 2 闪灯时，以减速模式防止列车侧向过岔超速。

2. 分级控制

采用分级控制方式时，以减速模式监控列车越过信号机时的速度不超过设置的目标限速值。

**（四）临时限速控制**

1. 控制过程

LKJ 通过 IC 卡读入正确的 LKJ 临时数据（时间、地点、限速值）后，在限速时段内，列车接近限速地点 4 000 m 时显示屏右上方弹出“揭示信息”窗口，客车距施工点 3 000 m、货车距施工点 2 000 m 时语音提示“注意临时限速”，并以减速模式防止列车通过临时限速地点超速。

2. 临时限速解锁操作

当临时限速解锁条件满足，需要解除当前临时限速控制时，按下列方法操作：

列车接近施工地点，显示屏右上角自动弹出“揭示信息”窗口。按压【转储】键，再根据“揭示信息”窗口内需解锁的临时限速序号，按压对应的数字键，弹出调令号输入窗口，输入取消临时限速运行揭示的调度命令号并按压【确认】键后，解除当前临时限速控制。

**（五）防止冒进信号**

1. 当机车信号为停车信号（红黄灯，黄灯、双黄灯转白灯，灭灯，红黄灯转单红灯等）时，LKJ 以前方信号机前附加安全距离处为停车目标，以停车模式防止列车冒进信号。

2. 安全距离：

（1）前方为出站（发车进路）信号机，紧急制动安全距离为$(0.5v_0+20)$ m。

（2）前方为通过、进站（接车进路）信号机，常用制动安全距离为$(0.5v_0+100)$ m，紧急制动安全距离为$(0.5v_0+70)$ m。

注：$v_0$ 为制动初速。

**（六）自动闭塞区间停车信号控制**

1. 自动闭塞区间通过信号为停车信号，如图 3-5 所示。

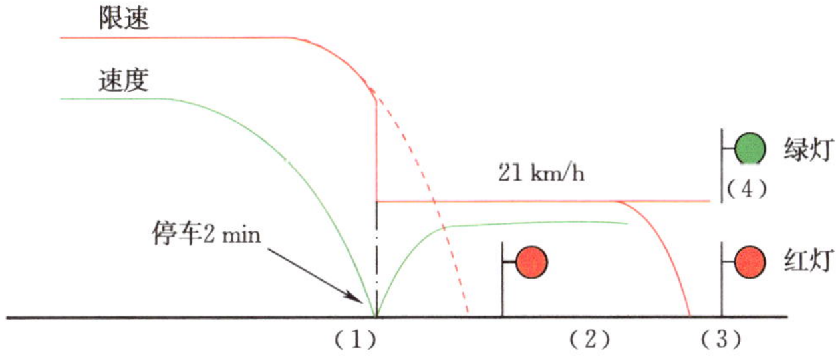


图 3-5　通过信号机为停车信号

（1）在自动闭塞区间，列车运行前方为通过信号机，机车信号为停车信号时，LKJ 按防止列车冒进信号控制。列车停车 2 min 后，监控列车以不超过 20 km/h 的速度运行，越过该通过信号机。

（2）越过该信号机后，继续监控列车以不超过 20 km/h 的速度运行，并根据信号不同按第（3）条或第（4）条控制。

（3）当信号为停车信号时：

若前方信号机为通过信号机则按第 1 点第（1）条控制；

若前方信号机为装有容许信号的通过信号机，按第 2 点“装有容许信号的通过信号机显示停车信号”控制；

若前方信号机为进站信号机，则按防止冒进信号控制。

(4)当信号不是停车信号时,监控列车以不超过 20 km/h 的速度越过信号机,然后按接收的信号控制。

2. 装有容许信号的通过信号机显示停车信号,如图 3-6 所示。

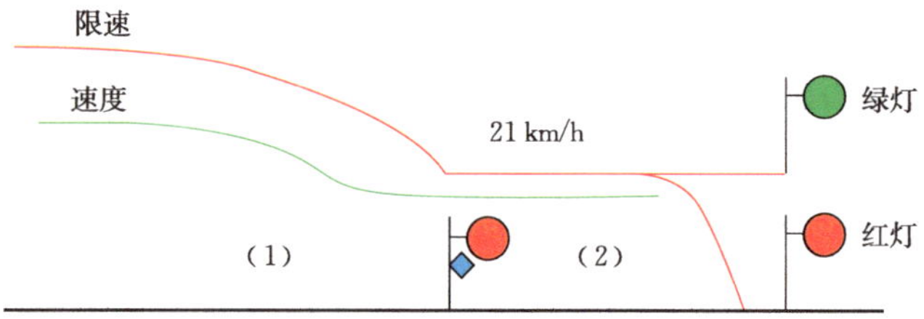

图 3-6　装有容许信号的通过信号机为停车信号

(1)在自动闭塞区间,货车运行前方为装有容许信号的通过信号机,信号为停车信号时,LKJ 自动解除防止列车冒进信号的停车控制功能,监控列车以不超过 20 km/h 的速度越过该信号机。

(2)越过信号机后,控制方式与上述第 1 点第(2)条相同。

**(七)欠风运行提示**

通常工作状态下,当列车速度大于 5 km/h 时,若列车管压力低于定压 100 kPa 以上且持续时间超过 4 min,LKJ 语音提示"欠压运行",提醒机车乘务员采取措施。机车乘务员应立即检查总风压力、列车管压力和均衡风缸压力,当列车管压力恢复定压时,LKJ 停止报警;报警过程中若按【警惕】键,停止报警。

**(八)防动轮迟缓提示**

通常工作状态下,列车运行过程中,出现列车管压力下降小于 40 kPa(未减压)且机车制动缸压力超过 50 kPa(机车上闸)的现象,持续时间超过 2 min,则 LKJ 语音提示"注意迟缓",要求机车乘务员采取措施。机车乘务员应立即检查制动缸压力,当制动缸压力下降到 10 kPa 以下,LKJ 停止报警;报警过程中若按【警惕】键,停止报警。

**(九)警惕功能**

司机警惕功能是一种促进司机警醒的功能,包括"进站确认"和"周期警惕"两项子功能。

1. 进站确认

在通常监控工作状态下,列车运行途中,当前方信号机为进站、进出站信号机,且其次一架信号机为出站或进出站信号机时,显示器语音提示"请确认信号"2 遍。在列车越过信号机前,司机要按压 1 次警惕按钮开关(按下并松开),否则,列车越过信号机后,LKJ 启动"警惕控制过程"。

2. 周期警惕

在通常监控工作状态下,列车运行途中,速度大于 5 km/h 时,LKJ 启动周期警惕功能;列车速度小于 3 km/h,终止周期警惕功能,周期警惕功能启动速度如图 3-7 所示。

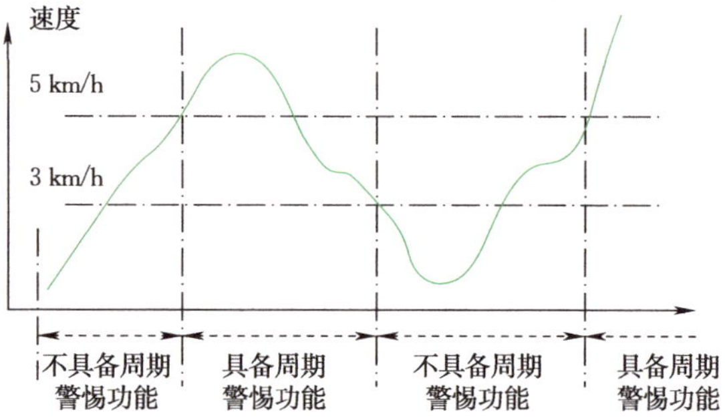

图 3-7　周期警惕功能启动速度

启动周期警惕功能后，开始计时。计时过程中，检测到下列信息之一时重新开始计时：

(1)列车管减压 50 kPa 及以上。

(2)制动缸压力大于等于 50 kPa。

(3)机车工况(零位/非零位)状态变化。

若计时达到 120 s，则启动“警惕控制过程”。

3. 警惕控制过程

启动警惕控制后，显示屏弹出“警惕”倒计时提示窗口如图 3-8 所示，并从 20 s 开始倒计时，倒计时到 10 s 时伴以“呜呜”报警声，若倒计时到 0 时则实施制动控制。

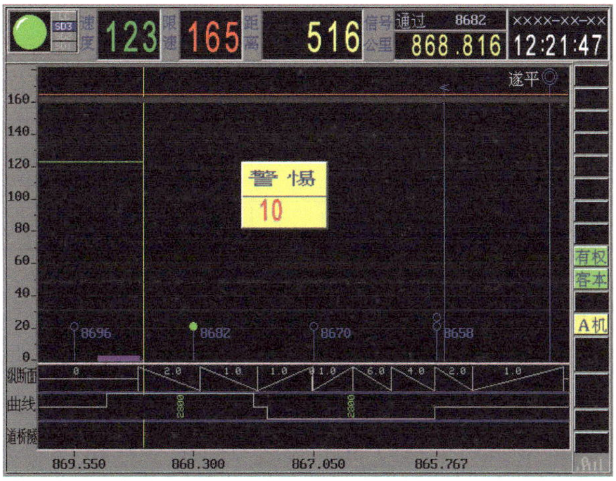


图 3-8　倒计时提示窗口

显示屏弹出“警惕”提示窗口后，检测到下列信息之一时，终止本次控制过程(停止倒计时、提示窗口取消、停止报警)。

(1)按压警惕按钮 1 次。

(2)列车管压减压 50 kPa 及以上。

(3)制动缸压力大于等于 50 kPa。

(4)机车工况(零位/非零位)状态变化。

警惕控制过程示意图如图 3-9 所示。

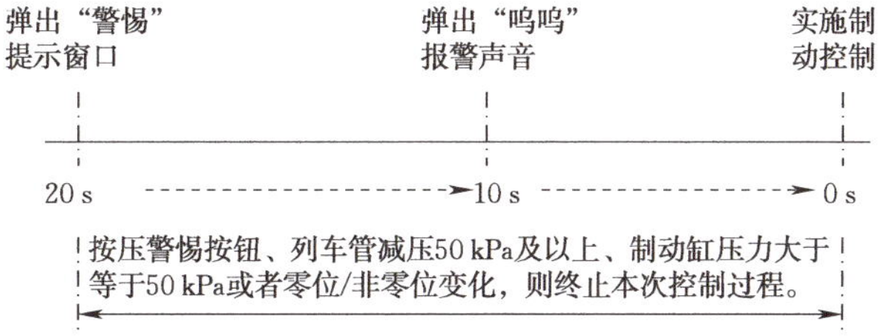


图 3-9　警惕控制过程

4. 相关说明

(1)当警惕按钮故障时，通过按显示器【定标】键可替代按压警惕按钮。

(2)在周期警惕的 120 s 计时间隔内，按压警惕按钮无效。

(3)LKJ 实施制动控制方式。

当 LKJ 具备常用制动功能时，发出解除牵引力(卸载)和常用制动指令(减压量80 kPa)；不具备常用制动功能时，发出解除牵引力和紧急制动指令。

一旦发出制动控制指令，必须在列车停车后才能解除(若发出常用制动控制指令，还必须按【缓解】键)。

**(十)单机车次限速**

当输入的车次为单机车次时，LKJ 监控列车最高运行速度不超过设置的单机限速，且按货物列车计算制动距离。LKJ 设置的单机限速值见表 3-1。

表 3-1　单机限速值

| 车次范围 | 限速值(km/h) |
|---|---|
| 50001～50998 | 120 |
| 51001～51998 | 100 |
| 52001～52998 | 100 |

**(十一)连续多架信号机距离未校正防护功能**

LKJ 在列车运行过程中连续未进行过机校正的信号机数(具备过机校正功能的信号机)达到自动闭塞区段 6 架(半自动闭塞区段 3 架)时，显示器显示“请校正距离!”，并语音提示“请校正距离”2 遍。此后，每当列车运行至距离信号机前 300 m 时，LKJ 语音提示“请校正距离”2 遍。

当连续未进行过机校正的信号机数达到自动闭塞区段 12 架(半自动闭塞区段 6 架)时，LKJ 在列车越过信号机 300 m 后自动转入降级工作状态。在转入降级工作状态的前一分区显示器闪烁显示“请校正距离!”。

显示器显示“请校正距离!”后，在 LKJ 自动过机校正或者人工距离校正后撤除，本次距离未校正防护功能退出。

自动闭塞区段 LKJ 距离未校正控制过程如图 3-10 所示。

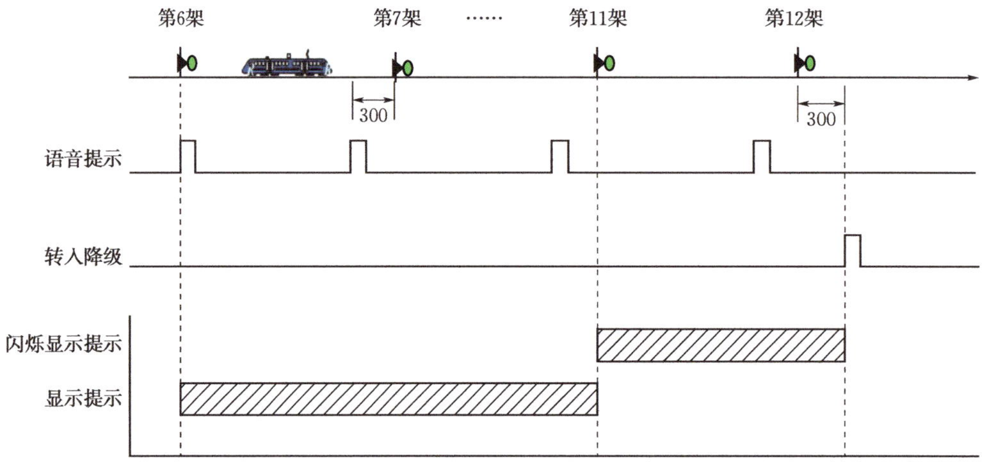


图 3-10　自动闭塞区段 LKJ 距离未校正控制过程(单位：m)

## 三、降级工作状态

主机断电 30 s 后开机，在通常工作状态下修改区段号（交路号）、车站号、车次、客货、本补、车速等级任一参数，退出 20 km/h 限速工作状态或者不能确定列车位置时，LKJ 进入降级工作状态。

1. 进入降级工作状态时，LKJ 以固定限速模式防止列车速度超过当前设定交路的最高限速。

2. 当机车信号为停车信号时（LKJ 开机进入原始降级工作状态后，若机车信号红黄灯、灭灯、白灯、单红灯，按停车信号控制；在降级工作状态下，双黄闪灯转白灯，按停车信号控制）。

（1）LKJ 以前方 800 m 处限速 20 km/h（常用制动动作值）为目标，以减速模式防止列车超速，降级工作状态停车信号限速曲线如图 3-11 所示。

（2）运行速度超过 5 km/h 时，LKJ 报警，若 7 s 内未按压【警惕】键进行应答，自动实施紧急制动控制；报警过程中按【警惕】键后暂停报警，4 s 后再次报警。

3. 当机车信号不是停车信号时，LKJ 以前方 2 000 m 处限速 60 km/h（常用制动动作值）为目标，以减速模式防止列车超速，降级工作状态非停车信号限速曲线如图 3-12 所示。

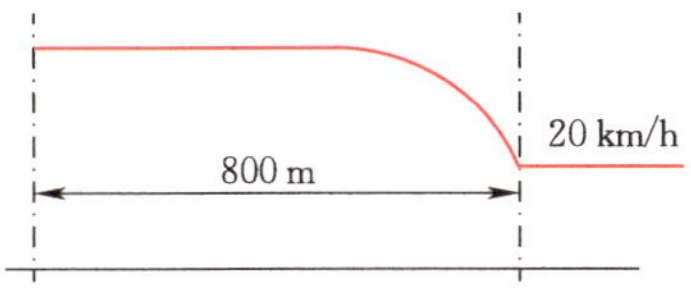


图 3-11　降级工作状态停车信号限速曲线

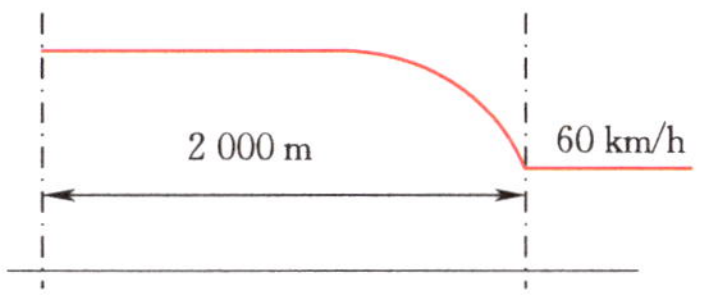


图 3-12　降级工作状态非停车信号限速曲线

## 四、调车工作状态

### （一）普通调车

1. 进入、退出

停车时，按【调车】键一次，进入调车工作状态，显示屏【调车】灯亮。在速度大于 0 时，按【调车】键不能进入调车工作状态。

在调车工作状态时，按【调车】键一次，退出调车工作状态，显示屏【调车】灯灭。

2. 控制功能

当速度达到 38 km/h 时报警，当速度达到 39 km/h 时实施卸载，当速度达到 41 km/h 时实施常用制动，当速度达到 44 km/h 时实施紧急制动。

3. 动车确认

停车时，当输入规定的专用调车车次（如 99921～99996），LKJ 具有“动车确认”功能：机车停车时间 10 s 后再动车前，须先按【警惕】键，否则速度大于 3 km/h 时，LKJ 语音提示“请注意调车信号”，连续提示 7 s 后实施自停控制。在语音提示过程中按【警惕】键可解除控制。

### （二）平面调车灯显控制

1. 安装平面调车灯显设备并与 LKJ 连接的机车，在使用平面调车灯显设备进行调车作业前，先使 LKJ 进入调车工作状态，平调接线盒上安装有转换开关的，将平调接线盒上的转换开关拨至调车位（“0”拨至“1”），此时接线盒上“调车”灯亮。

2. LKJ 收到平调灯显装置发送的“平调无码”信息，进入平面调车灯显控制。

3. 平调灯显信号限速值：

(1)启动：40 km/h；

(2)推进、减速、溜放、连接：30 km/h。

4. 十、五、三车信号控制：

(1)十车：车列走行 50 m 后，速度≥13 km/h 时语音提示；速度≥14 km/h 时，解除机车牵引力；速度≥15 km/h 时实施常用制动控制；速度≥18 km/h 时实施紧急制动控制。

(2)五车：车列走行 20 m 后，速度≥8 km/h 时语音提示；速度≥9 km/h 时，解除机车牵引力；速度≥10 km/h 时实施常用制动控制；速度≥13 km/h 时实施紧急制动控制。

(3)三车：车列走行 20 m 后，速度≥4 km/h 时语音提示；速度≥5 km/h 时，解除机车牵引力；速度≥6 km/h 时实施常用制动控制；速度≥9 km/h 时实施紧急制动控制。

5. 停车信号：

(1)启动、推进、减速、溜放、连接、收放权信号之后的停车信号：收到信号后 30 s 实施紧急制动；

(2)十、五、三车信号后的停车信号：收到信号后走行 10 m 实施紧急制动。

6. 故障停车信号：

LKJ 收到故障停车信号后 30 s 实施紧急制动。

7. 紧急停车信号：

LKJ 收到紧急停车信号后 2 s 实施紧急制动。

8. 停车信号限速为 0，机车停车后，限速自动开口 2 km/h(防止后部车辆涌动造成误动作)。

**(三)防止机车撞土挡**

机车上安装了防撞土挡设备，并与 LKJ 连接后，在调车工作状态下具备以下功能：

1. LKJ 接收到一个点式信息(地面磁钢点)，①限速立即降为 15 km/h，若机车速度超过 15 km/h，则语音报警，报警过程中按【解锁】键停止报警；否则连续报警 7 s 实施制动控制；②接收到点式信息后走行 100 m，限速值降为 10 km/h(常用制动动作值)。

2. LKJ 接收到相隔 2～3 m 的连续 2 个点式信息(绝对停车点)，立即实施紧急制动。

因停车位置等原因，机车必须越过绝对停车点时，应在 5 km/h 以下按住切除按钮通过地面磁钢点，并随时准备停车。

因外界干扰等原因，引起 LKJ“绝对停车”控制，机车停车后，通过退出再进入调车状态可恢复限速。

## 五、非本务工作状态

非本务工作状态也称为“补机模式”。

**(一)进入、退出**

1. 通过参数设定进入、退出

停车时(未在调车工作状态)，按【设定】键进入参数设定窗口，进入“本/补”下拉菜单，选择“补机”，确定后进入非本务工作状态。

停车时，按【设定】键进入参数设定窗口，进入“本/补”下拉菜单，选择“本务”，确定后退出“补机模式”。

2. 通过转换开关进入、退出

机车加装了专用转换盒并开通切换功能的，通过操作切换开关实现。

**(二)功　能**

1. 记录与显示

LKJ 在非本务工作状态下，显示屏显示“非本务运行”，不具备防止冒进信号、防止超速等监控功能，记录功能正常。正确进行参数设定、开车对标后，显示屏显示信号机和线路限速曲线(因不能正常过机校正，距离误差可能较大)。

2. 防止“补机打钢轨”

LKJ 在非本务工作状态下，列车运行时，若列车管压力比定压下降 50 kPa 及以上时，立即实施卸载控制。列车管压恢复后解除卸载指令(双机重联牵引时，在本务机车实施制动时，防止补机加载，磨伤钢轨或者超速)。

## 六、20 km/h 限速(随时停车)工作状态

**(一)进　入**

在自动闭塞区间，列车停车后，按显示器的【↑】键 2 s 以上，显示屏弹出“非正常行车确认”窗口，将光标移到“转入 20 km/h 限速模式”选项再按压【确认】键(或直接按【4】键)，窗口显示“转入 20 km/h 限速模式?”的提示，按【→】键将光标移到“确定”然后按【确认】键，LKJ 转入 20 km/h 限速工作状态，显示屏显示“20 km/h 限速模式”。

出站信号机前无法转入“20 km/h 限速模式”，显示屏提示“禁止操作”。

**(二)控制功能**

进入 20 km/h 限速工作状态后，LKJ 限速值立即为 0。2 min 后，限速 21 km/h。由通常工作状态进入的，监控列车以不超过 20 km/h 的速度运行至前方车站的出站信号机(指车载基础数据中未设有线路所标志的出站信号机、进出站信号机)前停车；由降级工作状态进入的，监控列车以不超过 20 km/h 的速度运行，由机车乘务员控制运行至前方站停车。

进入“20 km/h 限速工作状态”后：LKJ 不以机车信号作为控制依据；LKJ 不进行自动距离误差校正；不能输入侧线股道号；不能进入调车、降级工作状态；无各项解锁功能；无临时限速、区段限速控制和显示；对于发车进路、出站信号机，按停车模式控制；无机车信号变化的语音提示。

**(三)转　出**

列车在站内停车时，按压显示器的【↑】键 2 s 以上，显示器弹出“非正常行车确认”窗口，将光标移到“转出 20 km/h 限速模式”选项再按压【确认】键(或直接按【4】键)，窗口显示“转出 20 km/h 限速模式?”的提示，按【→】键将光标移到“确定”然后按【确认】键，LKJ 进入降级工作状态。

## 七、防溜控制功能

LKJ 在通常、降级、调车工作状态时，均具有以下三项防溜功能。

**(一)管压防溜**

1. 管压防溜控制启动

机车(不含单机车次)停车后 5 s 内列车管减压量未达到 80 kPa 以上,调车工作状态下(或单机车次)机车停车后 5 s 内列车管减压量未达到 80 kPa 以上且制动缸压力未达到 80 kPa 以上,降级工作状态下列车管减压量未达到 80 kPa 以上,LKJ 启动防溜控制,语音报警“注意管压防溜……”,要求机车乘务员采取措施,否则连续报警 10 s 后实施紧急制动。

2. 解除管压防溜报警的方法

(1)LKJ 防溜报警后,应立即追加列车管减压量,使列车管累计减压量达到 80 kPa 以上(对于调车工作状态下或单机车次,也可使制动缸压力大于 80 kPa),LKJ 解除防溜控制。

(2)在防溜报警过程中,机车乘务员确认需按键解除时,通过按一次【警惕】键解除防溜控制。

3. 防溜报警实施紧急制动后的解除

连续防溜报警 10 s 后,LKJ 实施紧急制动。机车乘务员确认可以解除后,按【警惕】键解除紧急制动指令。

**(二)手柄防溜**

1. 手柄防溜控制启动

若机车主手柄工况(零位、非零位)未发生变化,当机车由停车状态移动(未动手柄动车),速度≥3 km/h 或者移动距离≥10 m 时,LKJ 连续语音提示“注意手柄防溜……”,要求机车乘务员采取措施,否则语音提示 10 s 后实施紧急制动。

2. 解除手柄防溜报警的方法

(1)LKJ 防溜报警后,应立即确认,若机车发生溜逸应立即停车。

(2)在防溜报警过程中,通过主手柄零位→非零位或非零位→零位(手柄状态变化,即加载、卸载状态发生变化)的操作,LKJ 解除防溜控制。

(3)在防溜报警过程中,机车乘务员确认需按键解除时,通过按一次【警惕】键解除防溜控制。

3. 防溜报警实施紧急制动后的解除

连续防溜报警 10 s 后,LKJ 实施紧急制动。停车后,机车乘务员确认可以解除,按【警惕】键解除紧急制动指令。

**(三)相位防溜**

1. 相位防溜控制启动

当机车由停车状态移动,若机车速度传感器两通道速度信号的相位与机车运行方向(换向手柄状态)相反,机车运行速度≥3 km/h 或者移动距离≥10 m 时,连续语音提示“注意相位防溜……”。当机车乘务员按【警惕】键应答,暂停语音提示 4 s,然后继续提示,速度≥10 km/h 后,继续语音提示“注意相位防溜……”,机车乘务员按【警惕】键应答后,解除本次防溜控制。若连续语音提示超过 10 s,监控 LKJ 实施紧急制动控制。

2. 解除相位防溜报警的方法

(1)LKJ 防溜报警后,应立即确认机车运行方向,若机车发生倒溜应立即停车。

(2)在防溜报警过程中,机车乘务员确认需按键解除时,通过按【警惕】键可以暂停报警 4 s,直至速度大于 10 km/h 后,再次按【警惕】键解除防溜控制。

3. 防溜报警实施紧急制动后的解除

连续防溜报警 10 s 后，LKJ 实施紧急制动。停车后，机车乘务员确认可以解除，按【警惕】键解除紧急制动指令。

## 八、重载列车控制

当设定的货物列车总重大于 8 000 t，在通常工作状态、降级工作状态下，运行速度低于 20 km/h，LKJ 取消紧急制动控制指令输出（仅保留常用制动控制），但站内停车和防溜控制功能除外。

## 九、速度通道切换

对于 LKJ 配套安装两个速度传感器的机车，当其中一个速度传感器发生故障时，可切换使用另一个速度传感器。切换方式有自动和手动两种。

1. 自动切换

机车运行时，若 LKJ 当前使用的速度传感器速度信息故障，而另一个速度传感器速度信息正常时，LKJ 自动切换。

2. 手动切换

按【设定】键进入“参数设定”窗口，移动光标到“4 主速度”（或“4 备速度”），按【确认】键（也可直接按数字键【4】），选择“确定”，切换到另一个速度传感器。

在“参数设定”窗口中，显示“4 主速度”表示当前使用的是主速度传感器，显示“4 备速度”表示当前使用的是备用速度传感器。

执行过手动切换后自动切换无效。只有在 LKJ 关机 30 s 以上再开机的情况下，才恢复自动切换功能。

## 十、相关语音提示说明

1. 非操作端显示器不发语音。

2. 电力机车电分相语音提示。

对于电力机车，LKJ 在通常工作状态下，客车距“电分相”点 1 500 m、500 m 时，货车距“电分相”点 1 000 m、500 m 时，各语音提示“禁止双弓”两遍。

3. 调车动车语音提示。

LKJ 在调车工作状态下，机车动车时语音提示“请注意调车信号”。

4. 速度故障提示。

LKJ 判断速度通道故障时，语音提示“速度信号故障”。

5. 空转、轮滑提示。

根据设定的最大加速度、最大减速度，LKJ 判断轮对发生空转时提示“空转空转”，发生轮滑时提示“轮滑轮滑”。

当 LKJ 检测到机车加速度大于设定值时，判断轮对发生空转，语音提示“空转空转”，同时对检测到的速度进行抑制（即不采用轮对旋转速度）。若轮对持续空转时间达到 15 s，LKJ 停止进行空转速度抑制，立即采用轮对旋转速度进行超速防护。

6. 车机联控提示。

LKJ 在通常工作状态下，自动闭塞区段列车前方为一接近信号机，半自动闭塞区段客车距预告信号机 2 000 m、货车距预告信号机 1 200 m 时，语音提示“车机联控”。若车载基础数据中设置了“车机联控”特殊语音数据，则按该设置提示。

7. 限速提示。

(1)道岔限速提示。列车接近道岔限速地点时，LKJ 语音提示“注意道岔限速”。

(2)区段限速提示。列车接近桥梁、曲线等限速地点时，LKJ 语音提示“注意前方限速”。

(3)临时限速提示。列车接近临时施工限速地点时，LKJ 语音提示“注意临时限速”。

(4)停车提示。当限速曲线闭口(出口限速为 0)时，LKJ 语音提示“注意停车”。

对于限速地段，LKJ 语音提示时不提示具体的限速值。

8. 机车信号色灯提示。

(1)机车信号绿灯语音提示“绿灯通过”；

(2)机车信号绿黄灯语音提示“绿黄灯，注意运行”；

(3)机车信号黄灯语音提示“黄灯，减速”；

(4)机车信号黄 2 灯语音提示“黄 2 灯，注意运行”；

(5)机车信号红黄灯语音提示 “红黄灯，停车”；

(6)机车信号红灯语音提示 “红灯，停车”；

(7)机车信号黄 2 闪灯语音提示“黄 2 闪，注意运行”；

(8)机车信号双黄闪灯语音提示“双黄闪，注意道岔”；

(9)机车信号双黄灯语音提示“双黄灯，侧向运行”；

(10)机车信号红黄闪灯语音提示“红黄闪，注意运行”；

(11)机车信号白灯语音提示“白灯无码”；

(12)机车信号灭灯或多灯语音提示“信号异常”。

9. 防洪地点提示。

车载基础数据中设置防洪地点数据后，机车接近防洪危险地点 1 000 m 处，屏幕显示防洪地点标志，语音提示“注意运行”两遍。

IC 卡数据载入防洪危险地点数据后，机车接近防洪危险地点(客车提前 3 000 m，货车提前 2 000 m)及起点处语音提示“注意运行”两遍。防洪地点前 500 m 屏幕显示“防汛地段”。

10. 道口语音提示。

车载基础数据中设置有道口数据的地点，机车接近道口地点 800 m 处，语音提示“前方道口，注意鸣笛”两遍。

11. 道机联控语音提示。

车载基础数据中设置有道机联控语音提示数据的地点，机车到达道机联控数据预设距离处，语音提示“道机联控”两遍。

## 第三节　LKJ2000 型列车运行监控装置基本操作

### 一、开机、设定操作

#### (一)开　　机

主机电源开关为钮子开关，普通型主机的电源开关在主机箱的后部，部分上出线方式的主机的电源开关在主机箱的上部。显示器没有电源开关，它的电源受主机控制。LKJ 电源还受机车上电源开关控制。

主机上电后进行自检、显示器启动。自检完毕后进入降级工作状态，显示器显示：

信号状态窗口：显示当前机车信号。

速度窗口：显示机车当前的运行速度值。

限速窗口：显示机车当前的限速值。

日期和时间窗口：显示当前的系统日期及时间。

系统状态：【降级】亮，【A 机】或【B 机】亮。

显示屏左上角显示监控版本和数据版本（灰底白字）。

**（二）显示器操作权的确认与转换**

装有双端显示器的机车，在哪端显示器先按【开车】键进入通常工作状态，则该端有操作权（显示屏操作权显示窗口显示"有权"），另一端显示器无操作权（操作权显示窗口显示"无权"）。

若必须转换显示器的操作权，停车时，在"有权"显示器按【调车】键进入调车工作状态，"无权"端显示器按【调车】键退出调车工作状态，完成操作权的转换。

在通常工作状态下，在有权端显示器可进行正常按键操作，具有正常语音提示；而在无权端显示器只能进行一些"查询"功能的操作，无语音提示。

在降级、调车工作状态下，两个显示器都有权，均可进行参数设定等操作。

**（三）参数设定**

值乘列车始发开车前，必须读入 LKJ 临时数据，正确输入并按规定确认司机号（副司机号）、区段号（监控交路号）、车站号、车次（车次种类、车次编号）、列车种类（客车/货车）、本/补状态（本务/补机）、车速等级等参数，以及总重、辆数、换长等列车编组数据。

1. 参数输入

将已写入 LKJ 临时数据的 IC 卡正确插入屏幕显示器 IC 卡座内，显示屏右边状态窗口的【IC 卡】指示灯点亮。按压【设定】键，将卡内的 LKJ 临时数据读入，并弹出"参数设定"窗口，其中的司机号、区段号、车站号、车次、编组等数据为 IC 卡中预先写入的参数（如果读入的司机号、区段号、车站号、车次、列车编组等数据与实际不符，通过参数修改方法对不正确项进行修改），选择车速等级，确认无误后，再次按压【设定】键退出，此时显示屏显示读入揭示条数窗口，按压【确认】键显示屏显示"请查询揭示！"，拔出 IC 卡，按压【确认】键进入"全部揭示查询"窗口，按规定与交付揭示核对，逐条确认无误后将光标移到"0 返回"位置，按压【确认】键退出。

2. 参数修改

按压【设定】键，进入参数设定窗口。通过方向键（【→】、【←】、【↑】、【↓】），移动光标到相应输入框，然后通过按数字【0】～【9】键输入数据。如果输入错误，可用【←】键取消光标前一个字符。修改完任一项设置，按【确认】键使光标移到下一项，也可用方向键移动光标。在输入"车次种类、列车种类、本/补"等有下拉菜单的项目时，按【↓】键展开该项目的选项，然后用【↑】、【↓】键移动光标到所要选择的项目，然后按【确认】键选定。"车速等级"按第 3 点所述方法选择。

参数修改完毕，将光标移到“确定”按钮，按压【确认】键或直接按压【设定】键退出参数设置状态。

3.“车速等级”选择

(1)输入列车种类为“客车”时，光标移到“车速等级”窗口后，LKJ 自动选择“客 5(80 km/h)”，按【↓】键展开客车车速等级选择选项(图 3-13)，利用【↑】、【↓】键选择所担当列车最高允许速度对应的车速等级，选定后按【确认】键。

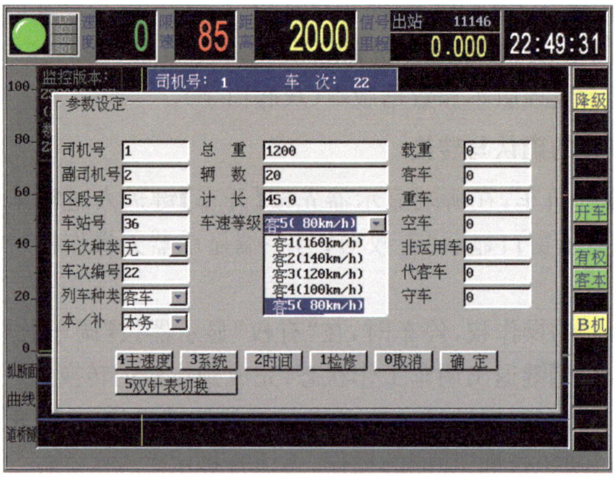


图 3-13 客车车速等级选择

LKJ 设置客车车速等级共 5 种，分别是：客 1(160 km/h)、客 2(140 km/h)、客 3(120 km/h)、客 4(100 km/h)、客 5(80 km/h)。

(2)输入列车种类为“货车”时，光标移到“车速等级”窗口后，LKJ 自动选择“货车(80 km/h)”。对于不需输入其他车速等级的列车，直接按【确认】键。对于需输入其他车速等级的列车，按【↓】键展开车速等级选择选项，按【↓】键选择“其他”(图 3-14)，按【确认】键，弹出“请输入货车车速等级限速”窗口，在该窗口中输入所担当列车最高允许速度值(范围为 1～120)。

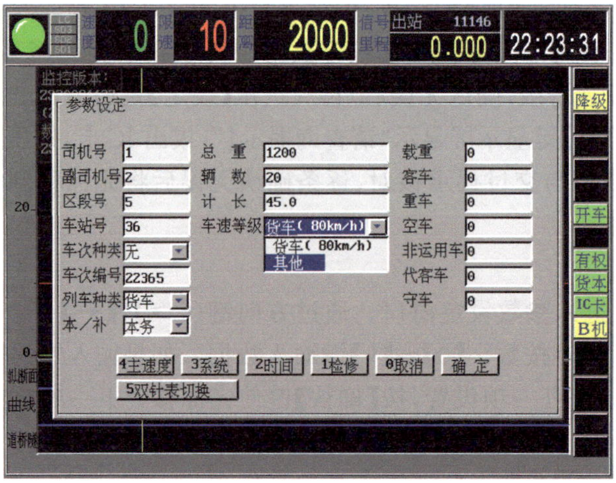


图 3-14 货车车速等级选择

注：每次输入、修改设定参数时，必须选择、确认“车速等级”。若只查询设定的参数，通过按【查询】+【6】键查看。

4. LKJ 参数输入/修改必须满足的条件

LKJ 未输出控制指令（常用制动、紧急制动）且不处于防溜报警状态，才能进行参数输入/修改，但还须符合以下条件：

(1)客/货、本/补状态之间的转换，停车时。

(2)“车速等级”修改，停车时。

(3)区段号（监控交路号）、车站号、车次输入/修改：

机车信号为停车信号或按停车信号控制，停车时；

机车信号为双黄灯，速度小于 45 km/h 时；

机车信号为其他进行的信号，速度小于 60 km/h 时；

机车信号为红黄灯（或按停车信号处理的灭灯、单红灯），手信号引导、特定引导、绿色许可证、路票等解锁开口后，停车时；

机车信号为红黄闪灯，前方信号机开口控制后，停车时。

5. 参数设定重点注意事项

(1)若修改了客/货、本/补状态，LKJ 进入降级工作状态。

(2)若修改了区段号、列车种类、车次、车站号，【开车】指示灯亮，显示屏显示车站名和输入信息，LKJ 进入降级工作状态。若设定完毕后，LKJ 主机关机超过 30 s 再开机，则【开车】指示灯灭，需重新设定。

(3)LKJ 未设司机号、列车编组数据修改速度限制条件。

(4)在输入“计长”时，只需连续输入数字即可，LKJ 自动将最后一位数定为小数位。如输入“435”默认为“43.5”。

(5)使用 IC 卡输入数据后，将刷新存储的 LKJ 临时数据。因此，必须确认所使用的 LKJ 临时数据是最新的、有效的。

(6)不论使用手动输入，还是 IC 卡输入，设定成功后，在屏幕上方以蓝底白字显示始发站名、车次、交路号、司机号、列车编组、车型、车速等级信息（本次修改的参数为红底黄字），供核对。

**(四)进入/退出调车工作状态**

1. 进入：停车时，按压一次【调车】键，进入调车工作状态，【调车】状态指示灯点亮。

2. 退出：在调车工作状态下，按一次【调车】键，【调车】状态指示灯灭，返回进入调车工作状态之前的状态（通常工作或降级工作状态）。

除另有规定外，机车在段内动车时，应使 LKJ 进入调车工作状态。

若 LKJ 在非本务工作状态（“补机模式”）下，进入调车工作状态时，自动退出非本务工作状态。

**(五)出入库、挂车**

1. 除另有规定外，机车出库时，应使 LKJ 进入调车工作状态。在站段分界点按压【出入库】键使显示屏【出段】灯亮。

2. 始发站挂车完毕，退出调车工作状态（【出段/入段】灯亮时，先按【出入库】键，再按

【调车】键退出调车工作状态),根据列车编组单确认输入的列车编组数据等参数。

3. 列车到达终点站,机车入库时,按规定将 LKJ 转入调车工作状态。在站段分界点按压【出入库】键使显示屏【入段】灯亮。

注意:列车到达终到站,不得立即进入调车工作状态。机车与车列摘解后,应在前行至距离出站信号机 50 m 内(停车位置至出站信号机间有调车信号机除外。当监控距离误差无法进入 50 m 内时,以显示器显示距离为准)一度停车,确认调车信号开放后,方可进入调车工作状态。

出入段状态下,LKJ 设置有段内限速影响正常运行的,按压【出入库】键退出出入段状态。

## 二、运行途中的常规操作

### (一)开车对标

参数设置正确后,LKJ 进入降级工作状态,确认显示屏【开车】指示灯亮,列车开车后,到达规定的对标点时,按【开车】键,LKJ 进入通常工作状态(监控状态),此时显示屏上方数据窗口显示实际速度、限制速度、距离、前方信号机种类、里程等相应的数据,中央显示速度、限速曲线和信号机位置,下方显示线路纵断面数据。

1. 列车开车后,在按【开车】键进入通常工作状态之前,LKJ 在降级工作状态,当机车信号为停车信号(含白灯、单红灯)时,速度超过 5 km/h 时 LKJ 将报警,注意按压【警惕】键。

2. 在降级工作状态下,速度超过 10 km/h 时装置语音提示"注意按开车键"。

3. 按【开车】键进入通常工作状态时,若机车信号为双黄灯或白灯,LKJ 立即按侧线出站,防止列车过岔超速。

除进行车载基础数据复核、库内检测外,参数设定完毕后,列车始发前,不得按【开车】键进入通常工作状态(列车头部已过对标点除外)。

对标点通常为经由运行线别的正线股道出站(发车进路)信号机平齐处,特殊情况下的对标点参照相关资料。

遇机车停车位置已越过 LKJ 开车对标点的,应在起车前实施 LKJ 开车对标操作,运行途中注意 LKJ 距离显示,防控 LKJ 车位滞后安全风险,并在越过信号机时注意进行 LKJ 车位调整。

### (二)手动修正过机误差

列车运行中,显示屏距离显示区以不断递减的数字显示距下一架信号机的距离,机车越过信号机瞬间 LKJ 显示的车位与机车实际位置的误差称为过机误差。机车轮径误差、轮对空转、轮对滑行等都可能导致距离误差累积,应注意在机车越过信号机时修正过机误差。

1. 过机误差分类

(1)滞后误差:机车越过信号机时 LKJ 显示距离值仍有余量,经过一段距离后才到 0。这种 0 显示出现在信号机位置之后的过机误差称为滞后误差。

(2)超前误差:机车距信号机还有一段距离,但 LKJ 显示距离值提前到 0。这种 0 显示出现在信号机位置之前的过机误差称为超前误差。

2. 手动修正过机误差的操作方法

(1)车位向前:出现滞后误差时,在接近信号机位置按【车位】键 1 次,在机车越过信号机时再按【向前】键 1 次(两次按键操作应在 3 s 内完成),LKJ 清除剩余距离,调出当前分区距离。

(2)车位向后:出现超前误差小于 300 m 时,在接近信号机位置按【车位】键 1 次,在机车越过信号机时再按【向后】键 1 次(两次按键操作应在 3 s 内完成),LKJ 将重新调用当前分区的距离。

(3)车位对中:当超前误差或滞后误差距离小于 300 m 时,在信号机位置,按压【自动校正】键,不论是滞后还是超前误差,LKJ 自动进行校正。

LKJ 启动停车控制模式后,校正距离误差操作无效。

正常情况下,在机车越过自动闭塞区段通过信号机、半自动闭塞区段进站信号发码箱(预告信号机附近)2～4 s,LKJ 自动进行距离误差校正(显示屏公里标窗口绿底显示约 1 s),可自动校正的误差距离为累进值(最大 300 m)。

**(三)侧线股道号输入**

列车在车站侧线股道停车或通过时,应按规定进行侧线股道号输入、确认。

输入方法:进站(进路)信号机前,机车信号为双黄灯时,显示屏状态栏“侧线 127”指示亮,语音提示“输入侧线股道号”,并自动弹出“输入进路号”窗口,窗口弹出未进行输入操作,15 s 后窗口将自动消失(当距前方信号机距离 500 m 时再次弹出)。在“输入进路号”窗口通过数字键输入侧线股道号,然后按【确认】键。此时,显示屏状态栏“侧线”亮并显示输入的侧线股道号。

遇车机联控不通等原因,进站前无法取得股道号时,不得进行股道号输入,应严格控制列车速度,防止过岔超速,进入站内确认所进股道后再准确输入股道号。

未输入侧线股道号,LKJ 按该站(场)最短股道和最低道岔限速控制,若必须在出站(场)时手动修正 LKJ 车位误差,应以该最短股道出站(进路)信号机为基准。

存在 2 个及以上车场的车站,连续两个车场同时存在多侧线数据时,在前一个车场,距前方信号机距离小于 200 m 时,只能输入、修改下车场的侧线股道号;距离大于 200 m 时,只能输入、修改本车场侧线股道号。

引导解锁进站后,应输入侧线股道号。

列车在接车兼发车进路信号机前始发开车,当前方车场有多侧线数据时,LKJ 降级状态下,在按【开车】键进入通常工作状态之前可输入侧线股道号。

“输入进路号”窗口自动弹出后,直接按【确认】键可将窗口关闭。

侧线股道号输入后,若发现输入错误,在进站前、进站后通过按压【进路号】键可调出“输入进路号”窗口进行股道号修改操作。

除机车信号为双黄灯时自动弹出“输入进路号”窗口外,其他情况下均需通过按压【进路号】键调出。

**(四)支线号输入**

支线号输入功能只对货物列车(指设定参数时列车种类为“货车”)有效。

在车载基础数据中设有支线数据的,若列车经支线运行,在机车到达分支地点之前,应按规定在指定地点输入支线号。在施工期间,车载基础数据设置了施工过渡支线数据时,按过渡期间操作说明要求输入过渡支线号。

输入方法:列车接近支线分支地点,显示屏状态栏“支线 00”指示亮,显示屏下方显示支线号和支线方向,语音提示“输入支线号”。按【进路号】键,弹出“输入进路号”窗口。利用数字键输入支线号，正确无误后按压【确认】键。此时，显示屏状态栏“支线”亮并显示输入的支线号，若输入的是过渡支线号，显示屏左侧以红底黄字提示“过渡支线”。

遇车机联控不清、信号不明等原因无法确认列车运行径路时，不得进行 LKJ 支线号输入，控制列车降速运行并继续联控列车运行方向(或确认信号)，直至在线路分支信号机前停车。

在同一个分区，同时存在多侧线和支线数据时，“支线 00”“侧线 127”指示同时点亮。按压【进路号】键后，LKJ 弹出“支线号输入”或“侧线号输入”窗口。二者可一次性输入，也可分别输入。如只需输入其中一项时，用【↑】键或【↓】键选择该项，按上述方法输入即可。分别输入支线号(股道号)时，注意防止误改已输入的股道号(支线号)。

若支线号输入错误，在越过支线数据所在信号机之前，修改、输入正确支线号或输入支线号“0”返回主线。若列车已经进入支线线路，必须立即停车，设定支线对应参数后重新对标开车，并在次一信号机处人工校正距离误差。

施工过渡支线号范围为 30～42，具体使用的支线号，遵照换装过渡期的操作说明。

LKJ 车载基础数据设置的双黄灯自动转支线地点，遇机车信号异常时，按相关规定执行。

**(五)中间站调车**

机车在中间站进行调车作业时，列车停妥后，按规定将 LKJ 转入调车工作状态。

调车作业完毕，及时退出调车工作状态。继续担当列车牵引的，若列车编组发生变化必须修改 LKJ 列车编组数据。

单机转线时，列车停车后不得立即进入调车工作状态。应在机车行驶至前方距信号机 50 m 内(停车位置至出站信号机间有调车信号机除外。当监控距离误差无法进入 50 m 内时，以显示器显示距离为准)一度停车，确认调车信号开放后，方可进入调车工作状态。

调车作业完毕继续担当列车的，退出调车工作状态后应根据机车所在股道修改输入股道号；若距离误差大于 300 m 或 LKJ 车位已越过信号机，应进行参数设定、开车对标。开车后在出站信号机、一离去信号机处要注意正确修正过机误差。

列车直向进站停车，调车状态转侧线股道发车，应根据发车径路方向重新设定对标开车。

**(六)巡检操作记录**

LKJ 将以下顺序、完整按键，记录为一次巡检操作：

1. 有操作权显示器按【巡检】键 1 次；

2. 另一显示器按【巡检】键 1 次；

3. 有操作权显示器再按【巡检】键 1 次。

当按压【巡检】键有效时，显示器【巡检】指示灯点亮，4 s 后自动熄灭。

**(七)“警惕”操作**

1. 进站确认

LKJ 在通常工作状态，当显示器显示的前方信号机为进站、进出站信号机，且其次一信号机为出站或进出站信号机时，语音提示“请确认信号”两遍。在机车越过信号机前，要按压 1 次警惕按钮(按下并松开)，否则越过信号机后，LKJ 启动“警惕控制过程”。

2. 周期警惕

LKJ 在通常工作状态，速度大于 5 km/h 时启动周期警惕，并开始计时，若计时达到 120 s，则启动“警惕控制过程”。在计时过程中：

(1)列车实施制动(列车管减压 50 kPa 及以上或者制动缸压力大于等于 50 kPa)终止计时,缓解后重新开始计时;

(2)主手柄状态发生变化(零位/非零位状态变化)重新计时。

LKJ 启动“警惕控制过程”后,显示屏弹出“警惕”提示窗口,并从 20 s 开始倒计时,倒计时到 10 s 时伴以“呜呜”报警声,若倒计时到 0 时则实施制动控制。在报警声出现之前司机应按压 1 次警惕按钮。

注:①若警惕按钮故障失效,可使用显示器【定标】键代替。②若 LKJ 因警惕功能实施制动控制(常用制动或紧急制动),必须停车。紧急制动控制指令在停车时自动解除,常用制动控制指令在停车后按压【缓解】键才能解除。

**(八)客车途中变更运行径路时的操作**

客车(指设定参数时列车种类为“客车”)在两线、多线区间变更径路运行时,司机在取得规定凭证、具备开车条件后,在停车状态下,查定监控交路号和车站号后,进行参数设定、“开车对标”操作。

在车载基础数据设置为双黄自动转支线地点,客车需经支线径路运行,遇信号停用、故障等原因机车信号无法正常显示双黄灯,LKJ 无法正确调用支线数据时,立即停车按相关规定操作。

## 三、查询操作

按压显示器【查询】键,显示器弹出“查询选择”窗口。将光标移到相应查询项目上按压【确认】键,或直接按压查询项序号对应的数字键,显示相关信息数据,按【确认】键可关闭查询窗口。

**(一)当前揭示查询**

操作目的:列车运行时查询前方 2 000 m 以内的揭示。

操作方法:在“查询选择”窗口,利用光标键移动光标到“当前揭示”按钮,然后按压【确认】键,或者直接按压数字键【1】,进入揭示查询界面。当没有揭示信息时,提示“禁止查询!”。屏幕上的揭示显示,底色为白色的是正常的揭示,绿色的是已经越过的揭示,红色是已经解除的揭示。

**(二)工况信息查询**

操作目的:查询手柄位置、柴油机转速、列车管压力、制动缸压力、均衡风缸压力、速度传感器各通道速度等数据。

操作方法:在“查询选择”窗口,利用光标移动键将光标移到“工况显示”按钮,然后按压【确认】键,或直接按压数字键【2】。此时在屏幕右上角弹出“工况信息”窗口。这个显示窗口将一直存在,直到再次按压【确认】键才消失。

**(三)查询全部揭示**

操作目的:查询 LKJ 内的所有揭示信息。

操作方法:在“查询选择”窗口,利用光标键移动光标到“全部揭示”按钮,然后按压【确认】键,或者直接按压数字键【3】,进入揭示查询界面。当没有揭示信息时,提示“查询失败!”(“没有揭示!”)。屏幕上的揭示显示,底色为白色的是正常的揭示,绿色的是已经越过的揭示,红色是已经解除的揭示。如果揭示较多,用上下方向键翻页显示。

揭示较多时，还可使用“揭示筛选”功能：

1. 在揭示查询窗口，按数字键【4】调出揭示筛选界面(图 3-15)。

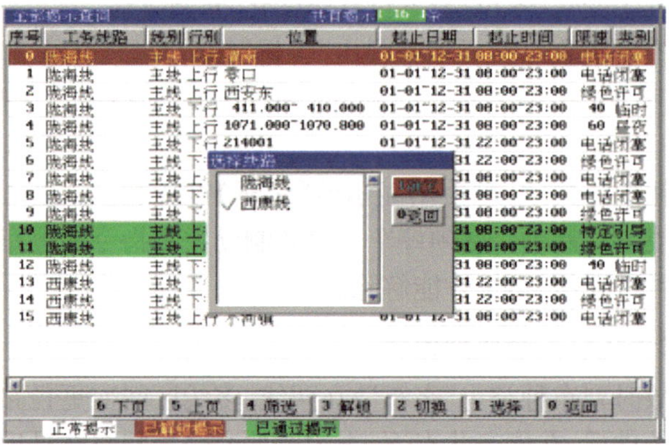


图 3-15 揭示筛选窗口一

2. 在“选择线路”小窗口中，列出了全部揭示信息所包含的所有线路。按压【←】键进入线路选择，按【↑】、【↓】键将光标移到要选择/取消的线路，按【确认】键选择/取消(图 3-16)。

3. 选择所需线路后按【1】键，全部揭示查询窗口只显示所选择线路的揭示信息。

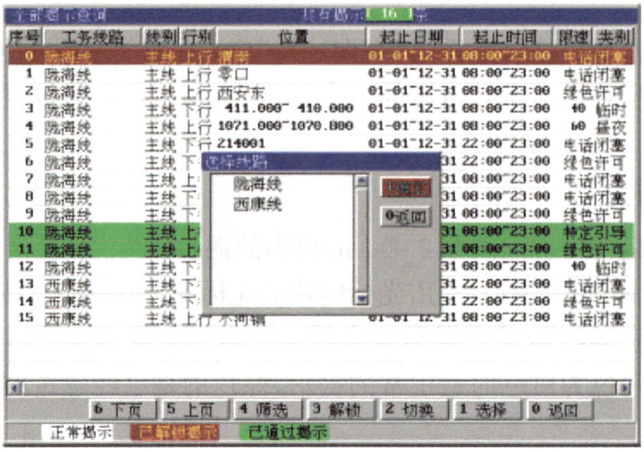


图 3-16 揭示筛选窗口二

**(四)设备状态查询**

操作目的：查看设备的工作状况。

操作方法：在“查询选择”窗口，利用光标移动键将光标移到“设备状态”按钮，然后按压【确认】键，或直接按压数字键【4】，屏幕弹出系统当前各模块工作状态和故障状态指示。

设备状态显示窗口的上半部分是系统模块状态和软件、数据版本号，左侧从上到下分别为事故状态记录器(黑匣子)、Ⅰ端和Ⅱ端显示器状态、警惕按钮状态，车载数据和监控软件是否一致、双紧急制动通道是否正常，下面是监控程序、车载数据和显示器软件版本号。

右边显示的是主机箱中各插件的工作状态，与主机箱内插件的实际排列一致，可以很直观地看到各插件的工作状态。如果插件板上的指示灯是绿色，说明该插件工作正常，红色说明该插件工作异常。如果是单机工作，则另一主机的各插件上的指示灯都是灰色。

窗口的下半部分是系统各模块和通道的自检状态和采集数据显示。左下角的“速度”栏目显示两个速度传感器各速度通道当前的速度值，其中 0、1 为速度传感器 1(主速度)的速度值，2 为速度传感器 2(备速度)的速度值。

查询结束后，按压【确认】键返回。

**(五)检修参数查询**

操作目的：查看机车型号、机车号、轮径等。

操作方法：在“查询选择”窗口，利用光标移动键将光标移到“检修参数”按钮，然后按压【确认】键，或直接按压数字键【5】，屏幕弹出系统当前检修参数。内容包括装置号、机车型号、柴油机脉冲、轮径、最大总重、最大辆数、最大计长、双针表量程等。查询结束后，按压【确认】键返回。

**(六)设定参数查询**

操作目的：查看设定参数。

操作方法：在“查询选择”窗口，利用光标移动键将光标移到“设定参数”按钮，然后按压【确认】键，或直接按压数字键【6】，屏幕弹出系统当前设定参数。内容包括司机号、副司机号、区段(交路)号、车站号、车次种类、车次、列车种类、本/补、总重、计长、辆数、车速等级以及编组信息等。

## 四、站内停车操作

列车在站内停车控制时，LKJ 仅采用紧急制动控制方式(停车控制限速曲线为紧急制动动作值)。

**(一)靠标解锁**

客车(指设定的列车种类为“客车”)在车载基础数据文件中预先设置为“靠标停车困难特殊车站”的车站股道(显示屏信号机编号下有一条横线)停车，机车必须停于距出站(发车进路)信号机 50 m 内且监控限速影响正常靠标停车，速度低于 20 km/h 并且距出站信号机距离小于 200 m，按【解锁】键后，LKJ 监控列车以不超过 20 km/h 的速度运行(18 km/h 报警、19 km/h 卸载、常用制动动作值为 21 km/h)。列车停车 5 min 后，本次解锁失效，恢复对停车信号控制，再次进行解锁操作无效。

**(二)特殊前行**

货车(指设定的列车种类为“货车”)在站内停车后，列车前部必须越过停车控制曲线速度为 0(关闭点)的位置尾部才能过标，或者受 LKJ 限速限制列车无法前移时，在 LKJ 显示剩余距离 50 m 内，根据列车前部距出站(进路)信号机的实际距离(须留有 15 m 的安全距离)，申请列车允许前行距离，经列车调度员口头同意后，可使用“特殊前行”模式。

1. 进入方法。

按压显示器【↑】键 2 s，弹出“非正常行车确认”窗口，选择“5. 货车特殊前行”，显示器弹出“特殊前行输入”窗口，“调度命令号”栏输入“29”，“前行距离”栏输入前行距离，确定后进入“特殊前行”模式，显示屏显示“特殊前行剩余距离”窗口。

注意：

(1)输入的前行距离大于 100 m 无效。

(2)以下条件都满足时，LKJ 才能进入“特殊前行”模式：

车载基础数据文件中未设置为“靠标停车困难特殊车站”的车站(显示屏信号机编号下没有横线)。

显示器显示距出站(或发车进路、接发车进路)信号机距离小于 70 m。

机车信号为停车信号(单红灯除外),速度为 0。

2. 控制方式。

进入“特殊前行”模式后,LKJ 监控列车以不超过 15 km/h 的速度运行(常用制动限速值为 16 km/h),显示器“特殊前行剩余距离”窗口显示剩余的距离(从输入的前行距离逐步递减),当剩余距离减至 0 时限速立即降为 0。在前行过程中,若机车信号变为单红灯 LKJ 立即实施紧急制动。

注意:

(1)进入“特殊前行”模式后,运行速度不得超过 5 km/h。

(2)进入“特殊前行”模式机车停车后,若机车信号变为单红灯,再走行 10 m 后装置实施制动。

(3)机车必须进入距出站(进路)信号机 15 m 之内时,请求车站开放调车信号。

3. 退出。

LKJ 在“特殊前行”模式下,满足下列任何一个条件时,自动退出“特殊前行”模式:

(1)机车信号转为开放信号;

(2)进入调车或降级工作状态;

(3)显示器显示的前方信号机为出站信号机,且持续停车时间超过 5 min;

(4)显示器显示的前方信号机为出站信号机,且前行剩余距离为 0,停车后;

(5)显示器显示的前方信号机为出站信号机,且机车信号变为单红灯,停车后。

4.“特殊前行”模式退出后,条件具备时通过上述“进入方法”操作可再次进入。

对于编组、区段站到达场终到的货物列车停车后,因技术作业对风道等需前移时,根据车站调车前移通知,比照“特殊前行”执行。

对于编组、区段站到达场终到的货物列车,机车摘挂后必须前移避让脱轨器等作业设施,因 LKJ 限速导致机车无法前移时,比照“特殊前行”操作 LKJ。

## 五、信号无码区段操作

### (一)出站绿灯/绿黄灯确认

在自动闭塞区段车站的出站(或发车进路)信号机前,且车载基础数据文件中设置允许进行绿/绿黄灯确认的,机车信号为双黄灯,在规定距离内确认地面信号机显示绿灯或绿黄灯后,按【↑】键 2 s,弹出“非正常行车确认”窗口,选择【1. 地面信号确认】调出确认窗口,选择【确定】。确认操作后,屏幕左侧显示“已确认信号为绿/绿黄灯”,LKJ 解除该信号机和次一信号机前机车信号显示白灯的停车控制。

注意:

1. 在允许绿灯/绿黄灯确认操作的车站,在距信号机 200 m 内,按规定确认地面信号机显示绿灯或绿黄灯后方可进行操作。

2. 在降级工作状态下,绿灯/绿黄灯确认操作有效,但在确认操作后又重新设定,则本次确认失效。

3. 绿灯/绿黄灯确认操作后，信号变更为除白灯之外的其他信号，或修改侧线股道号，则本次确认失效。

**(二)股道无码车站通过**

列车进站前机车信号为双黄灯，进站后转白灯，对于车载基础数据文件中已设置为“股道固定无码”的侧线股道，列车在该股道距出站信号机规定距离内，确认地面信号机显示进行的信号后，按【解锁】+【确认】键，LKJ 解除该信号机前信号白灯的停车控制，监控列车以不超过侧向道岔限制速度越过该信号机。

注意：

1. 在允许“股道固定无码”解锁的车站，在距信号机 400 m 内，确认地面信号机显示进行信号后方可进行操作。

2. 解锁操作后，若修改侧线股道号，则本次解锁失效。

**(三)股道无码车站发车**

列车在站内开车，机车信号为白灯、单红灯，列车停车时，按【解锁】+【确认】键，LKJ 解除该信号机前信号白灯的停车控制，监控列车以不超过侧向道岔限制速度越过出站信号机。

注意：

1. 在按规定排除机车信号故障(固定无码股道除外)，确认开车条件具备后，方可进行股道无码车站发车解锁。

2. 解锁操作后，若修改侧线股道号，则本次解锁失效。

**(四)特殊发码信号机通过**

在车载基础数据文件中已设置为“场间无码特殊信号机”或“一离去发码特殊信号机”的信号机前，机车信号为白灯，列车速度低于 45 km/h，在规定距离内，确认地面信号机显示进行的信号后，按【解锁】+【确认】键，LKJ 解除该信号机前信号白灯的停车控制。

设置为特殊发码的信号机前，在距信号机 400 m 内，确认地面信号机显示进行信号后方可进行操作。

## 六、其他操作

**(一)制动试验**

操作目的：检查 LKJ 工作状态和制动输出状况，包括对 A 机和 B 机常用制动和紧急制动试验。

操作方法：速度为 0 时，按压一次【查询】键，进入“查询选择”对话框。将光标移到“库内试验”上按压【确认】键或直接按压数字键【7】，弹出库内测试窗口，直接按压相应的数字键进行制动试验，试验结束后，按压【0】键退出。按钮上的 A 和 B 表示 A 机和 B 机。

**(二)键盘检测**

操作目的：检查显示器面板上各按键作用是否良好。

操作方法：速度为 0 时，按压一次【查询】键，进入“查询选择”对话框，将光标移到“库内试验”上按压【确认】键或直接按压数字键【7】，弹出库内测试窗口，将光标移到“键盘检测”按钮，然后按压【确认】键，或直接按压数字键【6】，屏幕弹出键盘检测界面，下方为各按键的图形。按压相应的按键,显示屏幕对应按键的颜色由浅变深,表示该按键作用正常。若按键颜色不变,则说明该按键或按钮作用不良。查询结束后,再次按压【确认】键,将光标移至"确定"按钮后,再次按压【确认】键。

**(三)使用IC卡转储记录数据文件**

转储步骤:插入IC卡→按【转储】键→选择转储文件→按【转储】键,具体操作如下:

1. 速度为0时,将IC卡插入显示器IC卡插槽,显示器中【IC卡】指示灯亮。

2. 按【转储】键,2～3 s后进入文件查询/选择窗口。

屏幕下方是功能选择按钮,将光标移到相应按钮上按【确认】键(或按功能按钮指示的数字键),就可以执行相应的功能。屏幕上方为文件目录栏,绿色的文件是已经转储过的文件,蓝色是选中的文件。目录栏下方有一个滚动条,指示目前显示的位置。按钮依次为:

【1. 选择文件】:进行手工文件选择,此时文件目录栏内出现一个光标条,可以用四个方向键移动光标条到要转储文件,按【确认】键选中这个文件。选中后光标条移到下一个文件,同时选中文件变成蓝色。如果想取消已经选中的文件,只需光标条移到所选文件,再次按【确认】键即可取消这个文件的选择。

【2. 选择未转】:选中全部尚未转储过的文件。

【3. 全部选择】:选中全部文件。

【4. 撤销选择】:撤销全部选择。

【6. 开始转储】:开始转储选择的文件到IC卡。

【7. 无线转储】:安装无线传输设备的机车,开始通过无线传输设备传输到地面计算机。

【8. 卡上文件】:查看IC卡上的文件目录。

【0. 返回】:退出转储窗口。

3. 选中要转储的文件,将光标移到【开始转储】,按【确认】键(或直接按【6】键)开始转储。在转储过程中,会弹出一个指示转储情况的窗口,上面是当前正在转储的文件名,下面的两个进度条分别指示整个转储的进度、当前文件进度。转储完毕会出现转储成功或失败的提示,按压确认键返回文件选择窗口,此时可以选择退出或继续进行下次转储。

快速转储:插入IC卡,按【转储】键,然后再按【转储】键,LKJ自动将未转储过的文件转入IC卡。

文件确认:使用IC卡转储文件后,按【转储】键,再按【8. 卡上文件】对转入IC卡的文件进行确认。

**(四)定标打点**

在机车运行中按压【定标】键,LKJ记录此刻的线路里程及时间,作为运行记录数据分析时查找的标记。

**(五)显示屏亮度调整**

用【↑】、【↓】方向键可调整屏幕亮度。按压【↑】键增加亮度,按压【↓】键减小亮度。

**(六)音量调节**

连续按压【→】键可逐步增加音量,连续按压【←】键可逐步减小音量(部分早期出厂的显示器无此功能)。

# 第四节　CIR 设备总体简介

CIR 设备是保障列车运行安全、提供调度通信业务等功能的行车通信设备。

CIR 设备用于司机与列车调度员、车站值班员、车辆乘务员等作业人员进行语音通信，接收显示调度命令和列车进路预告信息，发送、接收并显示列车防护报警信息，操控列尾装置、显示列车尾部风压信息，并向 CTC/TDCS 系统发送车次号校核信息、调度命令签收信息。

CIR 设备主要由 GSM-R、450 MHz 无线列调、列车防护报警（以下简称“LBJ”）、卫星定位、数据记录等功能单元和操作显示终端（MMI）、送受话器、打印终端、天馈系统等组成，并与 TAX 连接，获取速度、公里标等信息。

CIR 设备为了适应机车安装位置的要求，分为标准型 CIR 和小型化 CIR。

## 一、开　　机

CIR 主机具有 450 MHz（图 3-17）和 GSM-R（图 3-18）两种模式。打开 MMI 电源开关和主机电源开关，系统开机成功后，CIR 设备启动上次关机前所处的状态。

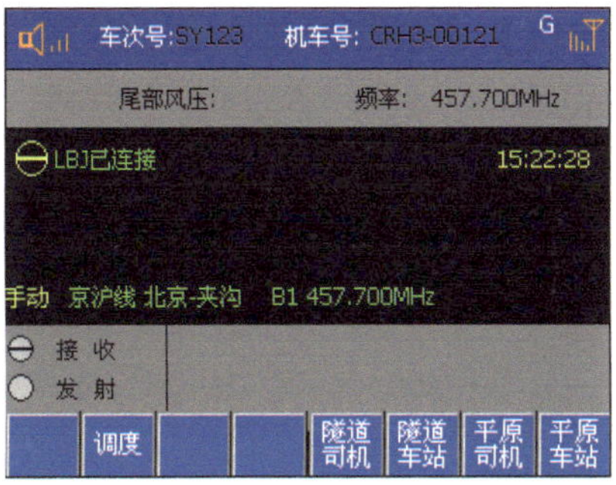


图 3-17　450 MHz 调度通信界面

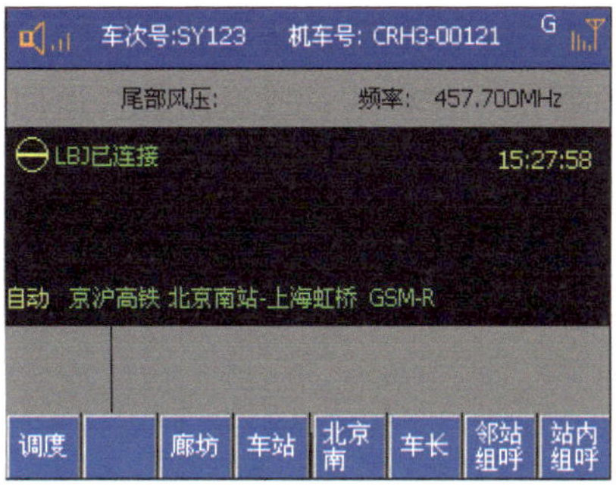


图 3-18　GSM-R 调度通信界面

## 二、主/副控切换

开机成功后，CIR 设备连接的两个 MMI 均处于副控模式（图 3-19），此时 MMI 上【呼叫】、【复位】和【主控】键有效，其余按键均无效。在某一副控 MMI 上按【主控】键 3 s 后，该 MMI 切换到主控模式（图 3-20），MMI 上按键操作有效，另一个仍处于副控模式。

副控 MMI 与主控 MMI 同步显示，通话时副控 MMI 的扬声器处于静音状态。

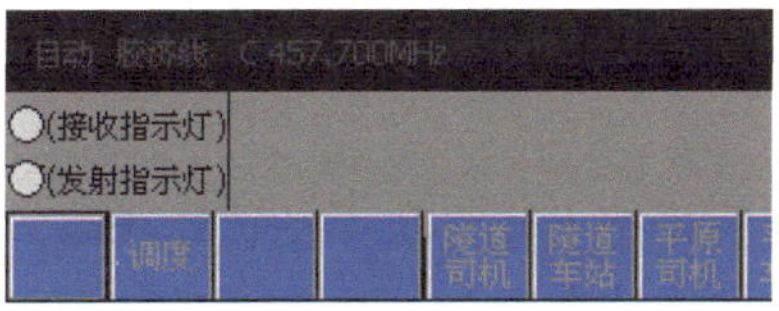


图 3-19　副控 MMI 界面

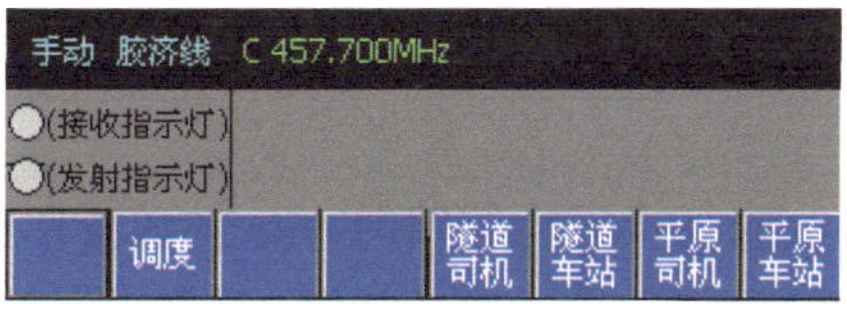


图 3-20　主控 MMI 界面

## 三、主副控通话

当 CIR 设备处于调度通信主界面时，按住【呼叫】键 3 s 以上，可实现两个 MMI 间的通话。主副控通话需在无通话的情况下(GSM-R 模式下无个呼、组呼、广播呼叫和紧急呼叫;450 MHz 模式下主副控 MMI 处于挂机状态)进行。

## 四、工作模式选择

### (一)工作模式、运行线路选择

自动切换:系统开机后,如果 CIR 工作在自动模式下,且卫星定位单元数据有效,CIR 将根据目前所处的地理位置自动判断切换到正确的工作模式。

手动切换:按【设置】键进入设置界面,用【↑】、【↓】键或数字键【2】选择“运行区段”(图 3-21),确认后选择相应的路局(图 3-22),进入工作线路手动选择显示界面(图 3-23),利用【↑】、【↓】键或数字键进行选行,【←】、【→】进行翻页。如果选择“1. 自动”,CIR 工作模式由卫星定位单元根据当前运行位置来确定,卫星定位单元输出工作模式无效时 CIR 保持关机前的工作模式;如果选择铁路局集团公司则进入该路局的主要运行区段选择界面。

选择相应的工作模式或线路后,按【确认/签收】键,进入选择的工作模式;按【退出】键,返回设置界面。

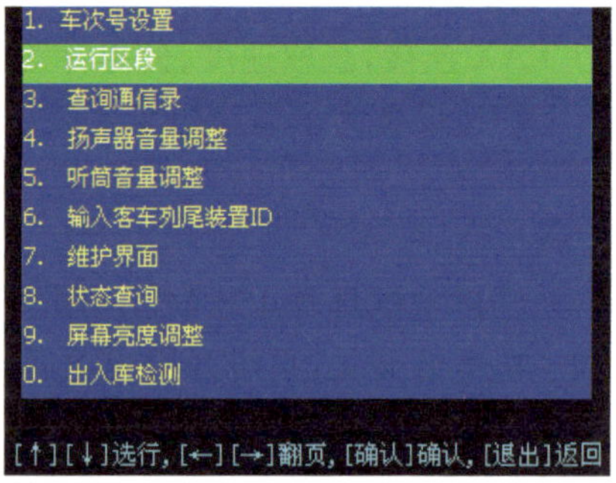


图 3-21 运行区段设置界面

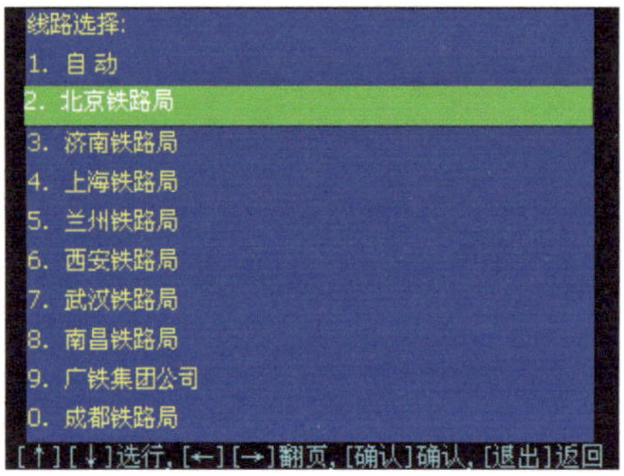


图 3-22 选择运行区段

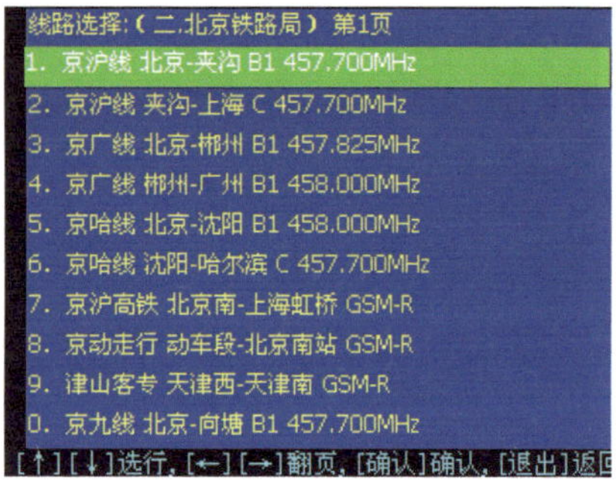


图 3-23 选择线路及工作模式

### (二)线路切换

CIR 设备工作在自动模式下,当卫星定位判断进入需要切换线路或制式的区段时,MMI 语音提示“通信转换,请选择线路”,按【切换】键,进入通信转换选择线路界面(图 3-24),按数字键或【↑】、【↓】键选择相应的工作模式或线路,再按【确认/签收】键,切换至当前实际运行线路。

需要临时切换运行线路时,由司机按【切换】键后再按上述方法手动选择线路。

如果司机已选择过运行线路,而卫星定位输出的线路名称与司机选择的线路不同,且工作在 GSM-R 模式下,则 MMI 自动弹出线路确认界面(图 3-25),界面中默认线路为上次选择过的线路名称,同时语音提示“请确认线路”,由司机选择正确的运行线路。

在下列情况下 CIR 语音提示要求司机选择运行线路:

1. 列车在线路切换区段内,司机未选择过线路;

2. CIR 在该区段关机重启或者复位之后。

此时线路选择窗口只有在选择完线路后才会退出。

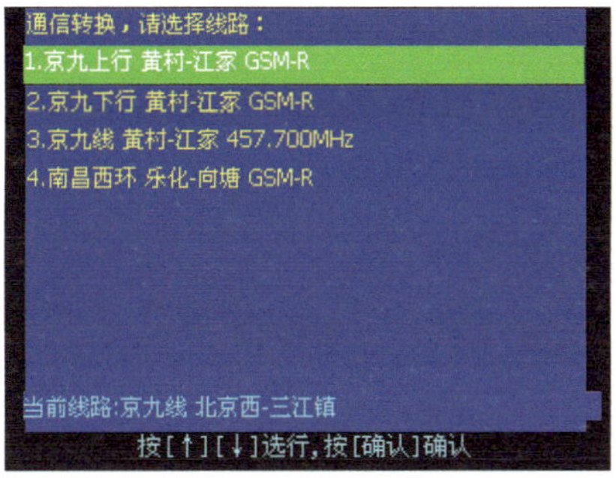


图 3-24　通信转换选择线路

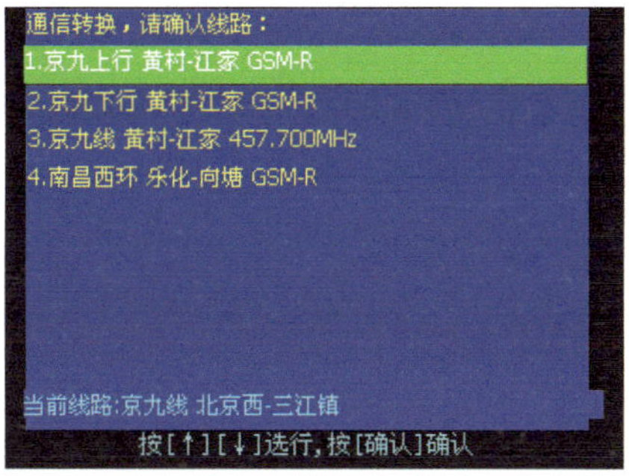


图 3-25　线路确认

注：在线路选择界面选择线路之后，长按【确认/签收】键 3 s 以上或者选择线路之后退回到主界面长按【确认/签收】键 3 s 以上可以进行线路锁定。线路锁定后，再有线路选择提示点，MMI 将不进行语音提示。如果选择的线路与实际运行线路不符，MMI 会让司机进行确认线路。

## 五、功能号注册/设置和注销

### (一)机车功能号注册

当 CIR 工作在 GSM-R 工作模式且网络注册成功后，自动向 GSM-R 网络进行机车功能号注册，机车号注册成功后机车号颜色为白色；机车功能号注册失败，CIR 自动重发 3 次注册消息，重发间隔约为 10 s，机车功能号注册不成功，CIR 语音告警并屏幕提示。

### (二)机车功能号注销

CIR 关机时，或 CIR 由 GSM-R 工作模式自动或手动切换到 450 MHz 工作模式时，自动向 GSM-R 网络进行机车功能号注销，机车号注销成功后机车号由白色变为黑色；机车功能号注销失败，CIR 自动重发 3 次注销消息，重发间隔约为 10 s，注销不成功，CIR 告警并屏幕提示。

### (三)车次功能号注册

1. 在 GSM-R 工作模式下，必须注册车次功能号。

(1)自动注册车次功能号：在 GSM-R 工作模式下，当 CIR 未完成车次功能号注册时，从列车运行监控装置获得车次号，当监控装置由非通常工作状态转为通常工作状态时，自动按获得的车次号进行车次功能号注册。

(2)手动注册车次功能号：按【设置】键进入设置界面，通过【↓】、【↑】键或数字键【1】选择“车次功能号注册”项，界面提示“请输入车次号：”(图 3-26)，当设备已获得车次号时将已获得的车次号添入，此时可通过【回格】键及数字、字母键进行车次号修改，修改完成后按【确认】键，在随后弹出的“请选择机车牵引任务状态”界面选择本务机、补机 1、补机 2、补机 3、补机 4(图 3-27)，按【确认】键，界面显示“车次号输入成功，是否注册?”，此时按【退出】键返回设置界面，再按【退出】键返回调度通信界面；按【确认】键界面显示“正在注册车次号……”，注册完成后自动返回设置界面，“车次功能号注册”改为“车次功能号注销”，按【退出】键返回调度通信界面。

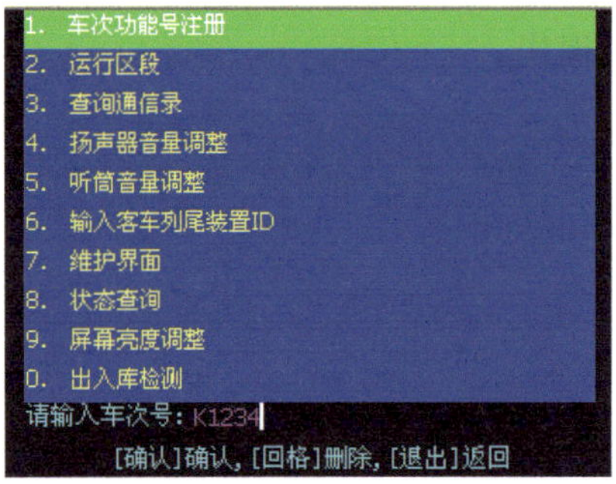


图 3-26 车次号注册

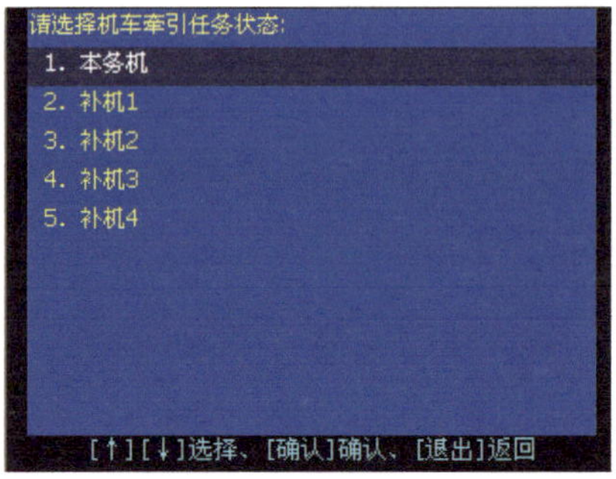


图 3-27 本务机、补机注册

车次号注册成功显示为白色。如果 CIR 自动注册车次功能号之前收到呼叫信息，则首先处理该呼叫，当通话结束后再进行车次功能号注册。

车次功能号注册失败，CIR 自动重发 3 次注册请求，重发间隔约为 10 s，车次功能号注册不成功，CIR 告警并屏幕提示。

2. 在 450 MHz 模式下，应按规定设置车次号。设置车次号的操作过程与 GSM-R 模式下车次号设置过程步骤相同(无向网络注册的过程)，按【确认/签收】键后 MMI 显示屏显示输入的车次号，如图 3-28 所示。

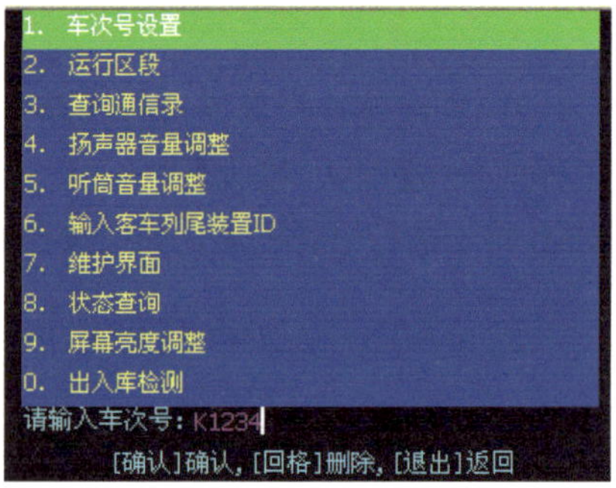


图 3-28 车次号设置

**(四)车次功能号注销**

1. 自动注销

(1)在 GSM-R 工作模式下，当 CIR 未完成车次功能号注销时获得列车运行监控装置由通常工作状态进入非通常工作状态信息时，则自动进行车次功能号注销。

(2)CIR 由 GSM-R 工作模式自动或手动切换到 450 MHz 工作模式时，也自动向 GSM-R 网络进行车次功能号注销。

2. 手动注销

按【设置】键进入设置界面，通过【↓】、【↑】键或数字键【1】选择“车次功能号注销”项，按【确认】键，界面提示“当前车次号：××××，确认注销吗?”，此时若按【退出】键则取消车次功能号注销；若再次按【确认】键则界面显示“正在注销车次号”，注销完成后自动返回设置界面，“车次功能号注销”改为“车次功能号注册”，按【退出】键返回调度通信显示界面。车次号注销成功后显示由白色变为黑色。车次功能号注销失败，CIR 自动重发 3 次注销请求，重发间隔约为 10 s，车次功能号注销不成功，CIR 告警并屏幕提示。

## 六、扬声器和听筒音量调整

CIR 的扬声器和听筒音量半可调，使用中可随时对其调整。

按【设置】键进入设置界面，用【↑】、【↓】键或数字键【4】选择“扬声器音量调整”(图 3-29)或“听筒音量调整”(图 3-30)，然后按【←】、【→】键调节音量。按【←】或【→】键调节时，MMI

上有相应的音量指示，同时从扬声器或听筒可以听到实际的音量变化，用户根据使用的需要调节到合适的音量即可。

MMI 显示主界面时，若送(受)话器处于挂机状态，按【←】键减小扬声器音量，按【→】键增大听筒音量。若送(受)话器处于摘机状态，按【←】键减小听筒音量，按【→】键增大听筒音量。

图 3-29　扬声器音量调整

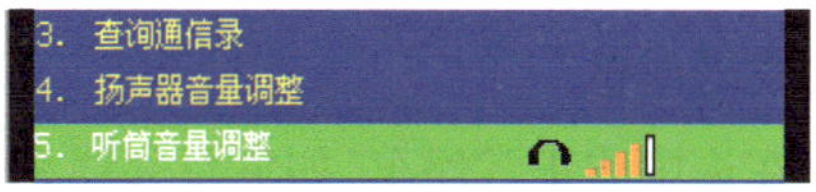


图 3-30　听筒音量调整

## 七、通信录查询

CIR 可存储电话号码，在使用过程中可查询存储的电话号码，也可查询号码后直接进行呼叫。

按【设置】键进入设置界面，按数字键【3】选择“查询通信录”。选择相应线路后按【确认/签收】键，进入该线路中所有站点的电话号码列表，如图 3-31 所示。在该界面可利用【↑】、【↓】键或数字键进行选行，【←】、【→】键进行翻页。选择某一电话号码后，按【呼叫】键可发起呼叫，发起呼叫时自动返回主界面。

## 八、屏幕亮度调整

按【设置】键进入设置界面，按【↓】、【↑】键选行或按数字键【9】选择“屏幕亮度调整”，如图 3-32 所示，然后按【←】、【→】键调节亮度，【←】键变暗，【→】键增亮。

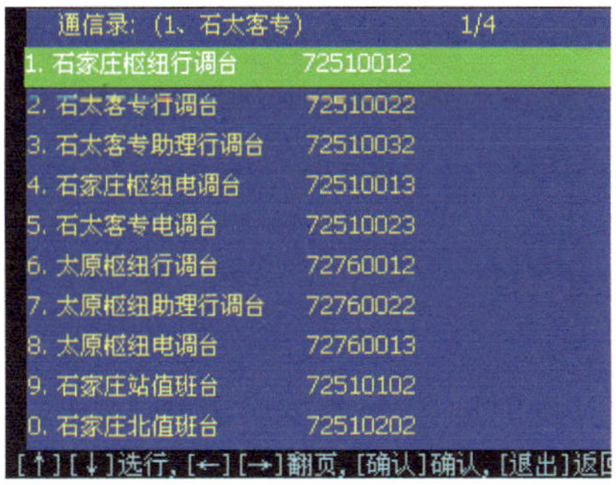


图 3-31　通信录号码

图 3-32　屏幕亮度调整

# 第五节　列车防护报警设备(LBJ)

列车防护报警设备(以下简称 LBJ)使用方式共两种，一种是 LBJ 和司机控制盒配套使用，另一种是和 CIR 配套使用，两种使用方式均能实现相同的功能。标准型 CIR 在主机 B 子架内装设 LBJ 单元，小型化 CIR 的主机通过电缆连接 LBJ 单元。本节主要介绍与 CIR 配套使用的 LBJ。

## 一、LBJ 的功能

在非正常情况下由司机向邻线或后续追踪列车发送(接收)防护报警信息,并配套 KLW 装置实现列车风压查询、控制列尾装置辅助排风制动等功能。

## 二、发送列车防护报警信息

### (一)发送时机

列车在途中非正常停车,如危及邻线列车或后续列车运行安全时应首先启用防护报警功能。

1. 列车遇到线路塌方、道床冲空等危及行车安全的突发情况时。

2. 列车被迫停车可能妨碍邻线时:

(1)列车运行中发生异常情况导致紧急停车(司机施加紧急制动除外),可能发生脱轨时;

(2)列车发生火灾、爆炸时;

(3)电气化区段发生断杆、断线、倒支柱、接触网挂长大飘带等;

(4)列车运行中司机发现撞击线路障碍物(如上跨桥坠落物、广告牌、溜塌体、遗留料具、倒树、冰雪块、人为置障物等)。

3. 列车在区间被迫停车不能继续运行需要防护时(机车故障常用制动停车时除外)。

### (二)发送方法

确认 LBJ 已连接,运行线路选择正确,停车状态下,司机可以通过 MMI、CIR 主机(LBJ 主机)启动防护报警。

1. MMI 发送列车防护报警信息:司机持续按压 MMI 的【报警】键 3 s 后,8 s 内再按压【确认/签收】键启动列车防护报警,向其他列车发出防护报警信息,如图 3-33 所示。

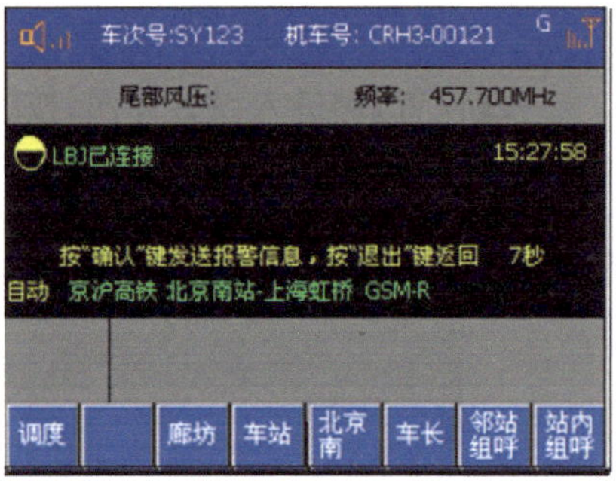


图 3-33 MMI 发送防护报警信息

2. CIR 主机(LBJ 主机)启动防护报警:司机持续按压 CIR 设备主机(LBJ 内置)面板上或外置式 LBJ 面板上的【报警】键 3 s 后直接启动发出列车防护报警信息,如图 3-34、图 3-35 所示。

启动或发送列车防护报警信息后,列车司机应及时向列车调度员或邻近的车站值班员报告情况。

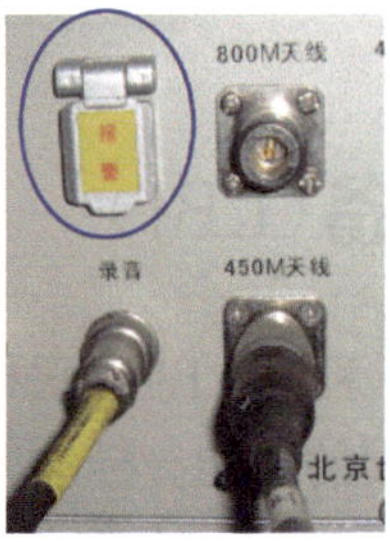


图 3-34 CIR 主机【报警】键位置

图 3-35 外置式 LBJ 面板上的【报警】键

## 三、解除列车防护报警信息

1. 解除时机：司机接到列车调度员（车站值班员）允许解除列车防护报警的通知后方可解除。

2. 解除方法：司机可以通过 MMI、CIR（LBJ）主机解除防护报警。

（1）通过 MMI 解除列车防护报警：司机持续按压 MMI【报警】键 3 s，LBJ 发出列车防护报警解除信息。

（2）通过 CIR（LBJ）主机解除列车防护报警：司机持续按压 CIR 设备主机（LBJ 内置）面板上或外置式 LBJ 面板上的【报警】键 3 s 后松开，LBJ 发出列车防护报警解除信息。

通过 CIR（LBJ）主机面板启动发送的报警，只能通过 CIR（LBJ）主机面板解除；通过 MMI 启动发送的报警信息，通过 MMI 和 CIR（LBJ）主机面板均可解除。

发出防护报警信息时，列车移动速度大于 5 km/h、连续时间大于 30 s 时，LBJ 自动停止发送防护报警信息，但不发送列车防护报警解除信息。

报警信息解除后，司机应及时向列车调度员（车站值班员）报告情况。

## 四、接收列车防护报警信息

1. 运行中的列车收到无线防护报警信息时，MMI 间隔 5 s 发出“注意！收到列车防护报警信息，注意运行！”的语音提示（图 3-36），司机应认真查看 CIR 设备操作显示终端上显示的报警信息（内容主要包括线路名称、线路里程、车次号、机车号等内容），按【确认/签收】键确认收到信息，即可关断（自动）报警语音提示。

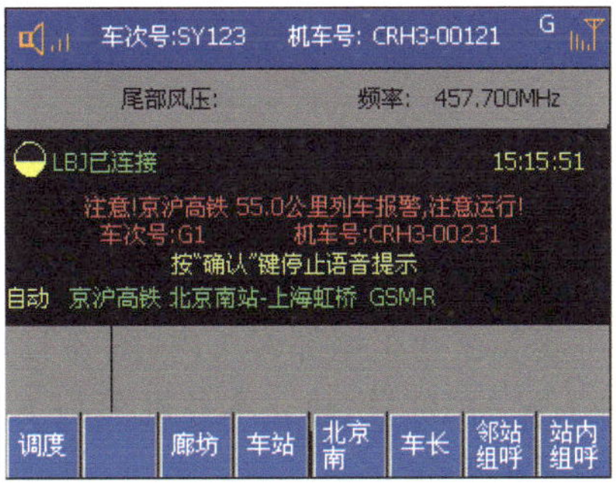


图 3-36 收到列车防护报警信息后 MMI 显示界面

2. 报警线路和地点与本列车运行线路相关、可能影响本列车运行安全时，司机应采取降速运行或紧急停车等必要的安全措施，防止发生事故。万吨及以上列车原则上应采用常用制动降速措施停车，避免使用紧急制动危及本列运行安全。

3. 报警线路和地点与本列车运行线路无关时，列车可按正常速度运行。遇报警信息内容不完整或有疑问时，司机应及时联系本线列车调度员（车站值班员）确认，情况不明时，可直接采取降速运行等安全措施。采取降速运行措施时，列车应以遇到阻碍能随时停车的速度运行，动车组列车最高不超过 40 km/h，其他列车最高不超过 20 km/h。

列车通过报警地点时，司机应恢复本列车的正常运行，并向列车调度员（车站值班员）报告。

## 五、接收到列车防护报警解除信息

列车收到防护报警解除信息时，MMI 发出 2 次“注意！列车报警解除，注意运行！”（图 3-37），司机应恢复本列车的正常运行，并向列车调度员（车站值班员）报告。

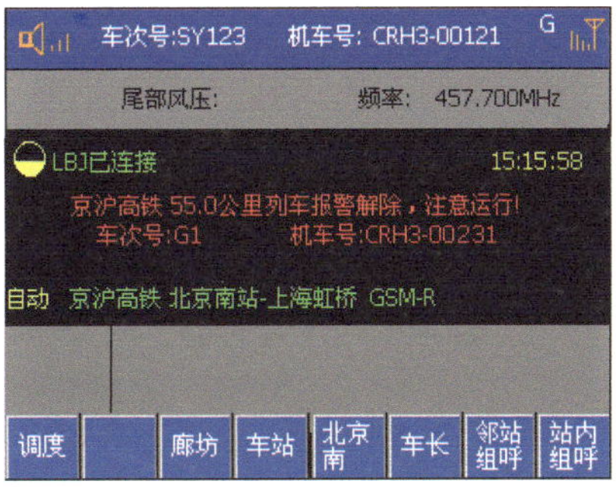


图 3-37 收到防护报警解除信息后 MMI 显示界面

# 第六节　列尾装置的基本原理及操作

列尾装置是保证列车运行安全的重要行车装备，具有标识列车尾部标志（货列尾）、风压检查、辅助排风制动、电池欠压、主管风压不正常自动报警、“一对一”关系建立和识别、数据记录和下载等功能。

货车列尾系统由货列尾主机（含电池，图 3-38）和司机控制设备两部分组成。其中货车列尾装置司机控制设备为列尾机车台（图 3-39）；货车列尾装置司机操作按键集成在 CIR 上（图 3-40）。列尾主机与司机控制设备进行通信，实现列尾装置各项操控功能。本节介绍使用 CIR 操作 450 MHz 模拟货车列尾的方法。

图 3-38　货列尾主机

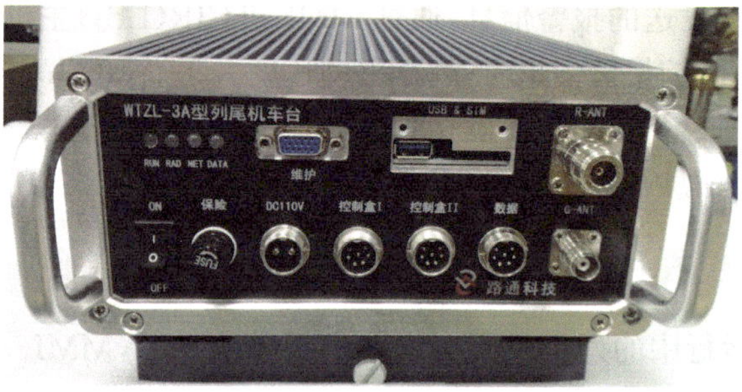


图 3-39　列尾机车台

客车列尾系统由 LBJ 和 KLW 主机两部分组成（图 3-41）。LBJ 安装在机车上，KLW 主机安装在列车尾部客车内（图 3-42），由司机通过 CIR 的 MMI 进行操控。通过在 LBJ 输入 KLW 的 ID 号，建立本务机车与 KLW 的唯一对应关系，LBJ 上显示 KLW 的 ID 号、KLW 上显示机车号。

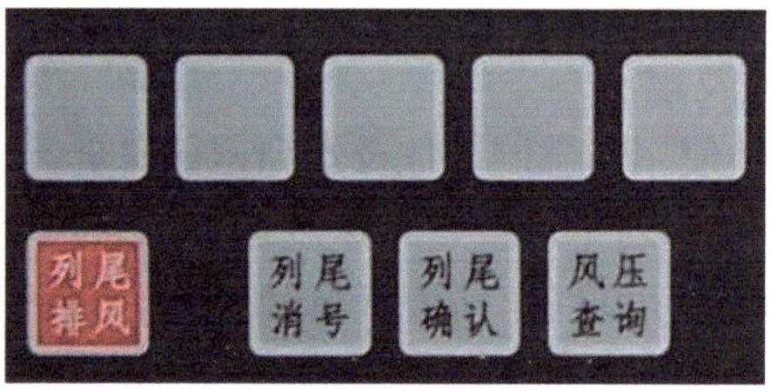


图 3-40　CIR 上列尾操作相关按键

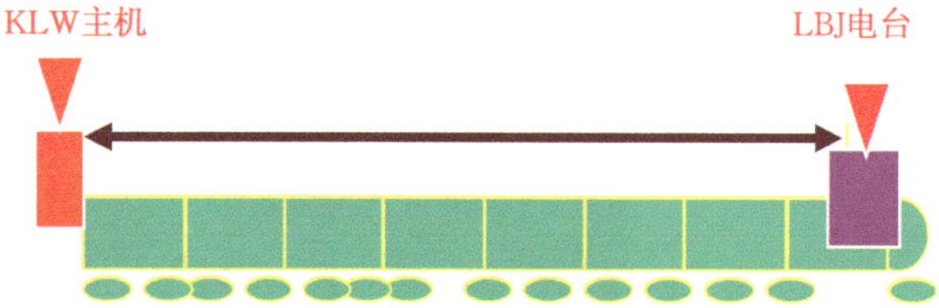


图 3-41　客列尾系统

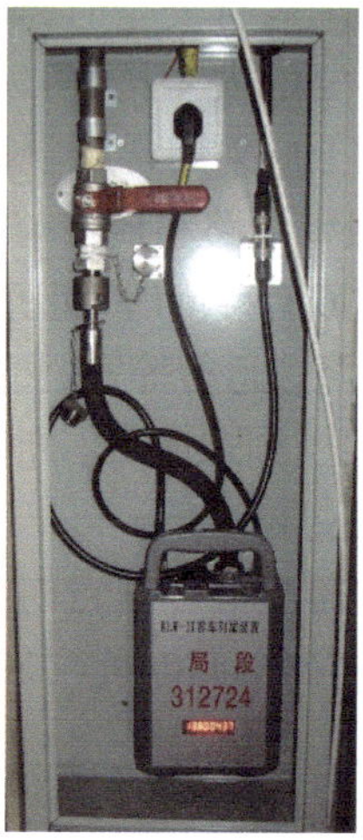


图 3-42　KLW 主机

## 一、450 MHz 列尾功能

使用 450 MHz 频率货车列尾装置的货物列车，始发前或换挂机车时，司机操作 MMI 进入“进行区段”界面选择正确的运行线路，通信模式选择 457.700 MHz。

**(一)列尾连接**

CIR 设备与列尾主机建立“一对一”关系，有以下两种情形。

1. 列尾主机已由列尾作业人员输入本务机车号，MMI 发出提示音“××××(机车号)列尾装置等待确认”，司机确认该列尾主机发送的机车号(××××)与本务机车号一致时按【列尾确认】键，听到“××××(机车号)机车，确认完毕”，表示“一对一”关系建立。

2. 列尾主机未输入本务机车号，开机状态下向 CIR 设备发送输号请求，MMI 发出提示音“××××(列尾主机 ID)列尾装置等待确认”，此时按【列尾确认】键的机车则向列尾主机发送机车号，列尾主机存储最先收到的机车 CIR 设备发送的机车号，并向该 CIR 设备发送应答“××××(机车号)机车，确认完毕”，与该机车建立“一对一”关系。

在列尾确认时必须注意防止多个列尾同时上电启动，造成误确认。

**(二)风压查询**

司机按 MMI【风压查询】键，可以查询当前列尾风压数据。查询后 MMI 显示风压值，语音提示“××××机车，风压×××”，如图 3-43 所示。

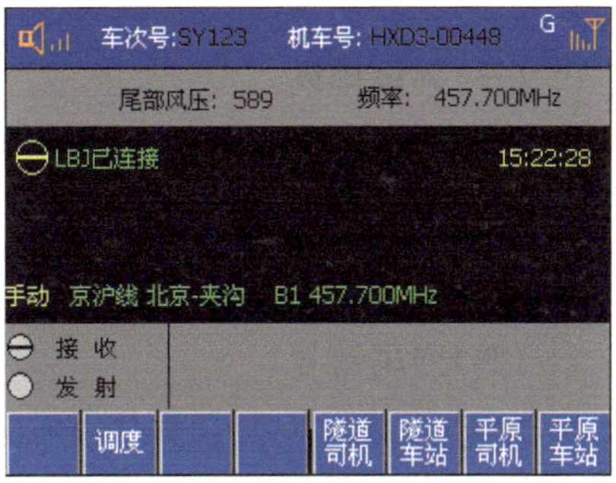


图 3-43 MMI 风压显示

**(三)列尾排风**

遇紧急情况需列尾装置辅助排风制动时，司机持续按下【列尾排风】键 3 s 或按下【列尾排风】键后 3 s 内再按下【列尾确认】键，控制列尾主机排风制动，MMI 终端语音提示“××××机车，排风”。列尾主机排风结束后，CIR 设备会收到一条风压数据，MMI 提示“××××机车注意，风压×××”。

**(四)列尾销号**

列车终到或中途换挂机车时，司机按下【列尾销号】键 3 s 以上销号，与列尾主机解除“一对一”关系，销号成功时播放语音“××××机车，销号成功”。

**(五)风压报警、电池欠压报警**

当 CIR 设备收到列尾主机发送的风压报警信号时，MMI 显示的风压值变成红色字样并提示“××××机车注意，风压×××”。当风压值恢复正常或司机按下【列尾确认】键后，MMI 停止声光提示；当 CIR 设备收到列尾主机发送的电池欠压报警信号时，MMI 发出提示音“××××机车，电量不足”，司机按下【列尾确认】键后停止提示。

## 二、客车列尾功能

**(一)列尾连接**

CIR 设备与 KLW 主机建立“一对一”关系。旅客列车始发前或换挂机车时，司机在 MMI 上按【设置】键，进入设置界面，选择“6. 输入客车列尾装置 ID 号”选项，输入 KLW 的 ID 号码后，根据界面提示按【确认/签收】键建立 CIR 设备与 KLW 的通信连接关系。连接成功后，

MMI 主界面显示 KLW 的 ID 号码、风压值和列尾连接状态，并播报“××××××列尾装置，连接成功”的语音提示，如图 3-44 所示。KLW 显示与其连接的本务机 CIR 设备的机车号。

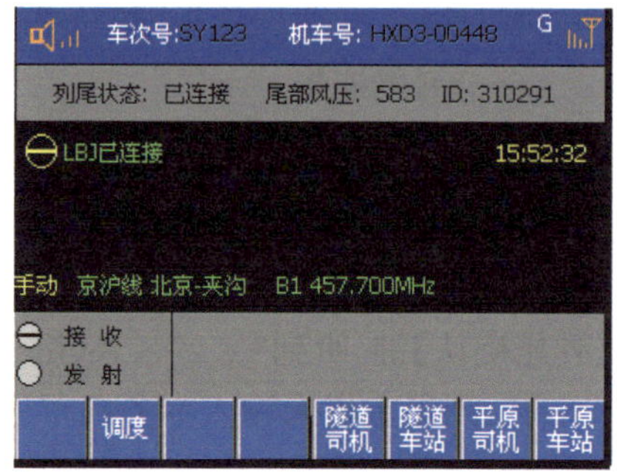

图 3-44 建立 KLW 连接关系

**(二)风压提示、查询**

CIR 设备与 KLW 建立通信连接后，MMI 显示并动态更新 KLW 风压数值。司机也可按压 MMI【风压查询】键查询当前列车尾部风压，MMI 显示和播报列车尾部风压数值，其语音提示为“××××机车，风压×××”。

**(三)列尾排风**

遇紧急情况需列尾装置辅助排风制动时，司机应持续按下 MMI 上的【列尾排风】键 3 s 以上或按下【列尾排风】键后 3 s 内再按下【列尾确认】键控制 KLW 排风制动，MMI 同时播报“××××机车，排风”语音提示。

**(四)列尾销号**

旅客列车终到或中途换挂机车时，司机须进行列尾销号操作。方法为持续按压【列尾销号】键 3 s 以上或在 MMI 上进入列尾 ID 号输入界面输入六个数字“0”，再按下【确认/签收】键解除连接。KLW 解除连接后，MMI 播报“××××××列尾装置，销号成功”的语音提示。

**(五)列尾装置的状态提示**

1. CIR 设备与 KLW 通信失效时，MMI 显示通信失效标志并播报“列尾装置通信失效”语音提示。通信恢复正常后，MMI 恢复列尾风压数值显示。

2. KLW 检测到尾部列车主风管压力异常时，自动向 CIR 设备传送风压异常信息，MMI 播报报警语音“××××机车注意，风压×××”提示，并自动显示列尾风压数值。

3. KLW 检测到 KLW 电源电压异常时，自动向 CIR 设备传送电压异常信息，MMI 播报报警语音“××××机车，列尾装置电压不足”提示。

MMI 播报和显示列尾连接失效、风压异常和电压欠压提示信息时，司机应按压 MMI 的【列尾确认】键进行确认。

## 第七节　机车车载安全防护系统(6A 系统)简介

6A 系统包括机车空气制动安全监测、防火监控、高压绝缘检测、列车供电监测、走行部故障监测、自动视频监控及记录等六个子系统和中央处理平台等部分。

### 一、总体结构

6A 系统实现了针对机车制动系统、防火、车顶绝缘、供电系统、走行部、视频等六大类项目的安全监测功能，6A 系统总体结构如图 3-45 所示。

中央处理平台统一管理所有子系统，统一供电、统一存储和下载数据，中央处理平台采用冗余设计，工作可靠性和兼容性好。

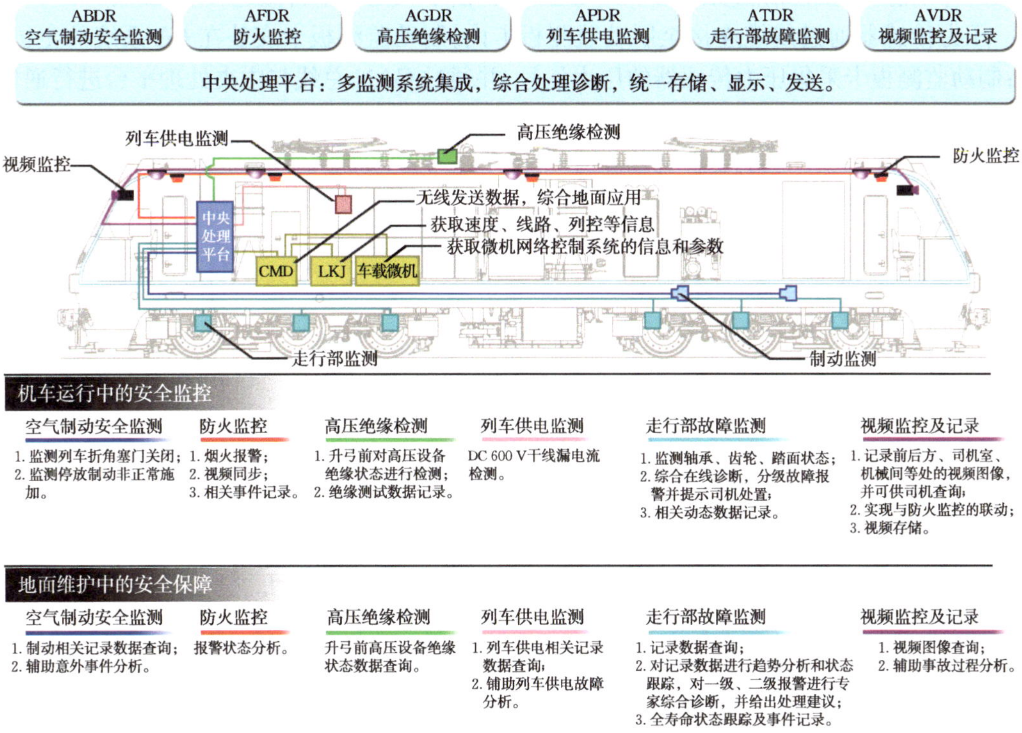


图 3-45 6A 系统总体结构

各监测子系统设计成独立的插件板或插件箱，插入到中央处理平台进行工作，并在公用的平台下，使用公用的电源、网络、存储器、显示终端等设备，以及统一的机箱、机柜实现对机车环境的统一物理防护。

各子系统相对独立工作，不影响其他子系统的正常运行。

## 二、系统组成

1. 机箱机柜：6A 系统主机箱采用双层设计，上层是中央处理平台，下层是 6 大安全监测子系统。

2. 系统机柜：机柜中设备布置从上至下依次为电源箱、6A 系统主机箱、预留空间等，最下层为进线层。

3. 中央处理平台：处理板卡（共 2 块，双机热备），存储板卡（共 2 块，双机热备），交换板卡（共 2 块），CAN 隔离板卡（1 块）以及外部接口卡（1 块）。

4. 空气制动安全监测子系统：停放制动非正常施加监测模块和折角塞门关闭监测模块两部分。

停放制动非正常施加监测模块：位于制动板卡上，由制动监测板卡、列车管压力传感器、停放缸压力传感器、均衡缸压力传感器、传感器连接器和线缆组成。

折角塞门关闭监测模块：以子板的形式扣在制动板卡上，由防折关子板、流量传感器总成、传感器线缆和连接器组成。

该子系统通过监测机车运行过程中的停放制动非正常施加状态、列车贯通辆数、折角塞门关闭等信息，将报警信息发送给中央处理平台，由中央处理平台做进一步处理。

压力传感器通过线缆连接至制动监测板卡内；制动监测板卡安装在6A系统的主机箱内；制动监测板卡采集压力传感器的压力信号，并通过CAN总线与中央处理平台进行通信。

制动子系统(停放模块)的工作原理如图3-46所示。

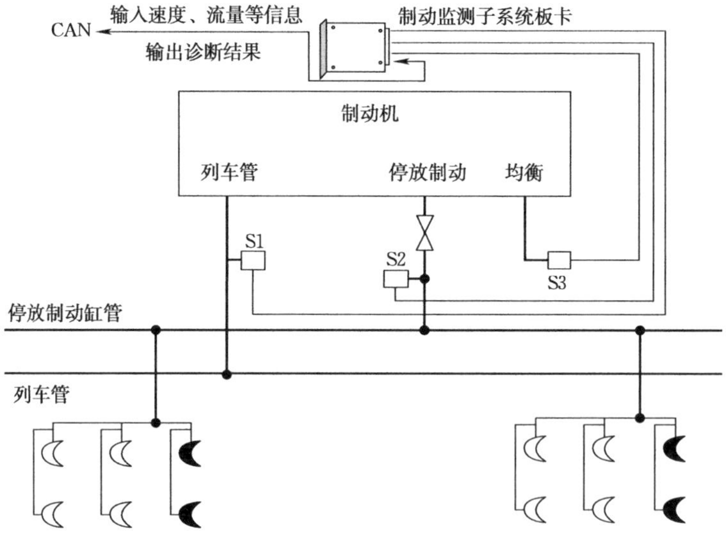


图3-46 制动子系统(停放模块)工作原理

在机车制动子系统中安装了列车管压力传感器、停放缸压力传感器和均衡缸传感器。列车管压力传感器安装在制动柜的列车管出口至紧急放风阀之间的管路上，监测列车管压力。停放制动缸压力传感器安装在停放单元切除塞门之后的管路上，监测停放缸压力。均衡缸压力传感器安装于制动柜均衡缸的管路上，监测均衡缸压力。

防折关模块子系统流量传感器安装于机械间制动机附近的地板下。

5. 防火监控子系统：防火板卡(AF)和前端火灾探测设备。前端探测设备由常用智能烟温复合探测器、智能高温探测器、火焰探测器以及感温电缆组成，各机车依据车型的不同，在配置数量上略有差别。系统通过不同的探测设备对机车被保护区域进行实时监测，并将状态信息上传给6A中央控制平台。

该子系统通过与视频监控子系统的联动，当火灾发生时可自动切换至火情发生区域的视频图像。

6. 高压绝缘检测子系统：司机在升弓前，通过测量高压设备对地的漏电流等，来检测机车车顶绝缘状态是否良好。

该子系统由高压绝缘检测箱、连接器和线缆组成，安装于电力机车上，位于电源箱的右侧。

高压绝缘检测进行测试前必须确认处于安全操作状态：

此装置操作时会在车顶受电弓部分加载25 kV的试验高电压，所以操作前必须确认处于安全操作状态，即无论处于库内还是在线运用，必须确认机车处于降弓停车、主断路器断开、高压连接器连接状态，并必须确认机车车顶无人操作并锁闭车顶门，该操作由专业人员完成。

7. 机车列车供电监测子系统：由列车供电监测板卡、漏电流检测模块、连接器和线缆组成。

8. 走行部故障监测子系统：主要由走行部监测板卡 1(AT1 板卡)、数据前置处理器、复合传感器或(和)数字温度传感器及连接线组成。走行部故障监测装置诊断的对象主要包括轴承、齿轮和踏面这三种部件。

该子系统主要通过监测牵引电机、轴箱、抱轴等处的轴承和齿轮的温度及振动情况，来综合评估轴承和齿轮状态；通过监测车轮踏面的剥离、擦伤、不圆、动不平衡等状态，对踏面损伤进行定量的评估。

9. 机车自动视频监控及记录子系统：由摄像头、视频采集板卡 1(AV1)、视频采集板卡 2(AV2)、视频处理板卡 3(AV3)、连接器和电缆组成。

该子系统通过在车前、车后、司机室、机械间、电器间、柴油机室(内燃机车)等多个部位安装摄像头，使司机能及时了解机车内外的情况，并对机车的运行状态进行记录；该子系统通过与防火监控子系统的联动，当火灾发生时可自动切换至火情发生区域的视频图像。

10. 外部接口卡：为中央处理平台与外部系统的接入设备，完成数据采集及转发，实现与车载微机、LKJ 的数据融合，在汇集各系统数据的同时发挥各系统彼此隔离的作用，确保系统安全。

外部接口卡采用 4U 插件，前面板宽度 6HP，外形尺寸同中央处理平台。

外部接口卡前面板具备 1 个 DB9 调试接口和 8 个指示灯。

外部接口卡通过以太网方式接入中央处理平台(6ACPP)，结构如图 3-47 所示。

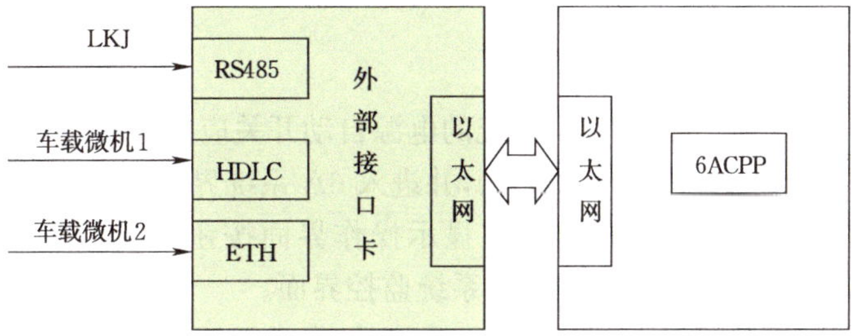


图 3-47　外部接口卡结构

从 LKJ 获取的数据：时间、速度、机车工况、公里标、本务/补机设置、司机号、机车型号、机车号、车次、辆数、计长、总重等。

从车载微机系统获取数据：总风流量、电制指令、大闸制动指令、小闸制动指令等。

车载微机接入：通过 HDLC 总线方式接入。

LKJ 系统接入：通过 RS485 总线方式接入。

11. 6A 系统电源箱输入 DC 110 V(电力机车)或 DC 74 V(内燃机车)，输出 DC 24 V 和 DC 12 V。

电源箱中自左向右依次为 3 个 24 V 电源卡、2 个 12 V 电源卡、输入卡、高压绝缘检测箱。电源箱为后部出线，包括 1 个输入接插件和 4 个输出接插件。输入接插件用来输入 DC 110 V(电力机车)或 DC 74 V(内燃机车)电源，每一个输出接插件均输出 1 路 DC 24 V 和 1 路 DC 12 V 电源。电源箱外观如图 3-48 所示。

12. 位于司机室前后端的音视频显示设备用于显示 6A 系统的监测信息和发出 6A 系统的语音提示。音视频显示设备外观如图 3-49 所示。

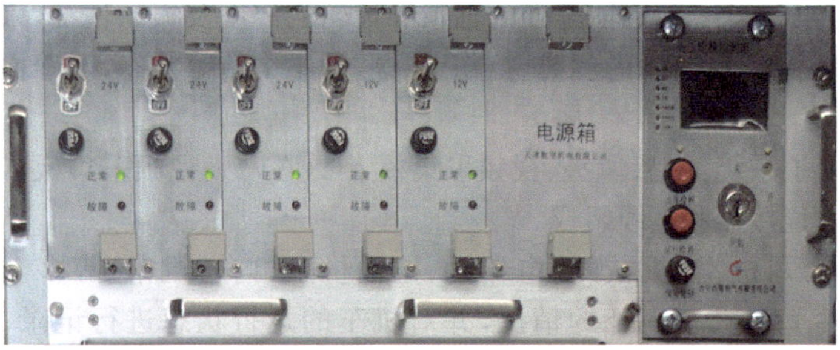


图 3-48 电源箱外观

图 3-49 音视频显示设备外观

液晶屏幕大小为 6.5 英寸(165.1 mm),分辨率至少 640×480,具备 4 画面视频图像的显示能力。按键的数量为 5 个,功能与原语音箱相同,并具备触摸屏。

供电电源 DC 110×(1±30%) V,功率<30 W。HXD$_1$ 型电力机车采用原语音箱的供电线路。HXD$_{3C}$ 型电力机车只显示 6A 系统状态和语音提示功能,无原语音箱功能。

## 第八节 机车车载安全防护系统(6A 系统)操作及应急处置

### 一、6A 系统设备操作

1. 乘务员上车后,检查 6A、CMD 系统的电源自动开关应处于闭合状态。

2. 司机室的音视频显示终端自动启动,并进入 6A 系统界面。

3. 用手指点击一下屏幕,屏幕的下方显示操作界面按钮。此时可选择下列任意项操作:机车 6A 系统音视频显示终端进入 6A 系统监控界面。

(1)点击【监控数据】—【制动】按钮,显示速度值、各监测压力值和流量值。

(2)点击【监控数据】—【防火】按钮,显示传感器和火灾报警。

(3)点击【监控数据】—【绝缘】按钮,检测时显示检测电压值。

(4)点击【监控数据】—【列供】按钮,显示列供状态及机车漏电流值。

(5)点击【监控数据】—【走行 1】按钮,显示所有轴位的温度值。

(6)点击【视频监控】,显示各个通道的视频图像。

(7)点击【故障记录】—【本次上电】,显示本次开电后发生的故障信息。

(8)点击【故障记录】—【历史故障】,显示历史曾经发生的故障信息。

4. 机车出库整备和继乘交接时,乘务员应点击【系统设置】—【自检报告】,并确认自检项无故障。

### 二、空气制动安全监测子系统—折关监测模块操作

空气制动安全监测子系统—折关监测模块通过流量变送器与压力变送器实时检测列车

管的压力与流量数据，自动监测列车管贯通状态。当列车制动管充、排风结束时，在6A系统的音视频显示终端上显示出“列车管贯通××辆”，机车乘务员应注意观察，当发生折关时，机车乘务员应及时采取措施，防止事故的发生。

操作时应注意下列事项：

1. 始发站试风前应按规定向“监控装置”准确输入列车编组，列车管充满风后再实施制动。

2. 列车充、排风开始时，音视频显示终端显示“充、排风过程中”。

3. 列车充、排风结束时，音视频显示终端显示“充、排风结束”，“列车管贯通××辆”，即为贯通××辆，机车乘务员应注意观察确认。

4. 下列操作或工况时，设备不显示贯通辆数。

(1)充风未满时排风或排风未结束时充风。

(2)挂车或列车遍组改变后首次充风。

(3)列车工况模式为“货补”和“调车”工况时。

(4)充排风压差小于40 kPa。

(5)紧急制动。

(6)制动监测子板监测出存储器故障，压力变送器故障、流量变送器故障时。

5. 制动监测子系统防止误报警操作方法。

(1)机车与车辆连挂后，应通过音视频操作显示终端通过“系统设置”界面确认系统处于“正常模式”。否则应予以切换。

(2)列车到达终点站停稳摘解机车前，乘务员应在音视频操作显示终端通过“系统设置”界面及时将模式切换为“调车模式”。

(3)机车到站后，如需施加停放制动，必须在机车完全停稳后进行。

## 三、高压绝缘检测子系统操作

1. 绝缘检测时机及检测条件规定

(1)任何情况下禁止在升弓状态下进行绝缘检测试验。

(2)在进行库内弓网检测作业时严禁做绝缘检测试验。

(3)打雷、闪电等极端恶劣天气，不得做绝缘检测试验。此条件下升弓，参照感应网压的要求进行。

(4)$HXD_{2B}$型电力机车乘务员做绝缘检测试验时，必须将安全开关Z(SEC)手柄及钥匙组一起取下，严禁单独取下绝缘检测蓝钥匙。

(5)以下情况乘务人员必须进行绝缘检测试验：

发生弓网故障或车顶高压设备故障，按程序在对故障检查处理后。

途中发生接触网跳闸、停电或机车网压为零停车检查处理后。

车顶高压设备缠绕异物，在清除异物或采取高压隔离相应端受电弓后。

库内停留机车在首次升弓前。

对电力机车车顶进行检修、检测后的机车在转入有电区前，必须进行车顶绝缘检测。

2. 检测要求

(1)机车电钥匙处于断开或拔出状态。

(2)机车顶部及地沟无人,天窗处于关闭状态。

3. 检测方法

(1)将控制气路柜上的蓝钥匙插入 6A 系统主机—绝缘检测箱钥匙孔中,打到开位,板卡进行系统自检完成。

(2)按“出库检测”按钮,板卡屏幕会显示检测电压及结果。

(3)检测完毕后,将蓝钥匙打到关位,并拔出,放回原位。

4. 报警及异常处理

如遇到异常或绝缘报警,请将蓝钥匙打到关位,至少 5 s 后再重新将蓝钥匙打至开位,按照测试要求重新进行检测,以便确认检测结果;如最终确认绝缘低于报警阈值(库内19 kV,途中 15 kV),绝缘检测装置处于报警状态,此时不得升弓。

## 复习思考题

1. 我国列车运行监控装置的研发从 20 世纪 90 年代开始,1995 年左右开始全路普及。先后经历了 JK-2H、LKJ-93 型,发展为当前使用的 LKJ2000 型。请查找资料,简要了解监控装置发展完善的历程,思考其一些重要功能改进的必要性。

2.“防冒、防超、防溜”是机务行车的安全关键,也是 LKJ 的重要控制功能。有人说,有了 LKJ 的控制,再也不会有冒进信号、列车超速、列车溜逸的事故发生了,你认为这种观点正确吗?试从 LKJ 的功能控制、使用等方面分析说明。

3. 现阶段,我国铁路实现列车运行控制的主要行车安全装备还有 ATP、GYK、STP 等,请查找资料,了解其适用对象,基本控制原理。

4. 请谈谈你对 LKJ 在列车控制和调车控制方面需要改进、提高的建议。使用好 LKJ 的关键环节有哪些?

5. 6A 系统通过采集、监测机车运行过程中危及行车安全的重要事项、重点部件和部位,提高防范机车安全事故的能力;LKJ 通过监控、记录、显示和报警等功能确保列车运行安全。上述设备在使用过程中,产生大量数据信息,请从大数据采集、传输、分析、保存等角度思考如何提高科技保安全的手段?

# 第四章　DF4B 型内燃机车专业知识

DF4B 型内燃机车是交—直流电传动客、货两用内燃机车。机车的标称功率为 1 990 kW，柴油机的最大运用(装车)功率为 2 430 kW。机车采用框架式侧墙承载式车体，两侧内走廊。车体是一个全焊接的钢结构，由侧墙、顶棚、底架、四组内部隔墙和两端司机室组成。四组内部隔墙将车体分为第Ⅰ司机室、电气室、动力室、冷却室和第Ⅱ司机室五部分。机车Ⅰ端和Ⅱ端的司机室设备布置相同，两端操纵方法完全相同。司机室内设有主、副操纵台，司机操纵台上装有司机控制器、JZ-7 型空气制动机的制动阀及显示柴油机和传动装置工作情况的各种仪表、信号灯、速度表、各种开关(按键)。

电气室内装有制动电阻柜、电器柜、硅整流柜(1ZL)，辅助传动机构的启动变速箱以及与其相连的启动发电机、励磁机、测速发电机、前转向架牵引电动机通风机，坐落在电气室后端。励磁整流、电阻制动控制箱和直流变换器以及空气制动系统的分配阀、作用阀和空气制动与电阻制动联锁的电磁阀等均设在电气室后墙上。

动力室内主要安装柴油机、主发电机及空气滤清器、燃油滤清器、燃油泵、启动机油泵、冷却水系统的管路和阀类、膨胀水箱等。动力室的后部安装着预热锅炉及其控制柜、预热系统循环水泵、辅助机油泵等。

冷却室内装有散热器组、冷却风扇、静液压马达等。散热器组下部安装有静液压变速箱及静液压泵、后转向架牵引电动机通风机、机油滤清器、机油热交换器、空气压缩机等。

机车走行部为两台可以互换的三轴转向架，机车整个上部结构通过 8 个弹性摩擦旁承坐落在两个转向架上。每个转向架与车体间由两根牵引杆、一根连接杆与车体构成低位平行四边形机构相连，以传递牵引力和制动力。转向架轴箱采用弹性拉杆定位。转向架具有二系弹性悬挂，一系是轴箱弹簧，由大挠度圆弹簧配有液压减振器构成，以吸收低频振动；二系由橡胶圆饼串联组成，位于旁承上方，以吸收高频振动。每个车轴上均悬挂一台牵引电动机，牵引电动机顺置排列，为减少轴重转移，以满足货运牵引要求。在车体与转向架之间，设有弹性侧挡，当机车在曲线上运行时，弹性侧挡可与牵引杆杆件系统一起形成一个假想的中心区域，以便转向架绕此中心区域相对车体回转运动。每个动轮均设有一个制动缸、单侧单闸瓦及带有闸瓦间隙的自动调节器。

## 第一节　DF4B 型内燃机车总体

### 一、DF4B 型内燃机车车体

车体是安装柴油机及辅助设备的基础，并起保护车上设备和设施的作用。我国内燃机车多将车体侧壁、司机室等与底架焊接在一起，成为一个整体承载结构，以增加刚度并减轻重量。$DF_{4B}$ 型机车采用框架式侧墙承载车体。机车车体钢结构主要由两端司机室、侧墙、顶棚、隔墙和下部底架、端部下骨架、排障器、牵引缓冲装置组成。

车体上部用四道隔墙将车体分隔为 5 个工作间，依次为Ⅰ端司机室、电气室、动力室、冷却室、Ⅱ端司机室。

车体底架有两根侧梁、前后端梁、前后旁承组、柴油机发电机组座梁组成。侧梁是主要承载梁，其前后设有牵引拉杆座，用以与转向架牵引杆相连，达到传递牵引力的作用。牵引拉杆座上设有吊车筒和架车座，供起吊机车用。座的内侧有止挡，用以限制车体与转向架之间的横向移动量。

前后端部有牵引梁，梁内有缓冲座为铸钢件，用螺栓与牵引梁连接，座内安装有牵引缓冲装置。牵引梁两侧为斜撑梁，共同承担机车纵向力，并传递到两侧梁上。端部组焊有下骨架用以固定排障器。

前后旁承梁组由两组相同的旁承梁、前横梁及风道组成。旁承梁左右侧设有铸钢件上旁承座，车体通过 8 个上旁承座支座在转向架上。风道将牵引电机通风机的风均匀分配到牵引电机内。

柴油机发电机组座梁组设有前后柴油机梁，4 个支撑面用以装柴油机组。前部为主发电机凹槽，后部为柴油机自由端凹槽，底部设有燃油箱吊座。

排障器用螺栓固于下骨架下，并用两根管状斜撑支撑在牵引梁两侧。

## 二、$DF_{4B}$ 型内燃机车转向架

$DF_{4B}$ 型内燃机车轴式为 $C_0$-$C_0$，走行部为两台相同的无导框式三轴转向架，转向架采用钢板组焊成封闭式箱形结构的“目”字形构架，由箱形截面的两根侧梁、两根横梁、前后端梁组焊而成。

### (一)转向架的组成

转向架主要由构架、轮对、轴箱、弹性摩擦旁承、牵引杆装置、电机悬挂装置、基础制动装置单元制动器、砂箱、手制动装置等组成。转向架采用钢板组焊成封闭式箱形结构的“目”字形构架，由箱形截面的两根侧梁、两根横梁、前后端梁组焊而成，并分别焊有旁承座、拉杆座、外侧弹簧座、牵引拐臂座、电机吊杆座、水平杠杆座、横向止挡、制动座、制动缸座及砂箱座等。转向架采用四点支承油浴摩擦旁承装置，车体全部重量通过八个旁承由两台转向架支承。此外，转向架与车体间还设有弹性侧挡装置，使转向架进出曲线时能够相对于车体进行回转运动。弹簧悬挂装置分为一系和二系悬挂两部分，一系悬挂为轴箱与构架之间的轴箱圆弹簧和橡胶垫，并在 1、3、4、6 轴装有并列的液压减振器；二系悬挂为转向架构架与车体之间的旁承橡胶堆。

### (二)转向架的功用

1. 承受车体上部的全部重量，包括车体、车架、动力装置以及各种辅助装置等。

2. 保证必要的轮轨黏着，使轮轨接触处产生轮周牵引力或制动力，以达到牵引列车运行或制动停车的目的。

3. 缓和线路对机车的冲击，使机车在线路上运行时，不论垂直方向或水平方向，均有较好的运行平稳性。

4. 保证机车能顺利通过曲线或侧线。

5. 机车在线路上运行时，使轮轨间在牵引力和制动力以及各种外力作用下，保证安全可靠。

**(三)旁承及牵引装置**

1. 旁 承

DF4B 型内燃机车采用四点弹性摩擦式旁承，主要由旁承体，上、下摩擦板，橡胶弹簧，球面座及球头等组成。球头与球面座间采用滑动摩擦副，起球面关节的作用，并能自动对中。机车两个转向架共设置了八个旁承，旁承箱内充以机油进行润滑，其功用：

(1)承受机车上部结构的垂直载荷；

(2)保证车体在转向架上的稳定性；

(3)利用旁承产生的摩擦力，衰减转向架的摇头振动；

(4)减少机车通过曲线时的构架力。

2. 牵引杆装置

牵引杆装置把机车的车体与转向架连接起来，其主要功用是使机车车体与转向架在纵向上以关节形式连接起来，传递牵引力和制动力以及车体与转向架间的各种冲击力。因为转向架是无心盘结构，所以，在构架和车体间装有侧挡，牵引杆在侧挡的配合下，完成机车的转向作用。

### 三、机车承载和各种力的传递

机车在牵引运行时，转向架承受三种载荷，即垂直载荷、纵向载荷和水平载荷。垂直载荷是由机车上部结构的重量所产生的静载荷和由垂直振动引起的附加载荷所组成。纵向载荷是由机车牵引力和制动力所引起的。水平载荷是由机车通过曲线时产生的离心力、外轨超高引起的附加载荷等组成。

1. 垂直力的传递

车体→旁承→转向架构架→弹簧装置→轴箱→车轴→轮对→钢轨。

2. 纵向力的传递

钢轨→轮对→轴箱→轴箱拉杆→转向架构架→牵引杆→车体→车钩→车辆。

3. 横向力的传递

车体→侧挡→转向架构架→轴箱拉杆→轴箱→轮对→钢轨。

## 第二节 16V240ZJB 型机车柴油机系统

DF4B 型内燃机车采用 16V240ZJB 型柴油机，柴油机标定功率为 2 650 kW，柴油机转速为 1 000 r/min。

### 一、柴油机的工作原理

**(一)柴油机的常用术语**

1. 上止点：活塞在气缸中上行到最高位置，此时活塞距曲轴中心线最远。

2. 下止点:活塞在气缸中下行到最低位置,此时活塞距曲轴中心线最近。

3. 活塞行程:活塞从上止点移动到下止点,或从下止点移动到上止点所行经的距离叫做活塞行程。

4. 工作容积:活塞从上止点移动到下止点,或从下止点移动到上止点所走过的气缸容积,叫做工作容积。

5. 燃烧室容积:也叫余隙容积或压缩容积,即活塞位于上止点时,活塞、气缸套及气缸盖所包围的空间容积,叫做燃烧室容积。

6. 气缸总容积:气缸工作容积与燃烧室容积之和叫做气缸总容积。

7. 压缩比:气缸工作容积与燃烧室容积之比叫做压缩比。

8. 进(排)气持续角:进(排)气门开启至关闭所转过的曲轴转角称为进(排)气持续角。16V240ZJB 型柴油机的进排气持续角是 264°40′。

9. 几何供油提前角:当活塞到达上止点前,喷油器开始供油时的曲轴转角称为几何供油提前角。16V240ZJB 型柴油机的供油提前角是 21°。

**(二)柴油机的工作原理**

一般情况,四冲程柴油机的工作过程是由进气冲程、压缩冲程、作功冲程和排气冲程组成一个工作循环,在这个循环过程中柴油机曲轴要旋转两圈。四冲程柴油机的实际工作状态与理论上相比是有一定差异的,不同类型的柴油机其进气门和排气门的开启和关闭、喷油器供油的时刻是不同的。下面以国产 16V240ZJB 型机车用柴油机的工作过程来叙述柴油机的工作原理。

16V240ZJB 型柴油机是四冲程、直接喷射、开式燃烧室、废气涡轮增压、增压空气中间冷却式柴油机,其工作过程:

1. 进气冲程

在配气机构的作用下,进气门在活塞处于上止点前某一曲轴转角(16V240ZJB 型柴油机是 42°20′)时开启,新鲜空气通过增压并冷却后,经稳压箱、进气支管、气缸盖进气道进入气缸;当活塞运动到下止点前某一曲轴转角(16V240ZJB 型柴油机是 42°20′)时,进气门关闭,进气过程结束。

2. 压缩冲程

当进气门完全关闭后,活塞继续向上运动,压缩过程开始。随着活塞的上行,气缸内的新鲜空气不断被压缩,其压力和温度不断升高,为柴油机的点火燃烧创造了必要的条件。当活塞到达上止点前某一曲轴转角(16V240ZJB 型柴油机几何供油提前角是 21°),这时高压油泵柱塞顶面将柱塞套上的进油孔完全遮蔽,燃油开始被压缩,当压力达到一定值(16V240ZJB 型柴油机是 25.5 MPa)时,喷油器的针阀被抬起,燃油以雾状喷入燃烧室内,与气缸内的高温、高压空气混合,压缩过程结束。

3. 做功冲程

喷入气缸内的燃油与高温、高压空气混合后迅速燃烧,气缸内燃气压力急骤上升,至燃油喷射结束后,燃烧过程停止。燃烧室气缸内的燃气急速膨胀,此时将燃油燃烧过程中产生的化学能转变为机械能,推动活塞下行,直至活塞运动到下止点前某一曲轴转角(16V240ZJB 型柴油机是 42°20′)时,排气门开启,做功过程结束。活塞下行时通过曲柄连杆机构使曲轴转动,并由曲轴向外输出机械功。

4. 排气冲程

活塞运动到下止点前某一曲轴转角(16V240ZJB 型柴油机是 42°20′)时,排气门开启,气缸内膨胀做功后的燃气开始排出,同时活塞经过下止点后继续上行,直到活塞运动到上止点前某一曲轴转角(16V240ZJB 型柴油机是 42°20′)时,排气门完全关闭,排气过程随之结束。

然后柴油机又重新恢复到进气冲程,并按上述循环不断的工作。

**(三)柴油机的型号及曲轴转向规定**

1. 柴油机的型号

机车柴油机的型号是按国家标准规定而编制的,由阿拉伯数字和汉语拼音或象形字组成。柴油机型号依次由下列三部分组成:

(1)首部:产品系列符号或换代标志符号(非系列设计产品可不标系列符号)。

(2)中部:缸数符号、气缸排列形式符号、冲程符号和缸径符号组成。

(3)尾部:区分符号。同系列产品因改进等原因需要区分时,可用字母或数字顺序表示。

例如:16V240ZJB 表示 16 缸,气缸 V 形排列,四冲程,缸径为 240 mm,Z 表示增压,J 表示铁路机车用柴油机,B 表示第二种改进产品。

2. 柴油机气缸编号

气缸排列顺序:面对柴油机的输出端,以右排气缸靠自由端的第一个气缸为第 1 缸,由自由端向输出端方向依次为 1、2、3、4、5、6、7、8;左排气缸靠自由端的第二个气缸为第 9 缸,由自由端向输出端方向依次为 9、10、11、12、13、14、15、16 缸。

3. 柴油机曲轴旋转方向规定

柴油机曲轴的旋转方向:确定柴油机的旋转方向时,应面对输出端朝自由端看,凡功率输出轴顺时针旋转的称为右旋(即正转),凡功率输出轴逆时针旋转的称为左旋(即反转),对于多轴式柴油机应以主要输出功率轴确定。

## 二、柴油机的组成

柴油机是由固定件,运动件,配气机构,进、排气系统,燃油系统,润滑系统,冷却水系统,预热系统等组成。

**(一)固 定 件**

固定件是指柴油机在运转过程中固定不动的配件或部件。固定件由机体、油底壳、气缸套、轴瓦、连接箱、泵支承箱、弹性支承、盘车机构及油封装置等组成。

1. 机　　体

机体是整个柴油机的骨架和基础,柴油机的固定件、运动件及辅助装置都安装在它的四周。机体内腔布置有气道、油道,以保证柴油机的换气、冷却和润滑的需要。机体的受力状态繁重而复杂,要有足够的刚度和强度,因而 16V240ZJB 型柴油机采用了铸焊混合结构。

2. 油 底 壳

油底壳是由钢板压制成型的壳体与各种板件、法兰和底梁等焊接而成,仅起构成曲轴箱及储存和汇流机油的作用。

3. 气缸套

气缸套是柴油机的重要部件之一，它的上部支承法兰搁置在机体顶板的座孔上，通过气缸盖螺栓与气缸套一起压紧在机体上，它的外壁为水腔，内壁进行了磷化处理，利于布油。气缸套与气缸盖、活塞组成柴油机的燃烧室，活塞工作时气缸套起支承和导向作用，并导出活塞在工作中所承受的部分热量。

4. 连接箱

连接箱是采用铸钢整体铸造而成，它将柴油机与牵引发电机连接起来，形成柴油机发电机组。

5. 泵支承箱

泵支承箱是采用铸钢整体铸造而成，它安装在柴油机自由端，其上、中部与机体控制端板相连，下部与油底壳相连。高、低温水泵、机油泵安装在其上，由曲轴齿轮驱动。左侧设有机油离心精滤器安装支座，上顶面设有安装燃油精滤器的支座架。

6. 弹性支承

弹性支承上座内部为锥形腔的铸钢件，通过螺栓与机体相连，下座为锥形中空铸钢件，通过调整垫片安装在支撑座板的凹形圆盘内，支承座板焊接在机车车架上，它承载柴油机发电机组的全部质量，缓和柴油机发电机组与车架间的振动，改善柴油机发电机组的工作条件。

7. 盘车机构

盘车机构安装在柴油机机体输出端的端板上，由支座、滑动支架、滑动轴承、滑动轴、伞齿轮及蜗杆、形程开关、指针等组成。盘车机构主要用于在柴油机组装、检查、供油定时及其他调整、维修、保养时盘动曲轴。

8. 油封装置

油封分为大油封和小油封，分别安装在柴油机的前、后端，主要作用是防止曲轴箱内飞溅的机油及流在轴颈上的机油渗漏到柴油机外。

**(二)运动件**

柴油机的运动件一般包括活塞组、连杆组、曲轴总成、减振器、联轴节，以及驱动凸轮轴、机油泵和冷却水泵的传动装置。

1. 活塞组

活组通常由活塞本体、活塞环(气环和油环)、活塞销、卡环等零部件组成。活塞与气缸盖、气缸套共同组成燃烧室，承受高温高压燃气的作用。活塞裙起着导向作用，活塞销起着连接连杆与活塞的作用，气环阻止燃烧室中的新鲜空气及燃气泄漏到曲轴箱中，并将活塞的部分热量传给缸套。油环阻止曲轴箱的机油进入燃烧室，又使机油均布在气缸套工作面上。

2. 连杆组

连杆组是柴油机的主要运动件之一，它由连杆体、连杆盖、连杆螺栓、小头衬套和连杆轴瓦、定位销等组成。连杆组把活塞组的往复直线运动转变为曲轴的回转运动，并在活塞与曲轴之间传递作用力。柴油机上通常使用的连杆有三种形式，即并列连杆、叉形连杆和主副连杆，16V240ZJB 型柴油机上使用的均是并列连杆。

3. 曲 轴 组

曲轴组由曲轴、平衡块、平衡块螺钉、定位销和油封等组成。

曲轴是柴油机的重要运动件之一，活塞的往复直线运动通过连杆转变为曲轴的旋转运动，柴油机的功率通过它输出，并直接或间接地驱动配气机构、喷油泵、机油泵、水泵及机车的辅助装置。

曲轴输出端通过法兰与簧片式弹性联轴节的花键轴法兰相连接，由弹性联轴节再与牵引发电机相连，输出柴油机功率。曲轴自由端装有正时齿轮、减振器、泵传动齿轮、万向联轴节叉形接头等零件，用于驱动凸轮轴、气门、调速器、转速表、水泵、机油泵以及机车的辅助装置。

曲轴承受活塞和连杆所传递的气体压力、活塞和连杆的往复惯性力及回转惯性力。这些力在曲轴上产生很大的弯矩和扭矩。而且，这些力和力矩的大小是周期性变化的，因而所产生的弯矩和扭矩是一种交变负荷。交变的弯矩使曲轴产生轴向振动；交变的扭矩使曲轴产生扭转振动。交变负荷及其在曲轴上所产生的振动，在曲轴上形成很高的交变弯曲应力和扭转应力。

曲轴承受高的而且复杂的负荷，但其尺寸又受到柴油机总体尺寸及重量的限制，为此，需要精心设计确定曲轴各部分的尺寸和结构，选用合适的材料，采取提高曲轴疲劳强度的必要措施，以满足曲轴强度的要求。

机车柴油机上的曲轴一般为合金钢整体锻造和合金铸铁铸造而成。如16V240ZJB型柴油机上使用了稀土钼铜合金铸铁曲轴，为改善曲轴的内部平衡，在曲柄臂上装有平衡块。

4. 减 振 器

减振器是为改善柴油机的扭振性能而设置的一个配件。16V240ZJB型柴油机上装用的是簧片式硅油减振器，它是动力式和阻尼式相结合的减振器。

5. 弹性联轴节

弹性联轴节通过橡胶或弹簧等弹性元件，一方面起到传递扭矩的作用，另一方面在扭矩方向上起弹性和阻尼作用。16V240ZJB型柴油机输出端装有簧片式弹性联轴节。

6. 传动装置

传动装置包括凸轮轴传动装置、泵传动装置和万向联轴节等三部分，它们均安装在柴油机的自由端，用以驱动凸轮轴、机油泵及其他辅助装置。

**(三)配气机构**

配气机构的任务是保证柴油机的换气过程按配气正时的要求准确无误地进行，即在规定的时刻，在一定的时间内将气缸内的燃气排出，将新鲜空气引入，以保证工作循环的不断进行。

配气机构由气门组件、气门驱动机构、气缸盖及示功阀等组成。

1. 气门组件

气门组件由气门、气门座、气门导管、气门弹簧、气门锁夹及锁夹套等组成。配气机构采用顶置式四气门结构，两个进气门和两个排气门分别布置在气缸中部的左、右侧，同名气门采用串联式布置。

2. 气门驱动机构

气门驱动机构由凸轮轴、推杆组件、挺杆组件、摇臂、摇臂轴及座、气门横臂、横臂导杆和横臂弹簧等组成。

左、右两根凸轮轴布置在柴油机两侧，分别驱动左右两排气缸的进、排气门和单体式喷油泵。

摇臂安装在摇臂轴上，摇臂轴安装在摇臂轴座上。为了便于调整气门横臂与气门的间隙，在气门横臂和摇臂的一端都设有调整螺钉。

气门横臂安装在同名气门的横臂导杆上，借助于导杆的导向作用，使气门横臂作上下运动，从而控制气门的启、闭。

挺杆和挺杆套管安装在摇臂和推杆之间。推杆滚轮安装在推杆的叉口中，推杆安装在机体两侧。

气门横臂、摇臂、摇臂轴、摇臂轴座以及球头和调整螺钉等的内部都设有油路，以便引入润滑油润滑各摩擦表面。气门机构和部分气门传动机构的零件均安装在气缸盖上。

3. 气 缸 盖

气缸盖是柴油机的一个重要部件，其用螺栓紧固在机体上，它的底面盖住气缸，起着密封气缸的作用，并与活塞顶面和气缸套一起组成燃烧室。气缸盖内部装有喷油器和四个气门，并布置有串联式的进、排气道和水腔，顶面装有气门驱动机构，侧面装有示功阀。

4. 示 功 阀

示功阀安装在气缸盖侧面的示功阀孔内。示功阀座孔有一个专门的通道与气缸盖底面相通。如在示功阀上接一个压力表，打开示功阀就可测得缸内压缩压力或爆发压力的数值。如接上一个传感器，再配上示功图测试仪，就可测得缸内燃烧过程的示功图，以了解缸内燃烧的情况。

若柴油机停放较长时间未用，在启机前，应打开示功阀进行甩车，以排除气缸内积存的油和水，防止事故的发生，同时可根据排出物的情况来分析判断是否存在隐患，以保证柴油机正常工作。

**(四)进、排气系统**

进、排气系统的任务是向气缸内供给清洁而充足的空气，同时尽可能干净地排出气缸中燃烧膨胀后的废气，并将废气的能量充分地加以利用，以提高柴油机的进气压力。

1. 进、排气系统的组成及循环通路

进、排气系统主要由空气滤清器、涡轮增压器、空气中间冷却器、进气稳压箱、排气总管以及进、排气支管等组成。

进、排气循环通道如下：

大气→空气滤清器→增压器压气机→扩散通道→空气中间冷却器→收敛通道→进气稳压箱→进气支管→气缸盖进气道→进气门→气缸→排气门→气缸盖排气道→排气支管→排气总管→增压器涡轮→排气烟道→大气。

2. 废气涡轮增压器

废气涡轮增压是利用柴油机燃烧产生的废气驱动涡轮，由涡轮将废气的部分能量转化为机械功，带动压气机旋转，给进入压气机的空气加压。废气涡轮增压方式的增压器，由涡轮与压气机通过轴连成一体，与柴油机无机械联系。因此，这种增压器称为废气涡轮增压器。

废气涡轮增压器由压气机、涡轮以及中间支承体、燃气进排气壳、压气机进出气壳等构成。涡轮靠废气推动旋转，经转子轴驱动压气机工作。压气机用于压缩空气，提高空气密度。中间体则起支承、密封、冷却、润滑等作用。

3. 空气滤清器

空气滤清器对于保证柴油机耐久可靠地工作是必不可少的。进入柴油机气缸中的空气如有灰尘、砂或其他杂物，不仅污染中冷器，降低其效率，而且还会造成柴油机气门、气门座、活塞、活塞环和气缸套等部件严重磨损，甚至破坏柴油机的正常工作。因此，在保证柴油机进气压力的情况下，过滤后的空气越清洁越好。

DF4B型内燃机车空气滤清器采用两级过滤，第一级为旋风滤清器，第二级为钢板网式滤清器。滤清元件分别装在空气滤清器的壳体中。

空气滤清器根据柴油机的布置，分前后及左右两侧备一组滤清器，分别与柴油机的两个增压器进气口相连。为防止振动与安装的差异，空气滤清器与增压器连接采用帆布软管。

在柴油机工作时，空气滤清器从机车车体外吸入空气，先通过旋风滤清器。因空气在旋风滤清器中有一定速度，按叶片方向旋转，经离心作用，重量大的杂质在离心力作用下，碰撞旋风滤清器壁而掉下去，干净空气从内筒进入，再进入铜板网滤清器。经钢板网滤清器中曲折迂回的孔道，并与钢板网接触，脏物及大颗粒杂质分别粘在滤清器上或滞留孔道内。清洁空气进入柴油机增压器内，经增压、冷却后进入柴油机气缸与燃油混合燃烧。

4. 空气中间冷却器

随着增压柴油机平均有效压力的提高，压气机出口的空气温度也不断提高，通常可达160 ℃以上。这时，经过增压后的空气需经过冷却，进一步提高空气密度，增加进入气缸的空气质量。

设置中冷器的目的就是降低增压空气的温度，进一步提高空气的单位容积质量，提高气缸内的空燃比，从而提高柴油机的功率和经济性，并降低热负荷。一般来说，增压空气温度每降低1 ℃，最高燃烧温度和排气温度可降低2 ℃～3 ℃。进气温度越低，密度越高，参加气缸内燃烧的空气就越多。若相应增加供油，柴油机功率就可提高。对于大功率柴油机，若维持原有热负荷水平，空气经增压中冷后，可使柴油机功率提高15％～20％，高增压柴油机效果尤其明显。若维持原有功率不变，则空气经增压中冷后可使柴油机油耗进一步降低。

5. 稳 压 箱

稳压箱是进气系统中的重要零件。稳压箱分前后两个，固定在机体V形夹角间的顶部，与机体顶部的空腔共同构成贮气稳压室。两股从增压器进来的独立的新鲜空气在此汇合成一股，加以稳定后流入气缸内。稳压室容积的大小，可决定柴油机加速性的好坏、进入各缸气体是否均匀稳定以及扫气质量等。稳压室容积较小，则加速性较好。但稳压室容积过小，就不易保证增压中冷后的空气气流稳定，易使各缸进气压力波动大，造成各缸工作不平衡，还会影响气缸充量和扫气质量。一般来说，进气稳压室容积与柴油机工作容积之比为0.8～1.5。另外，稳压箱进出口结构对增压空气的流动阻力损失的影响也很大。

**(五)燃油系统**

1. 燃油系统的作用

燃油系统的作用是柴油机处于运转工况时,在最佳时刻和预定的时间内,以一定的压力将一定数量、一定温度、一定清洁度的燃油供应给柴油机,雾状进入柴油机气缸内与压缩空气相混合燃烧,使燃烧时的化学能转变为机械能,输出功率。

2. 燃油系统的组成

燃油系统由柴油机燃油系统和机车燃油系统两部分组成。柴油机的燃油系统由燃油精滤器,低压输油管、喷油泵、高压输油管、喷油器、限压阀及喷油器和喷油泵的回油管等组成;机车燃油系统由燃油箱、燃油粗滤器、燃油输送泵、逆止阀、安全阀和燃油预热器及管路组成,燃油系统原理如图 4-1 所示,燃油系统如图 4-2 所示。

3. 燃油系统的主要部件

(1)燃油粗滤器

燃油粗滤器设置在燃油输送泵的前边,是为了保护燃油输送泵的工作可靠性。因燃油泵各零件配合间隙很小,表面光洁度很高,一旦损伤、磨耗,就会破坏其工作可靠性。

(2)燃油输送泵

燃油输送泵由直流电动机直接驱动。燃油泵和电机之间用橡胶弹性联轴节连在一起,以缓冲和消除组装时的不同轴度影响。油泵和电动机共同固定在一个铸铁底座上,组成燃油输送泵组。

燃油泵为外啮合齿轮油泵,它由泵体、泵盖、主动齿轮轴、从动齿轮轴和齿套构成。

(3)燃油精滤器

燃油精滤器由两组纸质滤芯、外壳和一个共同的滤清器体等组成,其滤清精度为 12 μm。由于燃油滤清器的滤清效果,喷油泵和喷油器的精密偶件不会由于燃油杂质而产生拉伤、咬死等故障,以确保燃油系统的可靠工作。燃油从滤清器体中部的接口进入滤芯与外壳之间的空腔,杂质被阻于滤芯外侧,纯净的燃油通过滤纸进入滤芯内侧,经滤清器体下部的两个通孔分别流向柴油机左、右侧的进油总管。

(4)限 压 阀

限压阀的作用压力为 0.12 MPa,其作用是使喷油泵的燃油进油、回油管路保持一定压力,以保证油泵工作时有充分、稳定的燃油供应。

(5)喷油泵和供油凸轮

喷油泵和供油凸轮共同决定了柴油机每循环的供油量和供油规律,给喷油器提供高压燃油,保证适当的供油提前角。单体喷油泵分别装在每个气缸外侧的凸轮轴的上方,凸轮轴上的供油凸轮通过油泵推杆,推动柱塞泵油。

(6)喷 油 器

喷油器不仅控制一定的喷油压力,决定喷雾质量及油束与燃烧室的配合,而且影响喷油特性,即喷油时刻、喷油延续时间和喷油规律。喷油器的状态不良会导致柴油机性能的下降,其严重故障甚至会使柴油机不能运转,故喷油器是影响柴油机性能与可靠性的重要部件之一。

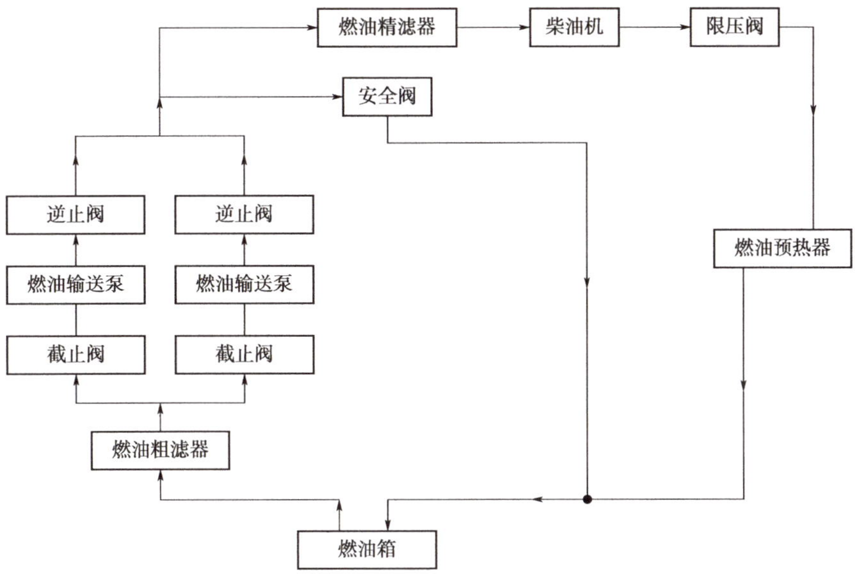


图 4-1　燃油系统原理

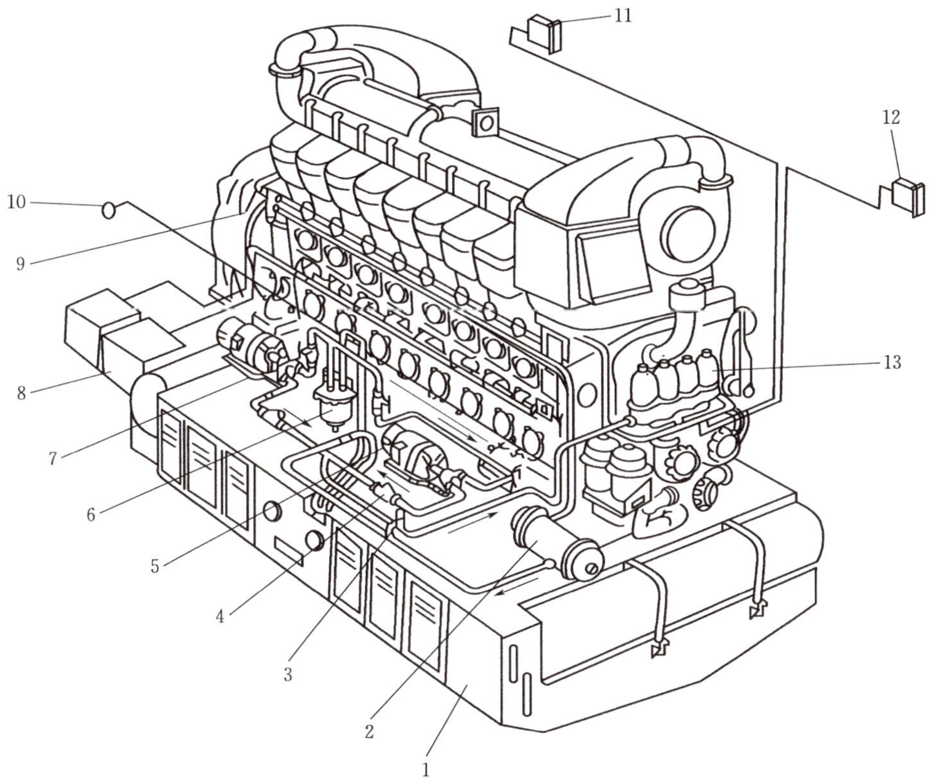


图 4-2　燃油系统

1—燃油箱；2—燃油预热器；3—安全阀；4—逆止阀；5—燃油输送泵；6—燃油粗滤器；7—截止阀；8—污油箱；9—限压阀；10—燃油精滤器前压力表；11—Ⅰ台司机室燃油压力表；12—Ⅱ台司机室燃油压力表；13—燃油精滤器

**(六)润滑系统**

1. 机油系统的作用

内燃机车柴油机许多零部件的工作温度、工作压力、工作转速都很高。对于这些零部件必须进行强迫润滑,提高柴油机的工作耐久性、可靠性,充分发挥柴油机的工作能力,工作性能,提高柴油机的效率及其经济性。因此,机油在柴油机工作过程中起着下述作用:

(1)润滑减磨作用

在各个摩擦副表面形成油膜,改善摩擦状态,减小零部件的磨损及减小摩擦阻力,提高柴油机的机械效率,延长零部件的使用寿命。

(2)冷却作用

机油的循环流动,带走摩擦副因摩擦产生的热量,使运动件始终保持一个良好的工作温度,并能维持其合理的配合间隙。

(3)清洗作用

循环流动的压力机油随时冲走摩擦副间因摩擦产生的磨屑,减小零件的磨损。

(4)密封作用

在活塞环与气缸套之间,除上述作用外,还起着阻止燃气进入曲轴箱的作用。此外机油还对柴油机起到防锈、防腐和缓冲作用。

2. 机油系统的组成及循环油路

机油系统由机油泵、机油离心式滤清器、增压器滤清器、机油滤清器、机油热交换器、安全阀、调压阀和机油管路等组成。其循环油路有如下几条:

(1)启动油路

油底壳→启动机油泵→逆止阀→机油热交换器→机油滤清器→柴油机内油路→油底壳。

(2)预热油路

油底壳→辅助机油泵→逆止阀→机油热交换器→机油滤清器→柴油机内油路→油底壳。

(3)主循环油路

油底壳→主机油泵→机油热交换器→机油滤清器→柴油机内油路→油底壳。

机油系统原理框图、机油系统循环示意图、机油系统示意图如图 4-3、图 4-4、图 4-5 所示。

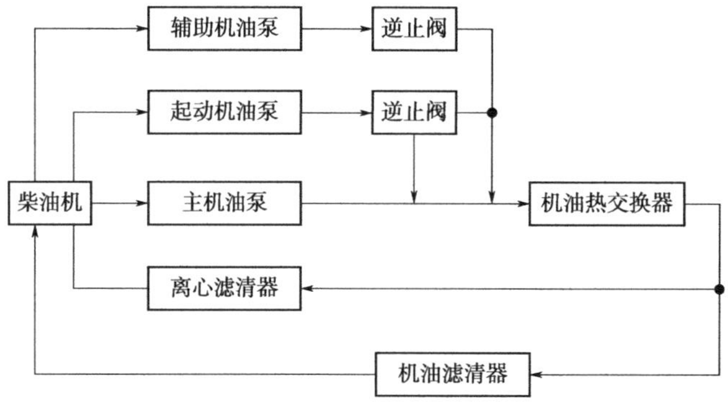


图 4-3　机油系统原理框图

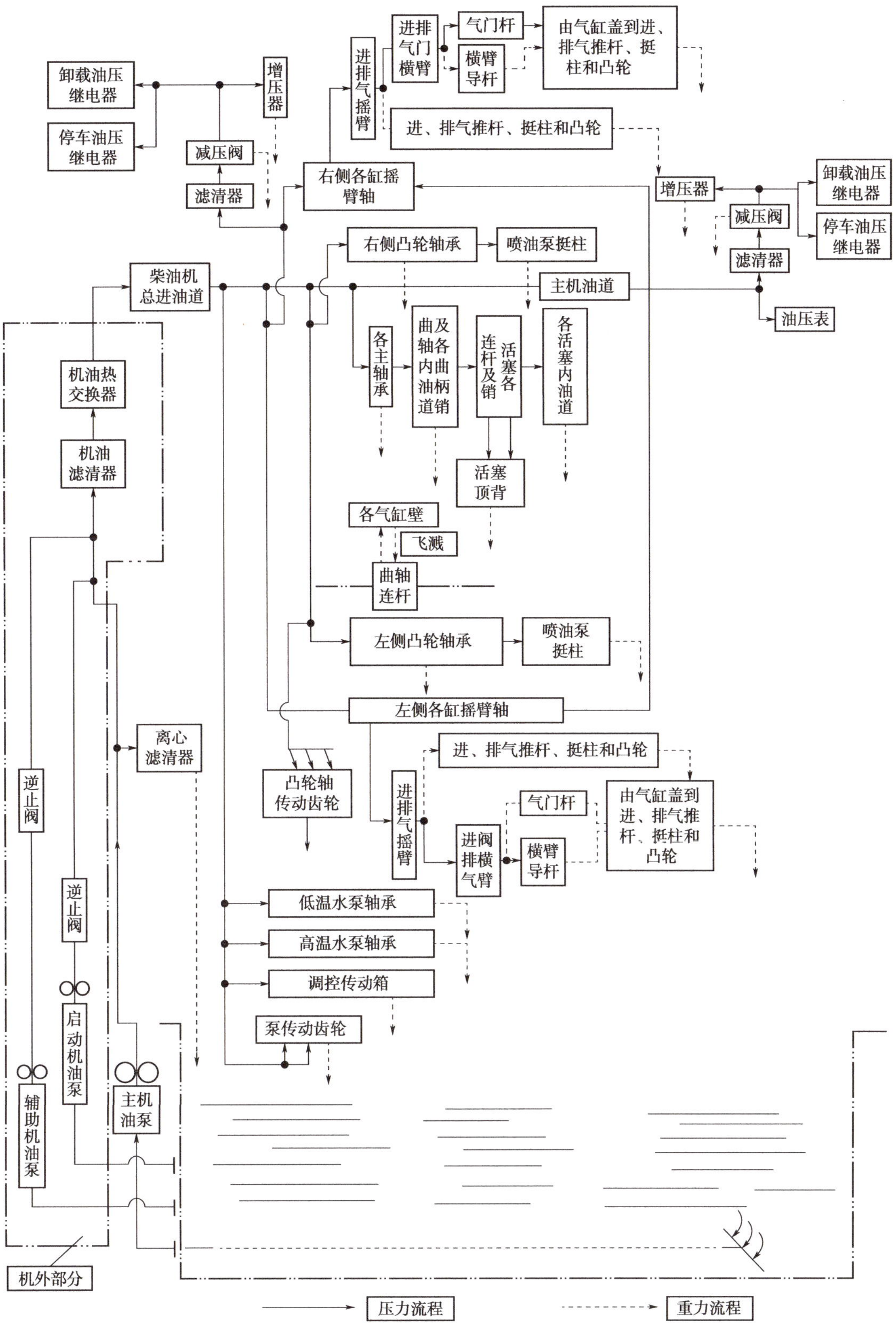


图4-4　机油系统循环示意图

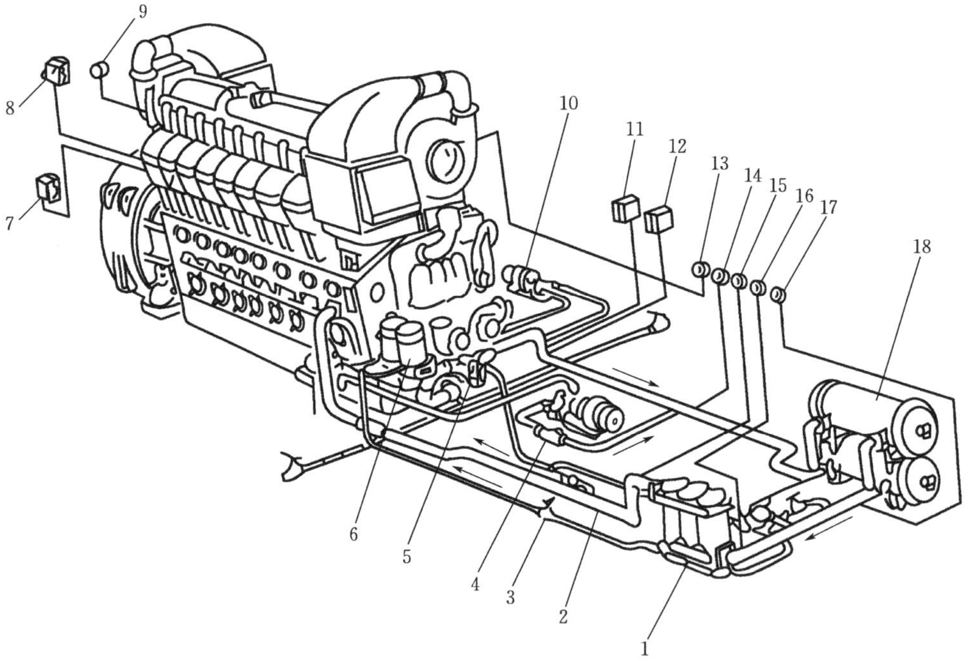


图 4-5 机车机油系统示意图

1—机油滤清器；2—启动机油泵；3—截止阀；4—逆止阀；5—主机油泵；6—机油离心滤清器；7—Ⅰ司机室机油末端压力表；8—Ⅱ司机室机油末端压力表；9—后增压气机油进口压力表；10—辅助机油泵；11—Ⅰ司机室机油出口压力表；12—Ⅱ司机室机油出口压力表；13—前增压气机油进口压力表；14—主机油泵出口压力表；15—机油滤清器后压力表；16—机油滤清器前压力表；17—热交换器后机油压力表；18—机油热交换器

**(七)冷却水系统**

1. 冷却水系统的作用

柴油机气缸内燃油燃烧所产生的热量一部分对外作功，一部分热量传给与高温气体接触的一些零件，如气缸盖、活塞、气缸套、气门、喷油器等。若不对这些零部件加以适当的冷却，则会造成这些零部件过热，使其材料机械性能下降，产生严重的热应力，导致变形和裂纹，破坏零件间正常的工作配合间隙，引起零件剧烈的磨损。高温也将会引起润滑油物理、化学性能变坏和结焦，使其失去润滑性能，最后导致拉缸、零件咬死、断裂等。高温还会引起空气充量下降而使燃烧不充分，影响柴油机的性能。但是冷却过度，燃烧热量的损失增加，就降低了柴油机的热效率，同时还会恶化燃料与空气的混合及燃烧性能，使柴油机工作粗暴，燃烧不完全，并且由于冷却过度使润滑油黏度增加而提高了摩擦功率。因此，冷却水系统的作用主要有：

(1)对燃气直接接触的零部件，如缸套、缸盖、增压器等进行冷却，以免这些部件过热，造成燃烧不正常，磨损加剧，甚至产生拉缸、结焦等，降低柴油机性能。

(2)对柴油机机油进行冷却，确保机油有一个适当的工作温度，保持一定的黏度，以减少柴油机零部件的磨损，保持运动件的正常工作，延长机油的使用寿命。

(3)对柴油机的增压空气进行冷却，保证柴油机进气温度，提高进气密度，确保燃油燃烧充分，以提高柴油机功率。

(4)保持适当的冷却水温度,以获得较好的柴油机经济性指标。

此外,在外界温度较低的情况下,启动柴油机时,冷却系统具有一定温度的循环水,对柴油机起预热作用。

2. 冷却水系统组成

冷却水系统主要由高温水系统和低温水系统等组成。

(1)高温水系统

高温水系统用于冷却气缸套、气缸盖和增压器。

高温冷却水系统工作时,冷却水由高温水泵吸入,泵入位于机体 V 形夹角内的冷却水腔。水腔两侧对应各个气缸开有进水孔,对左、右两排的各个气缸进行强制冷却,然后通过机体上的 4 个出水孔,经由导管进入气缸盖进行冷却。高温水由气缸盖出水孔汇集到气缸盖上方的两排出水总水管,再通过总出水管送到冷却单节进行散热冷却。在柴油机的前、后端,还有两条支管,分别将冷却水引接到前、后增压器,对其进行冷却。通过增压器的冷却水也分别汇入两侧气缸盖出水总管。在增压器出水管的最高部位,接有一条放气管路,在机车上它与膨胀水箱接通。此外,在机体的后端面上,位于 8 缸和 16 缸底部钻有两个放水孔,装上塞门,以便在冬季停车存放时,将柴油机内的水排出,防止冻坏柴油机。

(2)低温水系统

低温水管路系统是为冷却由增压器压气机出来的增压空气而设置的。

低温冷却水系统工作时,冷却水由中冷水泵吸入,泵入铸在前稳压箱内的水道中,通过一个分路接头分别进入前、后中冷器,对增压空气进行冷却。从两个中冷器出来的水汇集于一根总管后,进入机油热交换器,再送到冷却单节。

3. 冷却水系统循环通路及示意图

冷却水系统原理框图如图 4-6 所示,冷却水系统示意图如图 4-7 所示。

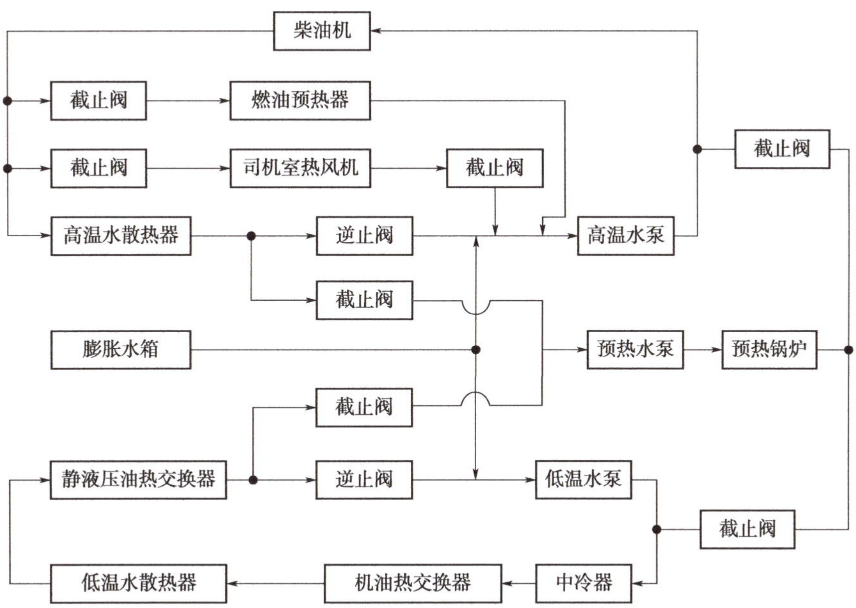


图 4-6 冷却水系统原理框图

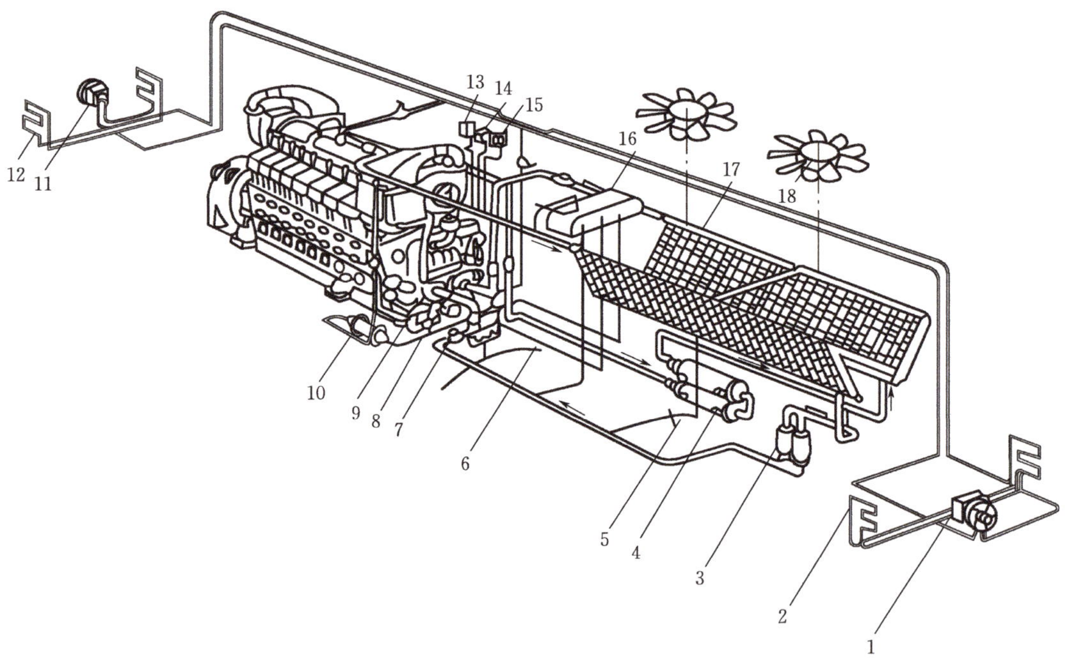


图 4-7 冷却水系统示意图

1—Ⅰ司机室热风机组；2—Ⅱ司机室热风机组；3—静液压油热交换器；4—机油热交换器；5—放水阀；6—上(排)水阀；7—逆止阀；8—高温水泵；9—低温水泵；10—燃油预热器；11—Ⅰ司机室热风机；12—Ⅰ司机室暖水管；13—Ⅰ司机室柴油机出水电器温度表；14—柴油机保护水温继电器；15—Ⅱ司机室柴油机出水电器温度表；16—膨胀水箱；17—散热器；18—冷却风扇

**(八)调控系统**

调控系统的作用：保证柴油机在各个转速下稳定运转和给定转速下的功率恒定，实现工况快速、平稳过渡并具有超速保护的功能。

调控系统主要由 C 型联合调节器、控制传动装置组成。

1. C 型联合调节器

C 型联合调节器通过控制系统来控制柴油机的转速、功率，以适应外界负荷的变化，使柴油机在最佳状态下工作。C 型联合调节器结构如图 4-8 所示。

(1)转速调节系统

转速调节系统的功用是感受柴油机的转速变化信号并产生反应，通过柴油机的控制拉杆装置拉动喷油泵齿条，改变供油量，使柴油机在给定转速下稳定运转。调速系统由敏感元件，转速调节机构，补偿系统和执行机构等组成。

柴油机速度调节过程：当司机主手柄提高挡位时，通过配速系统引起调速机构动作，增加柴油机的供油量，使柴油机的转速上升，升到一定值后，速度调节机构处于稳定状态，柴油机转速也趋于稳定；当司机主手柄挡位降低时，通过配速系统引起速度调节机构动作，减少柴油机的供油量，使柴油机的转速降低，降到一定值时，速度调节机构又处于某一稳定状态，柴油机的转速也趋于稳定。

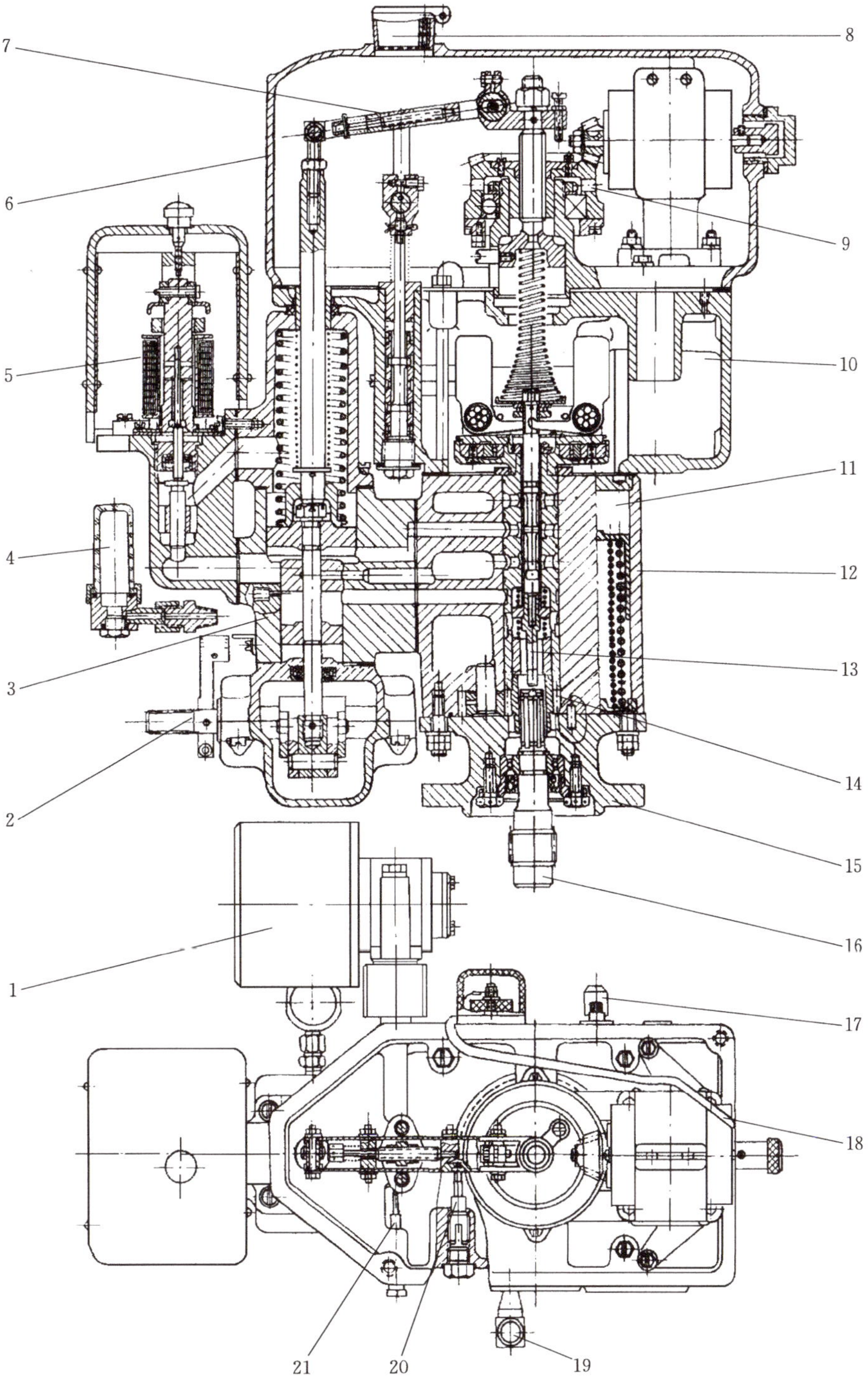


图 4-8　C 型联合调节器结构

1—功率伺服器；2—传动装置；3—伺服马达；4—储气筒；5—自动停车装置；6—盖罩；7—联合杠杆和功调滑阀组；8—加油标；9—配速机构；10—上体；11—储油室；12—中体；13—调速滑阀组；14—齿轮油泵；15—下体；16—传动轴；17—启动加速器采油接头；18—步进电机电源线；19—油位表；20—补偿针阀；21—增载针阀

(2)转速给定系统

转速给定系统的功用是通过改变调速弹簧的压缩高度,即通过司机控制器手柄,给定柴油机的转速。另外,还可以限制及调整柴油机最高和最低转速。转速给定系统主要由步进电机、一对锥齿轮、一组为梯形螺纹的螺杆和螺母等组成。

当步进电机接到来自驱动电源的脉冲信号后,通过主从动锥齿轮和螺旋副的作用,把步进电机的旋转运动转换成螺旋副在垂直方向的移动,通过改变螺杆对调速弹簧的压缩量来改变柴油机的转速。

最高工作转速的限制,通过与从动锥齿轮一起转动的螺钉与固定于功率调整轮安装座上的最高转速止钉来完成。

最低工作转速的限制,由随从动锥齿轮一起转动的最低转速调整螺钉与随配速活塞螺杆一起移动的最低转速止钉共同完成。柴油机最高和最低转速的调整,是分别通过调整在从动锥齿轮顶面的螺钉和挡圈下面的螺钉来实现。

在步进电机不通电时,可用手调转速旋钮,来调整柴油机的工作转速。

(3)功率调节系统

功率调节系统的功用是保持柴油机在给定转速下的功率恒定。功率调节系统由功率滑阀、功率伺服器(油马达)、变阻器及反馈装置等组成。

调速器的恒功调节是指调速器为保持柴油机在某一转速下功率恒定的调节过程。保持柴油机恒功有两种方式:在机车辅助功率不变的情况下,使同步主发电机恒功;机车辅助功率与同步主发电机功率等量转移。这两种方式都是通过调速器改变同步主发电机的励磁以改变电压,最终保证柴油机恒功。

功率调节过程:当司机主手柄位置不变,柴油机的负荷下降(如辅助装置功率下降),此时柴油机的供油量不变,为保证柴油机的转速和输出功率不变,功率调节系统使牵引发电机的励磁电流增大,使其输出功率增大;当柴油机负荷增加(如辅助装置功率增加)时,由于供油量不变,为确保柴油机转速和输出功率不变,功率调节系统使牵引发电机的励磁电流减少,使其输出功率减少。当机车的负荷增加(如上坡),司机手柄提高挡位,通过配速系统、速度调节系统、功率调节系统的共同作用,柴油机的供油量增加,电器装置使牵引发电机的功率增加,保证柴油机的功率与发电机的功率平衡,柴油机在新的转速下稳定工作,反之则与上述过程相反。

(4)供油系统

供油系统由齿轮油泵、中体储油腔(油池)和设有蓄压活塞与内外弹簧的蓄压室等组成。齿轮油泵的储油腔与蓄压室的上部连通,并由齿轮油泵和蓄压室使工作油压力保持在0.64~0.69 MPa。

(5)自动停车装置

自动停车装置安装在伺服马达体侧面的上部壳体内,主要由电磁联锁(DLS)线圈、铁芯、顶杆、阀芯和导套等组成。其作用过程:当线圈有电时,铁芯下移,滑阀在顶杆的作用下,关闭下方油路,保持动力活塞下腔油压恒定,柴油机正常运转。如线圈断电,动力活塞下方的工作油使阀芯上移,从而打开下方油路,工作油从上方斜油孔排入中体蓄油腔,动力活塞被弹簧压下移至底部,通过控制拉杆,推动喷油泵齿条回到零刻线,停止向气缸内供油,柴油机自动停机。

(6)控制机构

控制机构的功用是传递调速器及超速停车装置的动作,拉动各缸喷油泵供油齿条以控制供油量。控制机构主要由弹性拉杆、紧急停车机构、最大供油止挡、油压保护装置、左右转臂、横拉杆、左右纵拉杆、夹头和定位托架等组成。

调速器操纵控制拉杆装置的动作过程:当调速器的动力活塞上移时,曲臂传动机构的花键轴转动并通过摇臂带动弹性拉杆向柴油机输出端方向移动。此时,弹性拉杆一方面带动右纵拉杆向输出端推进,另一方面经左右转臂和横拉杆带动左纵拉杆移向柴油机自由端。上述左、右纵拉杆的动作,带动了装在其上的16个夹头推动柴油机16个缸的喷油泵齿条向增加供油方向移动。当调速器的动力活塞下移时,控制拉杆装置则进行与上述方向相反的动作,使喷油泵齿条向减油方向移动。

超速停车装置的作用过程:当超速停车装置的飞块动作时,停车轴带动紧急停车机构的叉头、调节杆、转轴动作,由长臂打击安装在右纵拉杆上的限止块,使左、右纵拉杆回至停机时的位置。此时喷油泵齿条即被推至停油位,使柴油机停机。

2. 控制传动装置

(1)调控传动装置

调控传动装置的转动部分用于驱动调速器、超速停车装置、转速表和测速发电机。调控传动装置设有超速停车装置,用于柴油机超速自动停车和手动停车。调控传动装置还设有转速表,便于在机器间监视柴油机转速。

调控传动装置安装于柴油机前端右侧。

(2)超速停车装置

为防止因某种原因使柴油机发生超速,造成意外事故,设置了超速停车装置,即极限调速器,当柴油机转速达到1 120～1 150 r/min时,极限调速器动作,通过转动控制杆系统的横轴、左、右控制拉杆,把喷油泵齿条迅速推向停油位,柴油机停机。

极限调速器由飞锤座、飞锤、限速弹簧、调节螺母等组成。

调控传动装置与极限调速器安装在一起,在调控传动装置上装有紧急停机按钮和复原手柄。紧急停机按钮是手动停车的一种应急装置,在紧急情况下,用手击动按钮使柴油机迅速停机。当柴油机超速停机或手击紧急停机按钮停机后,如需重新启机,可以用复原手柄复原。

## 第三节 DF4B 型内燃机车电传动系统

内燃机车的原动机一般都是柴油机,从柴油机曲轴到机车动轮(轮对)之间,需要一套速比可变的中间环节,这一中间环节称为传动装置。内燃机车的传动装置有电力传动、液力传动和机械传动三种,电力传动又分为直—直流电力传动、交—直流电力传动、交—直—交流电力传动和交—交流电力传动。目前国内使用的DF4B型、DF5型、DF7型、DF8型、DF11型等内燃机车均采用交—直流电力传动。由柴油机驱动牵引发动机发电,并经一套电气传动装置向安装在机车动轮上的牵引电动机供电,以驱动机车。

## 一、交—直流电力传动基本原理及组成部分

柴油机工作时产生的动力由曲轴输出，通过弹性联轴器与同步牵引发电机相连，发电机将柴油机的动能变成电能即三相交流电输出，经整流后送给直流牵引电动机，电动机再将电能变成动能经齿轮传递给轮对形成牵引力。机车电传动由电机、电器和电路三部分组成。

交—直流电力传动装置中的牵引发电机为三相交流发电机，牵引电动机仍采用直流串励电动机，其传动原理如图 4-9 所示。柴油机驱动三相交流发电机 F 发出的三相交流电经硅整流装置 Z 整流后，向直流串励牵引电动机 D 供电，牵引电动机也通过传动齿轮驱动机车动轮，实现机车牵引运行。

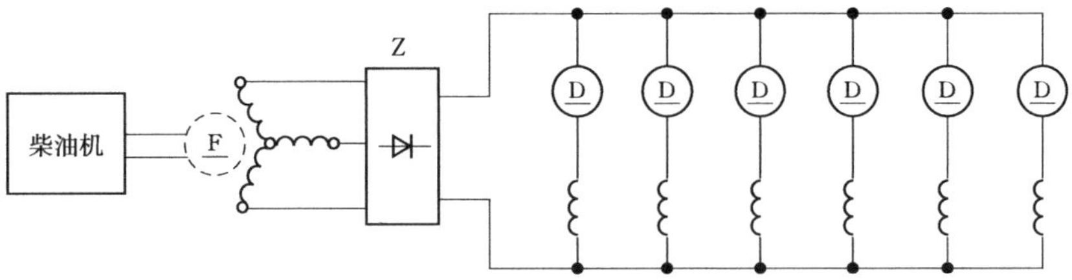


图 4-9　交—直流电力传动原理

交—直流的电力传动既保留了采用直流串励电动机作牵引电动机的优点，又以交流发电机加整流装置取代了直—直流电力传动中的直流牵引发电机，同时克服了制造大功率直流发电机所出现的困难。由于交流发电机没有换向器，故其工作不受换向条件限制，维护方便，运用可靠；又由于结构简单、省铜，与同等功率的直流发电机相比，其体积小、重量轻，克服了车体限界的限制。

## 二、电力传动装置的主要电气系统控制关系

同步主发电机 F 的转子轴端通过弹性联轴器与柴油机相连。电机通过万向联轴节经变速箱增速后带动启动发电机 QF 和感应子励磁机 L 及测速发电机 CF 等运转。

机车的前转向架装有 1D～3D 三台牵引电动机，后转向架装有 4D～6D 三台牵引电动机。

同步主发电机 F 产生的三相交流电经整流柜 1ZL，三相桥式全波整流后，输送给六台全并联的牵引电动机，再由牵引电动机通过传动齿轮驱动车轮旋转，从而使机车运行。

由前变速箱驱动一台直流启动发电机 QF，它有两套励磁绕组。在柴油机启动工况下，QF 为直流串励电动机，蓄电池组 XDC(96 V)向串励绕组供电，QF 转动，驱动柴油机—发电机组启动运转；在柴油机运转工况下，将其串励绕组切断改为他励直流发电机工作，他励绕组由蓄电池组 XDC 供给，经电压调整器 DYT 自动地控制励磁电流，使其发出 110 V 恒定直流电，一方面向蓄电池组充电，另一方面向空气压缩机电机 1YD、2YD，车体通风机 1TD、2TD，燃料泵电机 1RBD、2RBD 以及控制电器，照明设备等供电。

机车工况(牵引、制动)的选择和运行方向(前进、后退)的选择都是由司机控制器 SK 的换向手柄来决定的。

同步主发电机 F 的励磁，是由柴油机通过启动变速箱带动的励磁机 L 发出的三相交流电经过励磁电流柜 2ZL 整流后，给同步主发电机转子上的励磁绕组励磁。

在同发电机恒功率最高电压限制下，为扩大机车的恒功率速度范围，对牵引电动机进行两级磁场削弱，磁场削弱的“过渡控制”是采用了一套电子过渡控制装置GDZ，由装在机车第二轮对上的测速发电机1CF供给的速度信号进行自动控制磁场削弱接触器（1XC1、2XC1，1XC2、2XC2）的动作，达到两级磁场削弱的目的。磁场削弱接触器为组合式，共有两组，每组可同时控制三台牵引电动机一级或二级磁场削弱。

同步主发电机F的电流测量和过电流保护是通过V形连接的两个穿心型电流互感器1LH、2LH来实现的。同步主发电机F的副边由整流装置3ZL整流，其输出端接二块电流表2A和过流继电器LJ。

机车在电阻制动工况，两个转换开关1HKg、2HKg将牵引电动机改接成他励直流发电机工况，6台牵引电动机的励磁绕组串联在一起，由同步主发电机F经牵引整流柜1ZL、制动电空接触器ZC供给励磁，而电机转子通过传动齿轮由轮对驱动，将列车运行动能转化成电能，并分别输往制动电阻1RZ～6RZ，转化为热量再由轴流式通风机将热量散到大气中，从而实现电阻制动。

DF4B型内燃机车上安装有电阻制动控制箱DZT。为充分发挥制动功率，机车在一定速度范围内，通过控制励磁机的励磁电流来自动调整牵引电动机的励磁电流，实现制动电流的恒流控制。通过改变柴油机的转速能控制制动电流的恒流值，即随柴油机转速的升高制动功率也随之增加。牵引电动机最大励磁电流的稳定也是根据柴油机的转速信号，保证电阻制动工况下牵引电动机的通风冷却要求。在最大制动电流限制下，为提高机车低速区段的制动力，机车还具有制动功率扩展功能，以机车速度为信号能自动进行二级电阻制动的控制，使机车在低速区段具有较高的电阻制动性能。

DF4B型内燃机车具有自负载试验功能。机车在静止状态，通过操纵自负载闸刀开关1ZFK～6ZFK将6个制动电阻元件并联起来，直接接在牵引整流柜输出端作为柴油机的自负载电阻，而自负载的工作点将在同步主发电机的恒功率外特性上，因此可通过自负载试验方便地检测到柴油机各转速下的牵引功率。

柴油机的转速控制是通过设在正操纵台上的司机控制器主手柄来控制调速驱动装置WJT，以控制柴油机联合调节器的步进电机BD旋转，实现柴油机无级调速。

为了在司机室内显示柴油机转速，采用与柴油机凸轴轮相连的测速发电机2CF，其输出交流电经整流后的电压信号使表针指示柴油机转速。

电气传动装置还设有主电路接地、同步主发电机过流、轮对空转、电阻制动过流、电阻制动通风机差动等控制保持环节，以保证机车正常安全运行。此外，机车还装有预热锅炉控制柜，以保证预热锅炉的正常运用。

## 三、有触点电器

### （一）有触点电器的基本构造和作用原理

有触点电器主要包括接触器、组合式电器、司机控制器、继电器及各开关等。此类电器最基本部分由触头、驱动装置和灭弧装置三部分组成。

### （二）触头的定义

直接接通和断开电路的零件称为触头。触头是成对的，固定不动的叫静触头，可以活动的叫动触头。依靠动触头的动作来实现电路的接通和断开。

**(三)触头的分类**

1. 按触头在电路中的用途分类

触头可分为主触头和辅助触头。

(1)主触头用来接通或断开主要工作电路。

(2)辅助触头通常用在小电流的控制电路中,用来使各控制电器按规定的先后顺序闭合和断开,以实现机车运行所要求的某种电气联锁作用,所以辅助触头又称为联锁触头。电器在无电状态下(即电磁线圈无电流)断开的辅助触头称为常开触头(又叫正联锁),闭合的辅助触头叫常闭触头(又叫反联锁)。当电器在有电状态时,则常开触头闭合,而常闭触头断开。

2. 按触头的接触形式分类

按接触形式还分为点接触、线接触和面接触三种。

(1)点接触(图 4-10)。点接触指两个触头间是点与点的接触。常用于 10 A 以下的小电流电器,如继电器触头以及接触器和自动开关的辅助触头。由于接触面积小,保证其工作可靠性所需的接触压力也较小。

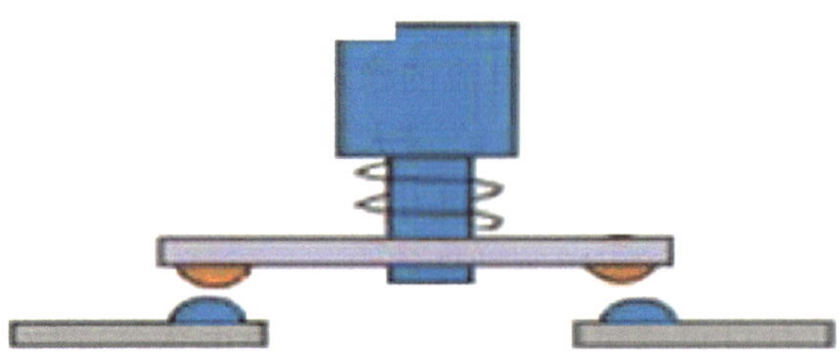

图 4-10 点接触

(2)线接触(图 4-11)。线接触指两个触头间是线与线的接触。其接触面积和接触压力均适中,多用于几十安至几百安电流的中等容量的电器,如接触器和自动开关的主触头。

(3)面接触(图 4-12)。面接触指两个触头间是平面与平面的接触。其接触面积和触头压力都较大,多用于大电流的电器。如闸刀开关常采用面接触的形式。

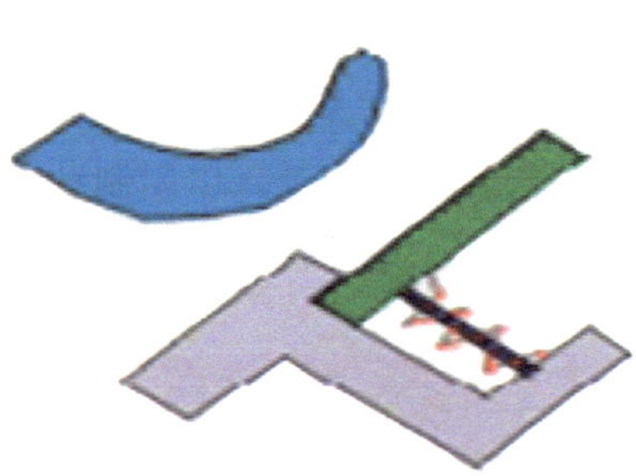

图 4-11 线接触

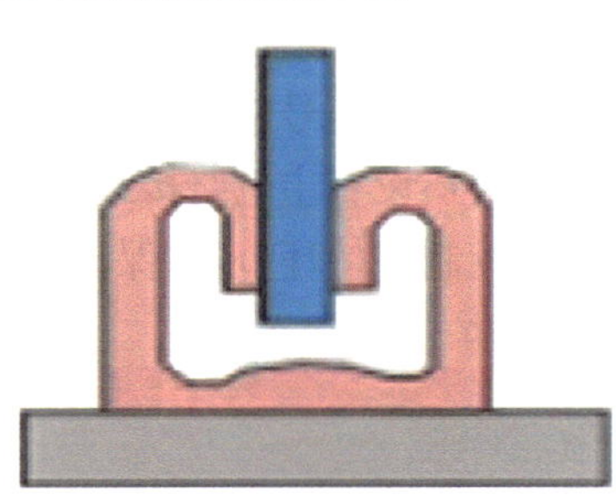

图 4-12 面接触

**(四)触头的主要参数**

触头的主要参数有开距、超程、研距、初压力、终压力。

1. 触头的开距

当触头断开后,动、静触头间的距离称为触头开距,触头的开距和超程如图 4-13 所示。

开距的大小要保证触头开断电路时能可靠地灭弧，而且还能使触头间具有一定的绝缘能力，使电源出现不正常的过电压时不致击穿。从减小电器的尺寸和减小触头闭合时振动的观点出发，在保证可靠开断电路的原则下，触头开距愈小愈好。

2. 触头的超程

触头闭合后，若将静触头移去，动触头能继续往前移动一段距离 $r$，这段距离叫触头超程。触头具有超程，可以保证磨损后的触头仍能可靠地工作。触头磨损将使触头厚度减小。当触头磨损到一定程度后，即触头厚度减小到一定程度，就应更换或补焊。新触头的超程一般为触头厚度的 60%～80%。

3. 触头的初压力

两触头闭合后，其接触处具有一定的压力，称为触头压力。触头压力是由触头弹簧产生的。触头弹簧有一预压缩，使得动触头和静触头刚接触瞬间就有压力，称为触头的初压力。触头具有初压力，可以减小触头闭合过程中动、静触头相互撞击的弹力，初压力的大小取决于触头弹簧的预压缩量。

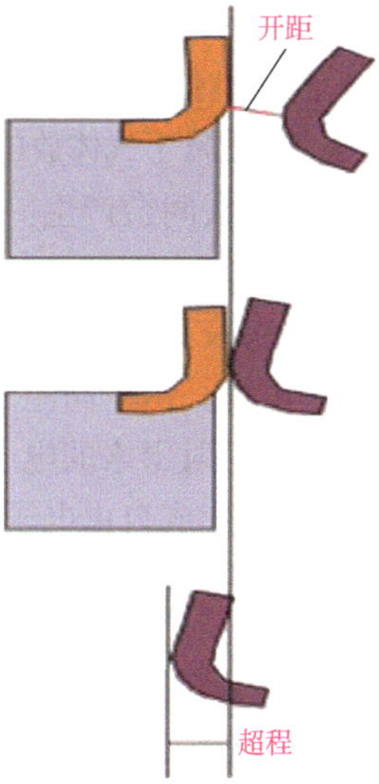

图 4-13 触头的开距和超程

4. 触头的终压力

动触头和静触头接触终了时的压力称为触头的终压力。触头终压力的作用是增加实际接触面积，减小接触电阻。

**(五)触头的研磨过程及研距**

动触头和静触头开始接触时，其接触线在开始接触线处，在触头闭合时，接触线在最终接触线处。在接触过程中，触头接触表面既有滚动，又有滑动，这种滚动和滑动过程称为触头的研磨过程。由研磨过程产生的距离称为研距，触头的研磨过程及研距如图 4-14 所示。

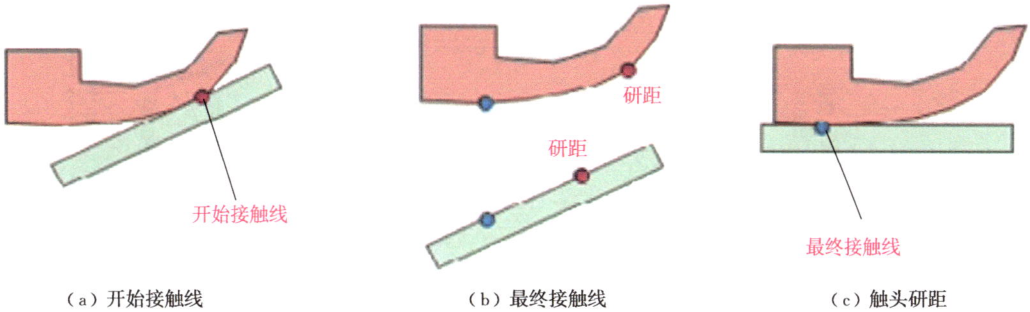

图 4-14 触头的研磨过程及研距

通过研磨过程，可以破坏触头表面不断生成的氧化膜，以消除由它引起的接触电阻。通过研磨过程所产生的研距，可使正常工作的接触线(也就是最后接触线最终接触线)与开始接触线(此线也是最后分开线开始接触线)错开，以免烧损正常工作的接触线，保证触头接触良好。

触头的开距、超程、压力都是必须进行检测的主要参数。在电器的使用和维修中常用这些参数来反映触头的工作情况及检验电器的工作状态。

### (六)灭弧装置

1. 电弧现象及特点

电弧属于气体放电的一种形式。试验证明,当大气中开断电压超过 10 V、电流超过 0.5 A 时,在触头间会产生一团温度极高、亮度极强并能导电的气体,称为电弧。通常,气体是不导电的,在触头刚开始分离时,接触面积逐渐减小,触头的接触电阻增大,电流密度也逐渐增大,触头表面的温度逐渐升高。而触头刚分离时,线路电压加在触头间极小的空隙,形成很强的电场。由于高温、强电场的作用,触头金属内部的电子便脱离金属表面向外发射。这些从阴极发射出来的电子,在电场力的作用下向阳极快速运动,不断撞击中性气体分子,并使其电离,变成自由电子和正离子,并形成连锁反应,在触头间出现大量的电子和正离子。在强电场的作用下,这些电子和正离子做定向移动,便形成了触头气隙中的电流,最终形成电弧。

对于有触点电器而言,电弧产生的高温将烧损触头,使触头表面形成弧坑和尖刺,影响触头工作。严重情况下不仅会烧坏电器和附近电气设备,还会引起短路故障,甚至引起火灾。因此,必须了解电弧的基本规律,采取有效措施,尽快地熄灭电器中出现的电弧。

2. 灭弧装置

在内燃机车上,许多电机电器的绕组线圈都是电感线圈,因此在电器触头断开的瞬间,要产生较大的自感电动势,这种电势要比电路电压高许多倍,在触头间形成高电压,将空气中的中性离子电离成阴阳离子,阴阳离子又在高电压的作用下高速运动,相互摩擦而形成电弧。

电弧是一种强烈的放电现象,它会产生高热而烧损触头,所以必须设置灭弧装置将它熄灭。

$DF_{4B}$ 型内燃机车上的接触器主要采用电磁灭弧装置,磁吹灭弧原理如图 4-15 所示。磁吹灭弧装置由灭弧线圈、灭弧铁芯、导磁板、灭弧角、灭弧罩等组成。

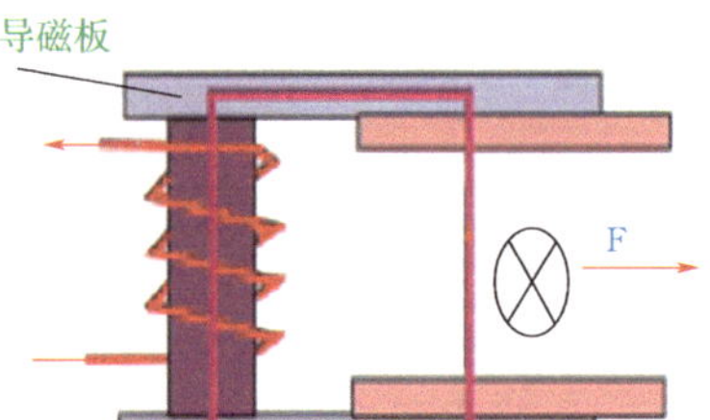

(a) 磁吹灭弧原理

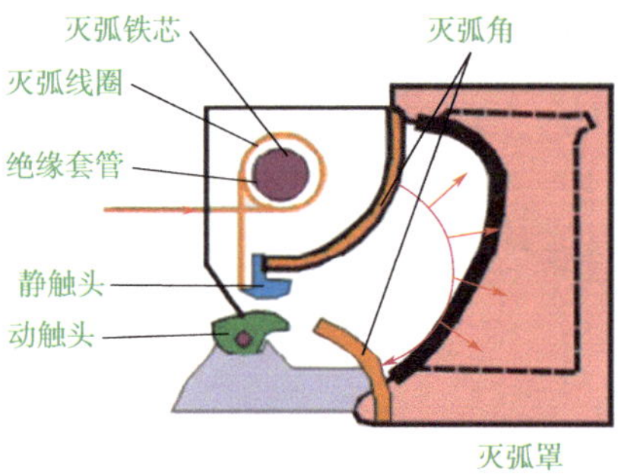

(b) 灭弧导磁板

图 4-15　磁吹灭弧原理

灭弧线圈与接触器主触头的电路相连,触头接通时,灭弧线圈有电流流过,在导磁板上形成磁极,磁板之间即触头之间产生磁场,形成电弧的载流子就会在磁场的作用下,被拉向灭弧罩,可使电弧拉长,经灭弧罩绝缘板割断,可达到灭弧和保护触头的目的。

3. 灭弧原理

当触头断开的瞬间,触头间产生电弧,形成离子导电。当电流流过灭弧线圈时,在线圈周围将产生一个磁场,该磁场的磁通经由铁芯、磁极及气隙形成闭合回路。由于该磁场穿过触头所在的空间，并且与电弧电流成正交，电弧电流将受到电磁力的作用，由左手定则判定为指向灭弧室。因此，电弧在此力作用下迅速离开触头，经灭弧角被拉向灭弧室，最后在灭弧室内被隔断、冷却、熄灭。

**(七)驱动装置**

驱动装置是有触点电器的主要组成部件，其作用是驱动电器触头按一定的要求进行可靠的分合。在内燃机车有触点电器中，其驱动装置主要采用电磁驱动装置和电空驱动装置。

电磁驱动装置是一种通过电磁铁把电磁能转换成机械能来驱动电器动作的装置。电空驱动装置是一种以压缩空气为动力，推动传动薄膜(或活塞)运动来驱动电器动作的装置。

1. 电磁驱动装置

目前在内燃机车上采用的直流电磁驱动装置分为拍合式和螺管式两种电磁驱动装置，如图 4-16(a)、图 4-16(b)所示。这两种电磁驱动装置主要由磁轭、铁芯、衔铁(或动铁芯)及线圈等组成。拍合式电磁驱动装置是靠衔铁吸向电磁铁芯的吸力驱动触头动作。螺管式电磁驱动装置则是靠动铁芯在螺管中的吸力驱动触头动作。

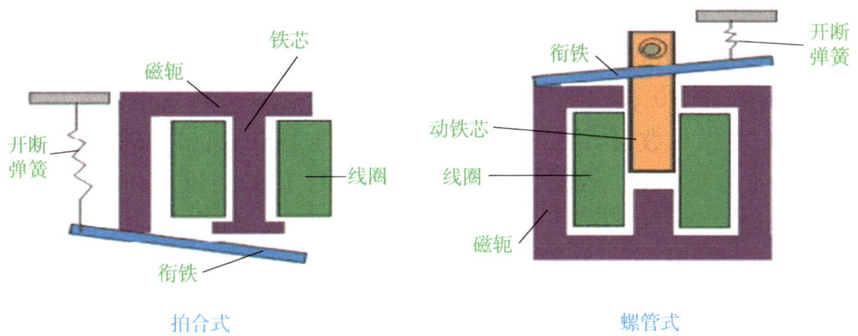


(a) 拍合式电磁驱动装置　　(b) 螺管式电磁驱动装置

图 4-16　直流电磁驱动装置

当线圈接通电源后，电流流过线圈将产生一个磁场，于是在铁芯和衔铁间产生一定的电磁吸力。当电磁吸力大于开断弹簧弹力时，衔铁被吸向铁芯，驱动电器的动触头动作。当线圈中的电流减小或中断时，铁芯中的磁通变小，吸力随之减小，当吸力小于开断弹簧的弹力时，衔铁就在开断弹簧的作用下返回原来位置。

2. 电空驱动装置

由电磁驱动装置的吸力特性可知，电磁驱动装置的电磁吸力随着气隙的增大而减小。因此对于需要长行程、大传动力的场合，不适宜用电磁驱动装置。在内燃机车主电路中的电器通过的电流和承受的电压均很大，因此要求触头接触压力大，触头开距大。电空驱动装置在较大行程下能保持足够大的传动力，且在内燃机车上已装有压缩空气气源，所以内燃机车主电路中的电器都采用电空驱动装置。

电空驱动装置由电空阀和风动装置两部分组成。

(1)电 空 阀

电空阀在电空驱动装置中用来控制风动装置的风路。电空阀由两大部分组成，上半部是拍合式的电磁装置，由线圈、磁轭、衔铁等组成。下半部为电空阀阀门，由阀体、上下阀和阀座、阀杆及顶针等组成。

当电空阀线圈通电并达到一定数值后，衔铁被吸下，压迫阀杆克服弹簧的推力，将上阀压贴在阀座上，同时通过顶针将下阀推离阀座，打开了压缩空气进入风动装置气缸的通路，同时关闭了风动装置气缸至大气的通道。

(2)风动装置

风动装置为薄膜式传动装置。当电空阀有电时，压缩空气进入气缸内，作用在弹性薄膜上的压力增大到大于左侧弹簧的弹力时，鼓动弹性薄膜，推动活塞杆左移，驱动电器触头动作。当电空阀失电时，压缩空气从气缸中排出，弹簧伸张，使活塞杆复原，驱动触头动作。

## 四、电磁接触器

### (一)作　用

接触器是一种用来闭合或断开主电路或大容量电路的自动切换电器，其特点是能通、断较大电流，可频繁操作，并且能远程控制。在内燃机车的主电路、励磁电路、柴油机启动电路、磁场削弱电路和电阻制动电路中都采用了接触器。

$DF_{4B}$ 型内燃机车选用的电磁接触器是国家标准的 CZ0-××/××系列电磁接触器(C 表示接触器；Z 表示直流；0 表示设计序号；××/××分子代表额定电流安培数，分母中第一个数字表示常开主触头数目，第二个数字表示常闭主触头数目)。规格有：CZ0-40010 型(QC、LC)、CZ0-25020 型(YC、YRC)、CZ0-4020 型(QBC、RBC、FLC、GFC、LLC、GLC)。

各接触器的用途：

QC、LC 分别控制柴油机的启动电路及牵引发电机的励磁电路。

YC、YRC 分别控制空压机电动机电路及启动电阻电路。

QBC、RBC、FLC、GFC、LLC、GLC 分别控制启动滑油泵电动机电路、燃油泵电动机电路、启动发电机励磁电路、固定发电电路、励磁机的励磁电路、故障励磁时励磁机的励磁电路。

### (二)结　构

电磁接触器的结构根据电磁系统与触头系统的不同布置方式，分两种结构形式：CZ0-40010 型、CZ0-25020 型采用平面布置的整体结构；CZ0-4020 型采用立体布置的整体结构。

1. CZ0-40010 型平面式结构

平面式结构即电磁系统和触头系统呈左右布置，其主要特点是维护、检修方便，适合用于开断大电流的接触器，但安装面积大。CZ0-40010 型电磁接触器的结构如图 4-17 所示，主要由电磁驱动装置，触头系统、灭弧系统及构架等组成。

电磁驱动装置为沿棱角转动的拍合式结构，由线圈、衔铁、磁轭等组成，吸力线圈做成串联双绕组形式。铁芯和线圈固定在磁轭上，磁轭用螺钉固定在底架上，另一端通过支持件固定在底架上。主触头采用镉铜制成以增强耐电磨损性，为保证两断点间有足够的绝缘距离，主触头采用单断点结构。辅助触头为双断点桥式触头组合结构，安装于触头支持件上，支持件固定在磁轭上。灭弧装置由串联磁吹式的磁系统及纵隔板陶土灭弧罩组成。

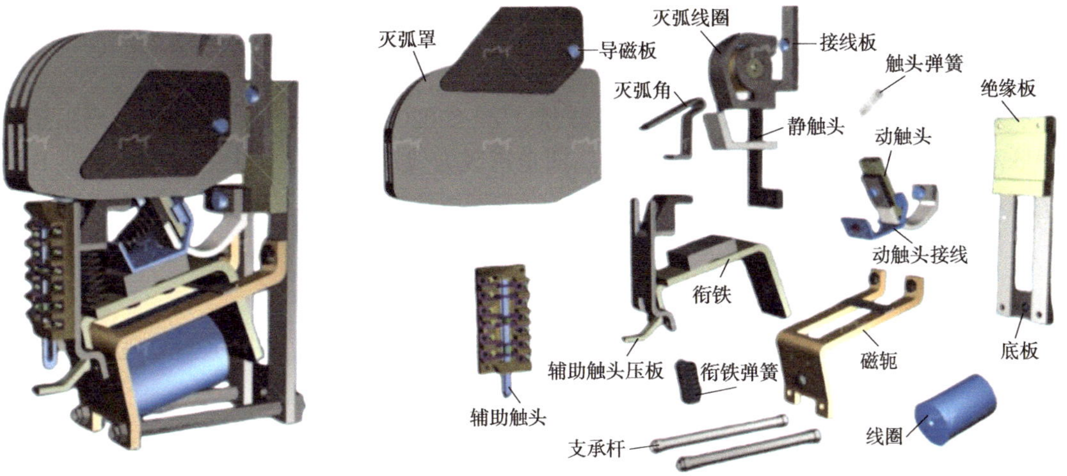


图 4-17　CZ0-40010 电磁接触器

2. CZ0-4020 型立体式结构

立体式结构即电磁系统和触头系统呈上下布置，其特点是安装面积小，但不便维修，适合开断小电流的接触器。CZ0-4020 型电磁接触器的结构如图 4-18 所示，主要由电磁驱动装置、触头系统、灭弧装置及构架等组成。

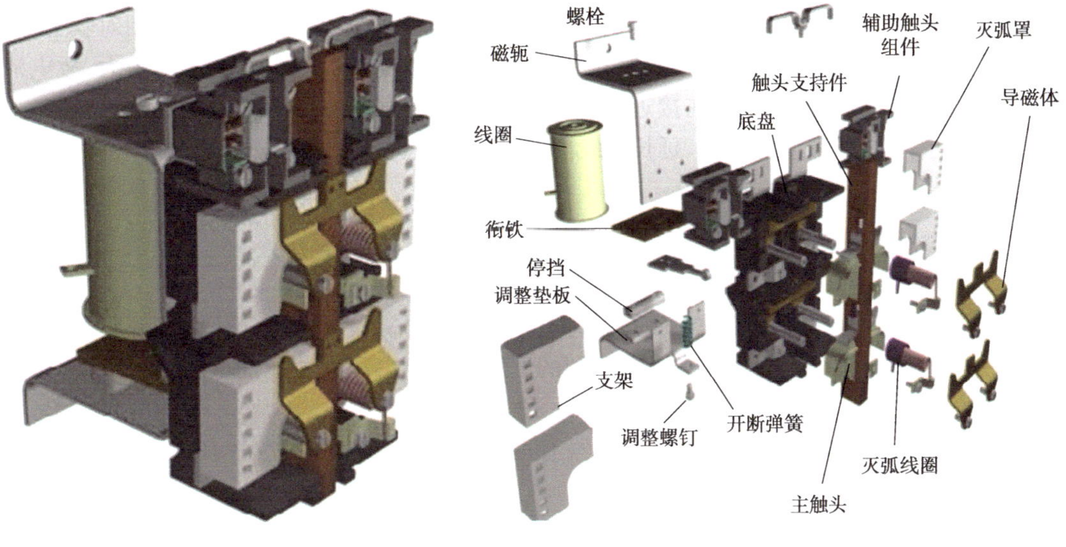


（a）总体　　（b）结构

图 4-18　CZ0-4020 型电磁接触器结构

电磁驱动装置为沿棱角转动的拍合式电磁机构，由线圈、磁轭等组成。磁轭还起安装支架作用，绝缘底盘固定在磁轭支架的背面。触头系统用螺钉固定在底盘上。主触头为双断点桥式触头，其触头处镶有银板，可增强导电性能，触头安装在触头支持件上。辅助触头也为双断点桥式触头，组合式结构，安装在触头支持件上方的两侧，上边用透明罩盖住以防尘。灭弧装置包括灭弧线圈、灭弧铁芯、灭弧导磁体和横隔板陶土灭弧罩。

通过改变调整垫板的厚度可以调整衔铁工作气隙的大小及主触头的开距;调整开断弹簧上的调整螺钉来调整触头压力;调节绝缘片的厚度可调整铁芯极靴与磁轭棱角的水平度。

**(三)串联双绕组吸力线圈**

对于大容量的电磁接触器(CZ0-40010 型、CZ0-25020 型),其电磁驱动装置上均采用了串联双绕组吸力线圈。串联双绕组吸力线圈是指吸力线圈由启动线圈 A 和保持线圈 B 两个组成,如图 4-19 所示。

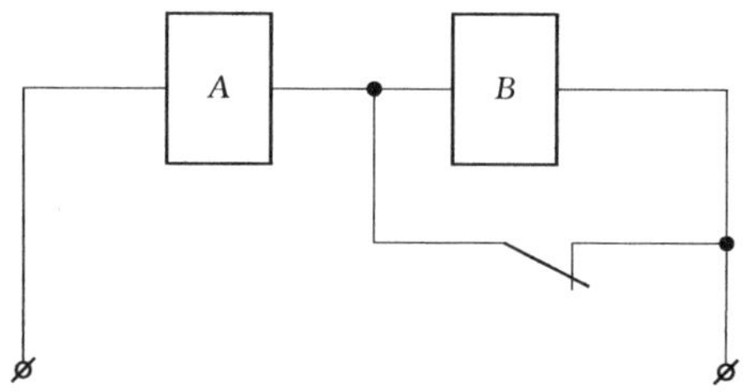


图 4-19 串联双绕组吸力线圈

接触器未动作时,保持线圈被该接触器的一个常闭联锁触头短接,只有启动线圈工作;当衔铁吸合到联锁触头断开时,保持线圈 B 接入电路,保持线圈投入工作。

接触器吸合之初,由于衔铁与铁芯的工作气隙大,磁阻就大,这时就需要较大的磁势。触头闭合后,由于这时衔铁的气隙、磁阻均很小,使得保持吸合所需的吸力有一个较小的磁势即可。

启动线圈按衔铁初始吸力来选择,它的匝数少,电阻小,故电流大,磁势大,相对吸力大,可保证衔铁能够可靠启动;保持线圈 B 按衔铁终了吸力来选择,它的匝数多,电阻大,故电流小,磁势小,这样可以保证衔铁在接近吸合位置时的冲击力小,同时可以减少线圈长期工作时消耗的功率,有利于节约电能,延长了线圈的使用寿命。

## 五、电空接触器

**(一)作　　用**

在内燃机车上已装有压缩空气源,同时电空接触器具有较大的接触压力和开距,这对减小接触电阻,防止触头温升过高是十分有利的。所以在高电压大电流的主电路内,广泛使用电空接触器。

$DF_{4B}$ 型内燃机车使用的电空接触器有两种型号:TCK3-820770(1C～6C、ZC)型和 TCK-800770 型(1RZC～6RZC)。

1C～6C:分别用于牵引电动机的供电电路。

ZC:用于电阻制动工况下牵引电动机的励磁电路。

1RZC～6RZC:分别用于电阻制动扩展电路的转换。

**(二)结　　构**

TCK-820770 型电空接触器的结构如图 4-20 所示,它主要由触头系统、灭弧装置、电空传动机构等部件组成。

**(三)动作过程**

当电空阀有电时,从低压风缸来的低压空气经由电空阀进入传动风缸,推动活塞和活塞

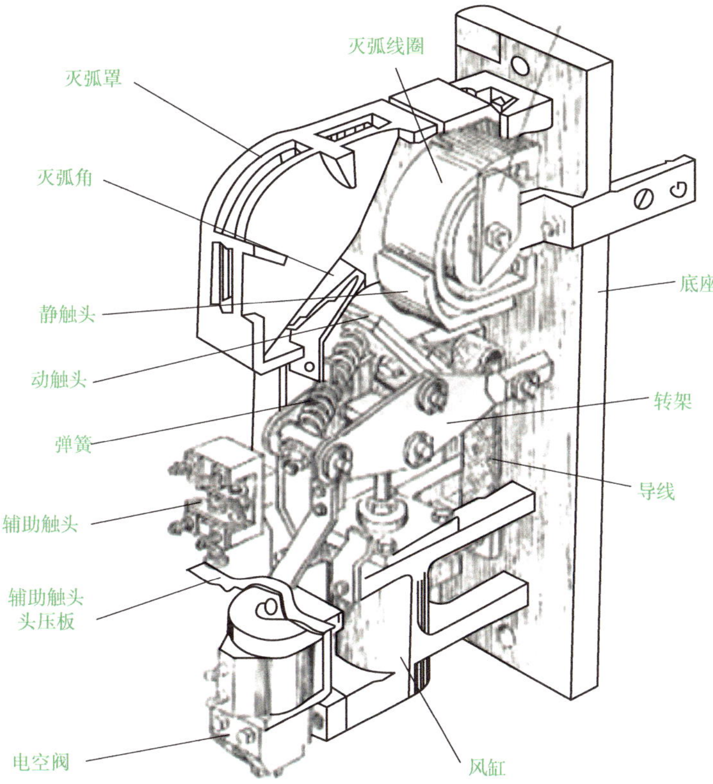


图 4-20　电空接触器结构

杆向上移动(克服复原弹簧和摩擦阻力)，活塞杆带动转架并以圆柱销为轴心，作顺时针方向转动，动触头组件也随之作顺时针方向旋转，直到动触头与静触头接触。动、静触头接触后，转架继续绕圆柱销顺时针方向旋转，由于静触头固定不动，迫使动触头组件逆时针方向旋转压缩触头弹簧，动、静触头产生研磨过程。同时，装在转架上的辅助触头滑板上移，使辅助触头作相应动作。

当电空阀失电时，传动风缸内的压缩空气经由电空阀排到大气中，在开断弹簧的作用下，活塞和活塞杆复原，主触头断开。此时在主触头间产生的电弧被电磁力拉向灭弧室，在灭弧室内熄灭。

## 六、磁场削弱接触器

### (一)作　　用

DF4B 型内燃机车上装有两台磁场削弱接触器(1XC、2XC)，用于接通或断开与牵引电动机励磁绕组并联的两级磁场削弱电阻电路。磁场削弱接触器属于组合式电器。采用组合式电器不仅能保证多条电路同时动作的一致性，而且可以减少电器台数，减轻机车电器设备重量与耗铜量。

### (二)结　　构

磁声削弱接触器主要由电空驱动装置、主触头系统、辅助触头系统等组成，磁场削弱接触器结构如图 4-21 所示。

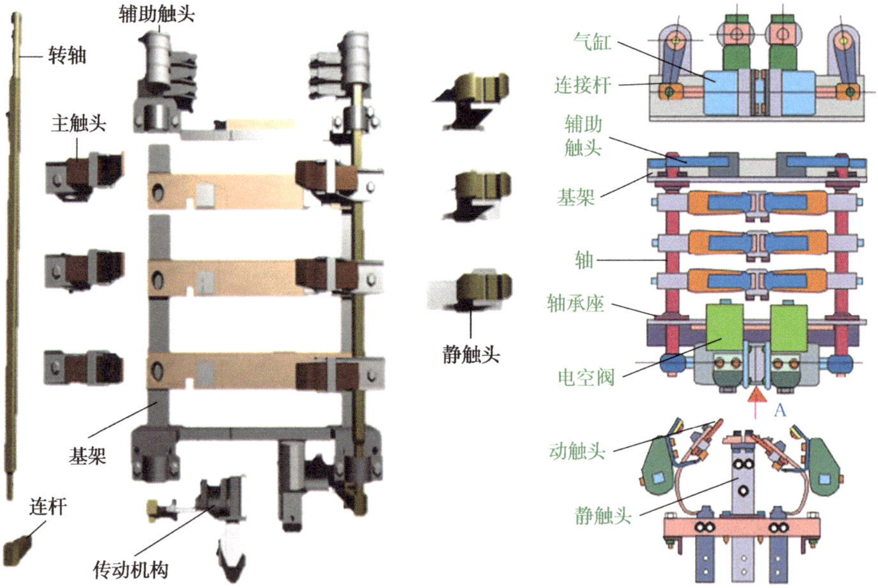


（a）磁场削弱接触器总体　　（b）磁场削弱接触器结构

图 4-21　磁场削弱接触器结构

对称布置的两个电空阀分别控制左、右两个气缸风路，传动杆带动连动杆，连动杆又各自带动一根方轴。每根方轴上并列固定着三个动触头支架，每个动触头支架上装有动触头和触头弹簧。方轴上端还固定有动作杆，用它来驱动辅助触头组件。由于磁场削弱电阻上的压降很低，又是阻性负载，故该接触器不带灭弧装置。

**(三)动作过程**

当电空阀线圈有电时，压缩空气进入气缸，活塞克服复原弹簧的弹力驱动传动杆运动，传动杆带动连动杆使方轴转动，方轴带动动触头支架及动触头一起转动，使主触头闭合。与此同时，方轴上的动作杆也使辅助触头系统动作，进行相应的闭合与断开。当电空阀失电时，关闭了风缸的进风通路，压缩空气排出风缸，在复原弹簧作用下，方轴反向旋转，主触头断开。

1XC 的 6 对主触头，分别控制前 3 台牵引电动机的两级磁场削弱。2XC 的 6 对主触头分别控制后 3 台牵引电动机的两级磁场削弱。当其中一个电空阀线圈有电时，使一侧 3 对主触头闭合，同时完成 3 台牵引电动机的一级磁场削弱；当另一个电空阀线圈有电时，使另一侧 3 对主触头闭合，完成这 3 台牵引电动机的二级磁场削弱。

## 七、转换开关

**(一)作　用**

$DF_{4B}$ 型内燃机车上使用了 4 台转换开关(1HKf、2HKf、1HKg、2HKg)，均为电空驱动式组合电器，其结构完全相同，只是接入电路中的控制对象不同。其中 1HKf、2HKf 用于改变机车前进与后退的运行方向，称为前进—后退方向转换开关。1HKg、2HKg 用于改变机车牵引与电阻制动的运行工况，称为牵引—制动工况转换开关。

### (二)结　　构

DF4B 型内燃机车采用 THK6 型转换开关，结构如图 4-22 所示。THK6 型转换开关采用平面对称布置结构，以上下盖板分界，下盖板下方为电空驱动机构，上下盖板之间为主触头，上盖板上方为辅助触头。

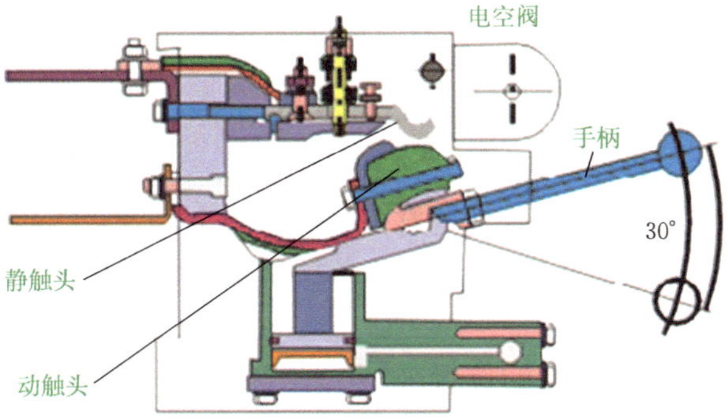


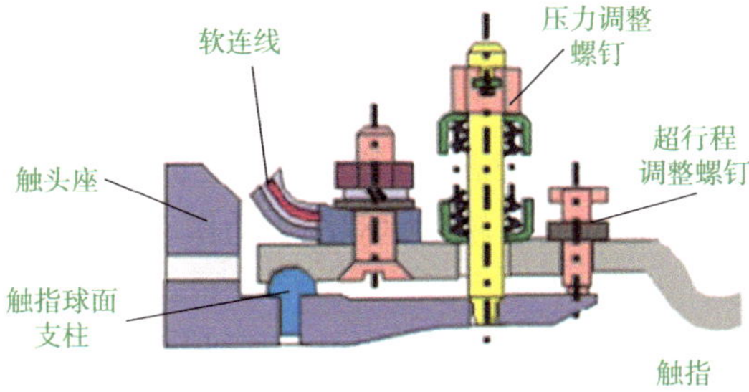


图 4-22　THK6 型转换开关结构

主触头系统为转鼓式结构，两侧布置，分为动触头和静触头系统。动触头系统由绝缘鼓、触鼓、软连线及引出线组成，触鼓通过绝缘鼓安装在转轴上。静触头系统由触指、触头座、软连线及引出线组成，触指固定在触头座上。主触头压力可通过压力调节螺母进行调节，主触头超程可通过超行程调节螺钉进行调节。

辅助触头沿圆周布置，共 12 个，由转轴上的凸轮控制。

电空传动装置由电空阀和气缸组成。气缸采用单气缸双工作面结构，由气缸体、气缸盖、皮碗、双向活塞杆组成。

转换开关有两个工作位置。左侧电空阀有电时，压缩空气进入左侧风缸，推动活塞杆右移，带动转轴顺时针方向(俯视)转动，使左侧主触头断开，右侧主触头闭合；右侧电空阀有电时，与此相反。在两个电空阀无电时，可通过手柄将转换开关扳至中间状态，此时所有主触头均处于断开状态，便于查找故障。

## 八、司机控制器

### (一)作　　用

司机控制器(SK)是司机用来操纵机车的一种组合式手动电器。DF4B 型内燃机车采用的是无级调速司机控制器。

### (二)司机控制器结构及其各部分功能

图 4-23 无级调速司机控制器结构

无级调速司机控制器的结构如图 4-23 所示,它主要由控制装置、换向装置、定位装置和机械联锁装置等组成。

1. 控制装置

(1)组　成

控制装置由控制(主)手柄、主轴、主凸轮组、触头组件等组成。控制手柄有 0、1、降、保、升 5 个工作位置,通过主轴带动开有不同缺口的主凸轮组驱动触头动作。

(2)作　用

控制装置通过改变控制手柄的位置来改变柴油机的转速和功率。在牵引工况下,可以改变机车的牵引力和速度;在制动工况下,可以控制电阻制动的功率。

2. 换向装置

(1)组　成

换向装置由换向手柄、换向轴、换向凸轮组等组成。换向手柄有前制、前进、0、后进、后制 5 个工作位置,通过换向轴带动换向凸轮组驱动触头动作。

(2)作　用

通过改变换向手柄的位置来控制转换开关的电空阀线圈电路,以得到机车前进、后退、前制、后制与中立 5 个工况位。

3. 定位装置

(1)组　成

定位装置由定位轮、摇臂、滚子、弹簧组成。弹簧作用在摇臂上,摇臂绕轴逆时针方向旋转,使滚子压住定位凸轮的下凹处,达到准确定位的目的。

(2)作　用

为了使凸轮轴能准确地停在每个工作位置上,在主凸轮轴和换向凸轮轴上均装有定位装置。控制手柄在 0、1、保三个位置上,当司机的手离开控制手柄时,控制手柄能停住;当控制手柄在降、升位置时,手一离开,控制手柄立刻自动恢复到保位。

4. 机械联锁装置

(1)组　成

机械联锁装置由联锁凸轮、滚柱、定位板等组成。

(2)作　用

为了确保机车运行中操纵的安全,在控制手柄与换向手柄之间加装了机械联锁装置。换向手柄只能在控制手柄处于 0 位时才能变换位置,保证机车在主电路无电状态下变换运行工况,避免带电变换运行工况;控制手柄只能在换向手柄处于非中立位时才能变换位置,保证确定了运行工况后才能行车;换向手柄只能在中立位时才能取下,这就保证了取下换向手柄后,控制手柄只能保持在 0 位而不能向其他位置扳动,起到钥匙的作用。

## 九、中间继电器

中间继电器是一种控制电器，主要由线圈、铁芯、磁轭、衔铁、触头等组成。DF4 型内燃机车上装有 5 个中间继电器(1ZJ～5ZJ)，1ZJ 用于机车平稳启动，防止高手柄位起车；2ZJ 接受水温继电器 WJ 控制，用于柴油机冷却水温度保护；3ZJ 用于柴油机高转速机油压力保护；4ZJ 接受差示压力计 CS 控制，用于柴油机曲轴箱防爆保护；5ZJ 用于故障励磁。

与接触器相比，继电器的触头容量小，没有灭弧装置；能反应多种信号，用途广泛。

继电器按用途分为两类，一类是控制继电器，如过渡继电器、中间继电器、时间继电器等；另一类是保护继电器，如空转继电器，接地继电器等。

继电器由测量机构和执行机构组成。测量机构为电磁机构，用以接收输入信号，执行机构为触头，它与输出端相连，用以接通或断开被其控制的电路。

### (一)作　　用

中间继电器(ZJ)是一种控制继电器，它主要起着增加触头数目或提高被控电路功率的作用。DF4B 型内燃机车上装有 6 只中间继电器，分别为 1ZJ～5ZJ、YZJ。它们主要用途分别是：

1ZJ 用于机车平稳；

2ZJ 接受水温继电器的控制，用于柴油机冷却水温保护；

3ZJ 用于柴油机大负荷运转时润滑油压保护；

4ZJ 接受差示压力计的控制，用于柴油机防爆保护；

5ZJ 用于故障励磁；

YZJ 接受预热锅炉温度继电器控制，用于预热时水温保护。

### (二)结　　构

中间继电器结构如图 4-24 所示，中间继电器由驱动装置与触头系统两部分构成。继电器触头数目可在一定范围内根据其用途和需要选定，目前 DF4B 型内燃机车所配的中间继电器均装有 3 对常开触头、2 对常闭触头。由于触头数目较多，因此驱动装置采用具有较陡吸力特性的拍合式电磁机构，以获得较大的电磁吸力。驱动装置由铁芯、吸力线圈、磁轭、衔铁组成。

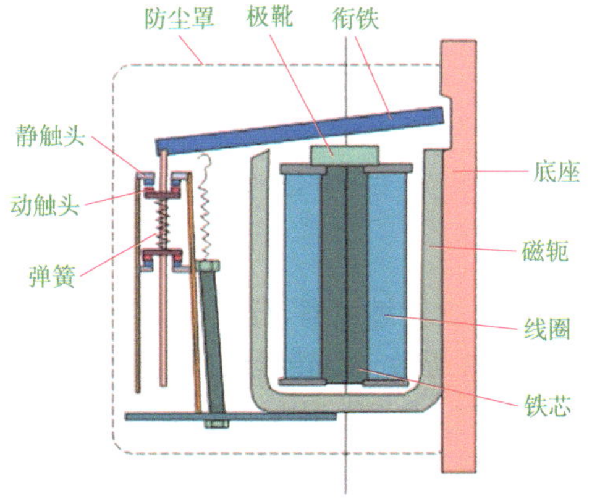


图 4-24　中间继电器结构

**(三)动作过程**

1. 当吸力线圈流过电流时,该电流将建立一磁场,衔铁在电磁力作用下克服复原弹簧的弹力而被吸向铁芯,驱动触头动作,使常开触头闭合,常闭触头断开。

2. 当线圈失电时,电磁铁磁性消失,在复原弹簧的作用下,衔铁释放,其常开、常闭触头的状态复原。

中间继电器在无电释放状态下其动触头架尾杆将伸出罩外;反之电器有电动作时尾杆将缩入罩内,因此,尾杆的位置可用于作为中间继电器是否动作的标志。

## 十、空转继电器

**(一)作　用**

空转继电器(KJ)是一种保护继电器,用于机车动轮发生空转时,向司机发出警告信号,以便采取措施及时消除空转。

**(二)结构及动作过程**

空转继电器结构如图 4-25 所示。继电器的测量机构是一螺管式电磁机构,执行机构为触头。当流过线圈的电流达到 0.5 A 时,动铁芯在电磁吸力的作用下,克服复原弹簧的反作用力而被吸向静铁芯,从而使常开触头闭合,空转信号灯亮;当空转继电器线圈中电流减小至 0.4 A 时,在复原弹簧的反力下,空转继电器释放,常开触头断开。松开锁螺,旋动螺杆可以改变动、静铁芯之间的工作气隙大小,以调整空转继电器的动作电流值。

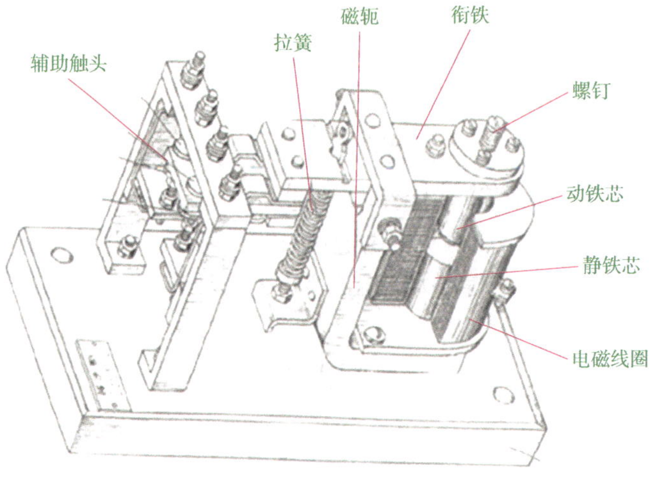


图 4-25　空转继电器结构

**(三)保护原理**

$DF_{4B}$ 型内燃机车上装有 3 个空转继电器,分别对 1D～6D、2D～3D、4D～5D 轮对进行空转保护,空转保护原理如图 4-26 所示。空转继电器线圈两端分别跨接于牵引电动机电枢绕组与励磁绕组之间。当无空转时,由于牵引电动机励磁绕组电阻值近似相等,且各牵引电动机电流基本相等,故 1D 和 6D 励磁绕组电压降几乎相等,即 $U_a \approx U_b$,1KJ 线圈中没有电流流过,电器处于释放状态。当某一动轮发生空转时(如 1D 空转),1D 转速升高,反电势随之增大，电流减小，励磁绕组电压降减小，从而出现励磁绕组电压降的差值电压($U_a<U_b$)，使 1KJ 线圈中有电流自 $b$ 点流向 $a$ 点。当该差值电压达到 2.2 V 时，流过 1KJ 线圈电流达到 0.5 A，继电器常开触头闭合，空转信号灯 3XD 亮，向司机报警。

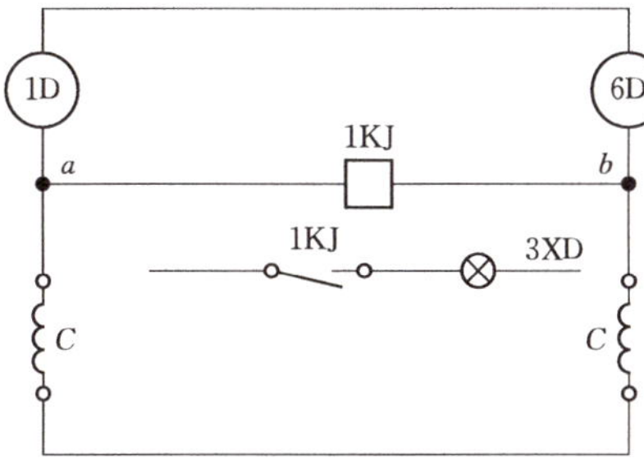


图 4-26　空转保护原理

## 十一、接地、过流、制动过流继电器

### (一)作　　用

接地继电器(DJ)、过流继电器(LJ)、制动过流继电器(ZLJ)都是保护电器。接地继电器用于主电路的接地保护；过流继电器用于牵引工况时主电路的过电流保护；制动过流继电器用于电阻制动工况时主电路的过电流保护。

### (二)结构及动作过程

接地、过流、制动过流继电器结构相同，且与空转继电器结构相似，只增加了机械锁闭装置，接地继电器结构如图 4-27 所示。测量机构为一螺管式电磁机构，其执行机构是触头。当线圈中流过的电流达到其动作值时，动铁芯在电磁力作用下，克服开断弹簧的反作用力而被吸向静铁芯，驱动触头动作。在继电器吸合过程中，锁块刃部沿闭锁杆向右滑动，滑至其顶端时在锁扣弹簧的作用下闭锁杆向下移动，锁块被锁止在闭锁杆的端接处。这时，当线圈失电时，即使有开断弹簧的反作用力，但因闭锁杆与锁块相扣锁，动铁芯也不能释放。只有人为向上扳动解锁杆，解脱锁块后，在开断弹簧的作用下，衔铁与动铁芯逆时针转动，继电器才能复原。

### (三)保护原理

1. 主电路接地保护原理

所谓“地”，在机车上即车体、车架以及与之相连的导电物体。所谓主电路“接地”，即主电路的绝缘损坏处与“地”相连。从理论上讲，主电路只有一点接地并不会造成危害，但存在事故隐患。若出现两点接地，则容易造成主电路短路，使牵引发电机因电流过大而烧损。

主电路接地保护工作原理如图 4-28 所示。接地保护装置主要由接地继电器 DJ、接地开关 DK、接地整流组 4ZL 等组成。DJ 线圈一端经过 4ZL 接地，另一端经过 4ZL 和 DK 运转位与牵引发电机三相绕组的中点相连。当主电路出现一点接地，例如 $m$ 点接地时，假设 $D_2$ 相电势最大，电路为 $D_2$ 相→$1C_{主}$→$m$ 点→179→$Z_2$→DJ 线圈→$Z_1$→DK→$O$ 点→$D_2$，且流过 DJ 线圈中的电流达 0.5A 时，DJ 动作，其常开触头闭合，接通接地信号灯电路；其常闭触头断开，切断励磁接触器线圈电路，使牵引发电机失去励磁而停止发电，柴油机卸载。

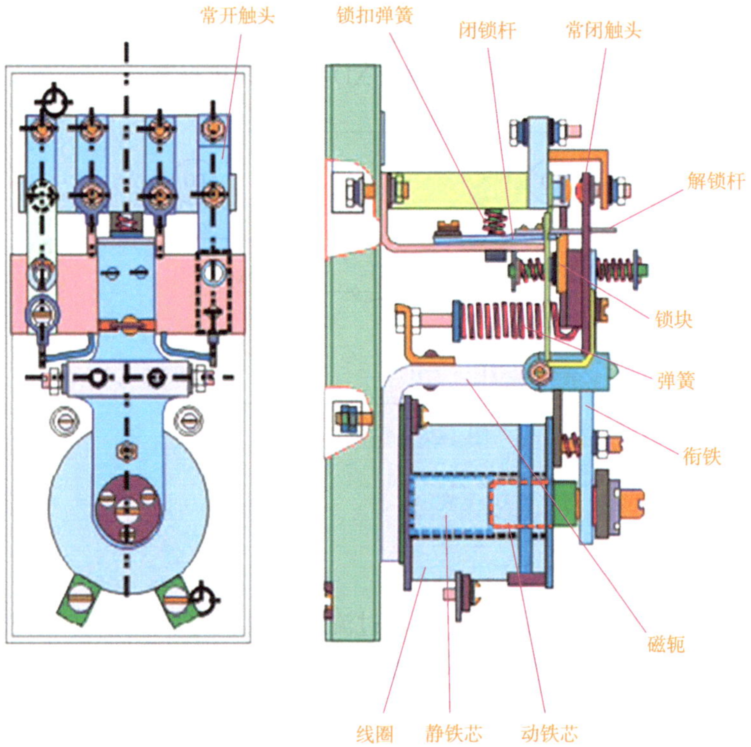


图 4-27　接地继电器结构

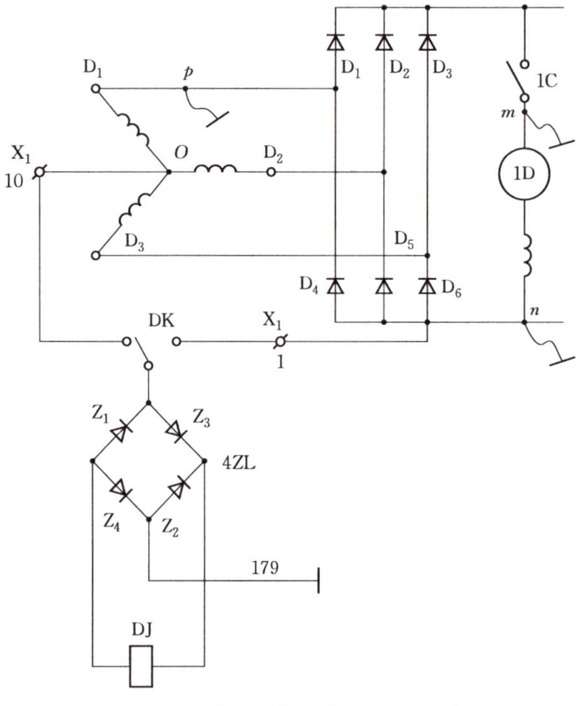


图 4-28　主电路接地保护原理电路

2. 过流继电器保护原理

过流保护原理电路如图 4-29 所示。过流保护装置主要由电流互感器 1LH、2LH、过流整流装置 3ZL 和过流继电器 LJ 组成。两个电流互感器原副边之间的变比为 5 000/5。当主电路直流输出电流达到 6 500 A 时，流过 LJ 线圈的电流达 6.5 A，过流继电器动作，其常开触头闭合，接通过流信号灯 5XD 电路；常闭触头断开，切断励磁接触器线圈电路，使牵引发电机失去励磁而停止发电，柴油机卸载。

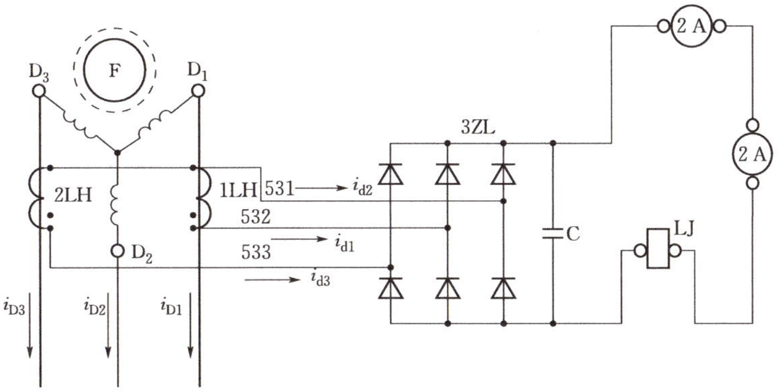


图 4-29　过流保护原理电路

3. 制动过流继电器保护原理

DF4B 型内燃机车设有电阻制动装置，电阻制动时牵引电动机改为发电机工况，发出的电能消耗于制动电阻上。为了防止电阻制动时主电路电流过大，故设制动过流保护电路。

制动电流信号取自制动电阻 5RZ。当流过 5RZ 的制动电流达 600 A 时，ZLJ 线圈电流为 100 mA，ZLJ 动作：其常开触头闭合，接通制动过流信号灯 8XD 电路；同时常闭触头断开电阻制动控制箱电源电路，从而切除牵引电动机励磁，停止电阻制动。

## 十二、水温继电器

### （一）作　用

水温继电器（WJ）是一种保护继电器，用于防止柴油机冷却水温度过高。当柴油机冷却水温超过 88 ℃时动作，通过中间继电器 2ZJ，切断励磁接触器线圈电路，牵引发电机无励磁停止发电，柴油机卸载。

### （二）结构及动作过程

水温继电器结构如图 4-30 所示。它由测量机构和执行机构组成。其执行机构为触头。其测量机构是一个能将温度信号转换为压力信号的驱动装置，主要由温包、波纹管、拉伸弹簧及杠杆等组成。杠杆的一端挂于拉伸弹簧上，另一端由推杆支撑，并可绕刀支架转动。动触头弹片固定在杠杆上部的拨臂上。温包通过金属毛细管与波纹管相通，温包中封装有易蒸发的感温液体（丙酮），金属毛细管外壁缠有金属丝软管，以免机械损坏。当冷却水温升高时，丙酮蒸发，通过金属毛细管传递到波纹管室内，波纹管受压缩，推杆上移顶动杠杆，杠杆克服拉伸弹簧的拉力绕刀支架逆时针转动。拨臂驱动动触头弹片变形，当冷却水温达到 88 ℃时突变，即 WJ 常开触头突然闭合，接通中间继电器 2ZJ 线圈电路，2ZJ 常闭触头切断励磁接触器线圈电路，使柴油机卸载。

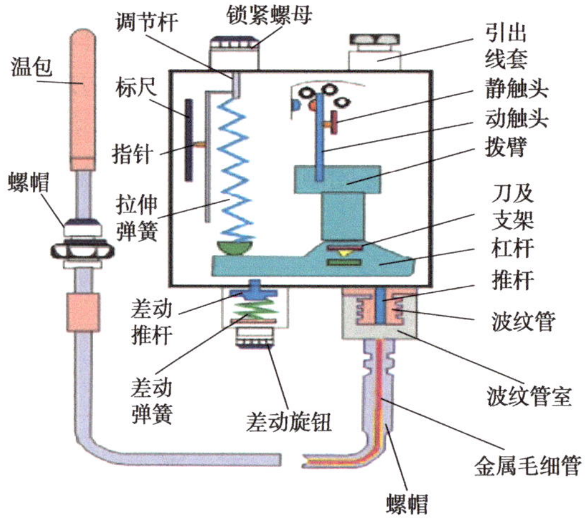


图 4-30　水温继电器结构

水温继电器动作值可通过旋动调节杆，改变弹簧的拉伸程度来调节，其拉伸程度在温度标尺上显示出来。水温继电器选自通用的 WT-1226 型温度调节器。该调节器设有差动调节装置。当旋动旋钮时，改变了弹簧的压缩程度，从而改变了触头闭合与断开的温度差值。机车上只要求冷却水温达到 88 ℃时动作，差动旋钮一般不用，置于 0 位。

## 十三、油压继电器

### （一）作　　用

油压继电器（YJ）是一种保护继电器。当柴油机和增压器的滑油压力低于规定值时，油压继电器动作，使柴油机卸载或停止运行，以免因润滑不良而损坏柴油机。

### （二）结构及动作过程

油压继电器结构如图 4-31 所示。由测量机构和执行机构组成。其执行机构是微动开关。测量机构是油压发送器，主要由作用室体、波纹管、调整弹簧等组成。作用室下部通过机油管与柴油机主机油道相连通，作用室体内充满了机油，当柴油机机油压力达到一定数值时，波纹管被压缩上移的力大于调整弹簧、微调弹簧的弹力时，推动支托上移，通过钢球顶起传动板使之顺时针转动，传动板上螺栓顶开微动开关，使油压继电器常开触头闭合，接通相应电路。当机油压力低于规定值时，常开触头切断有关电路，对柴油机和增压器进行保护。

$DF_{4B}$ 型内燃机车装有四个油压继电器共 1YJ～4YJ，其中 1YJ、2YJ 的作用是当机油压力低于 80 kPa 时，1YJ、2YJ 的触头切断电磁联锁 DLS 线圈电路，使柴油机停机。3YJ、4YJ 的作用是柴油机在大负荷运转时，若油压力低于 160 kPa 时，通过中间继电器 3ZJ，切断励磁接触器线圈电路，使柴油机卸载。

## 十四、差示压力计

### （一）作　　用

差示压力计（CS）是一种保护电器，用于防止柴油机曲轴箱内压力过高引起的爆炸。

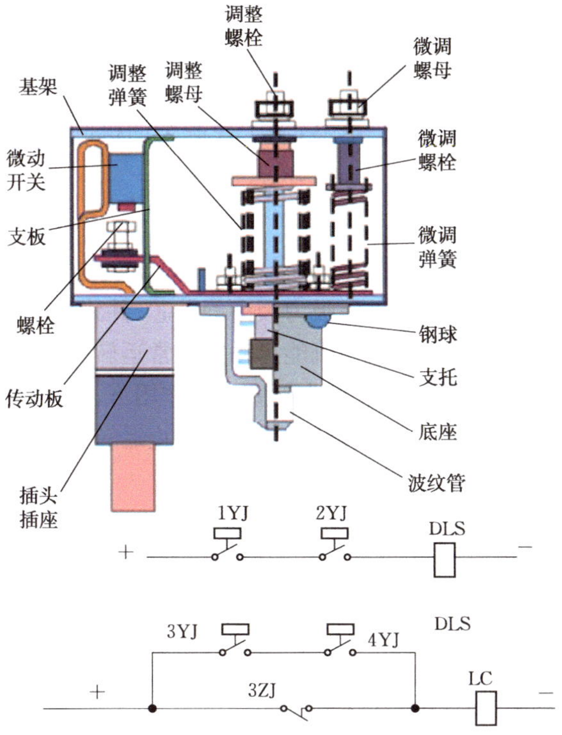


图 4-31　油压继电器结构

**(二)结构及动作过程**

差示压力计的结构如图 4-32 所示。它是一个 U 形有机玻璃管,内盛染红的食盐水。U 形管一端通大气,其上插入两根金属针;另一端通到柴油机曲轴箱内。柴油机正常工作时,两根金属针在液面之上,互不接通,即 CS 触头断开;当柴油机曲轴箱内压力超过 0.6 kPa 时,U 形管中通大气端食盐水液面升高,使两根金属针与液面接触,即 CS 触头闭合。CS 通过 4ZJ 执行保护功能,一方面接通差示压力计信号灯电路,向司机发出警告信号;另一方面切断 DLS 线圈电路,使柴油机停机。

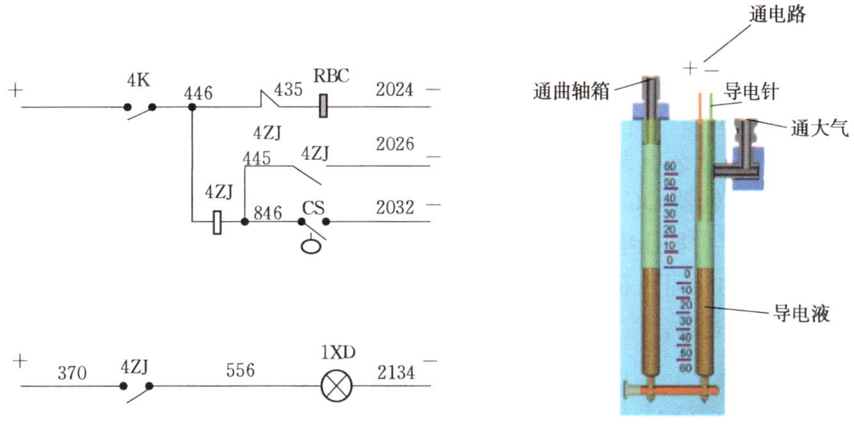


图 4-32　差示压力计结构

## 十五、电磁联锁

### (一)作　　用

电磁联锁(DLS)是一种控制、保护电器,用于控制柴油机的运转或停机,它属于联合调节器上的自动停车装置。

### (二)结构及动作过程

电磁联锁的结构及控制原理如图 4-33 所示,其测量机构是螺管式电磁机构,执行机构是个油阀。当线圈通电后,动铁芯被电磁吸力吸向静铁芯,并将推杆下移,关闭油阀,使联合调节器动力活塞下方能够建立油压,柴油机能启动或正常运转;当线圈断电时,动铁芯复原,油阀开启,使动力活塞上下油路沟通,在动力活塞弹簧作用下,动力活塞下降,并通过柴油机调控系统将喷油泵供油齿条拉到停油位,柴油机迅速停止运转。

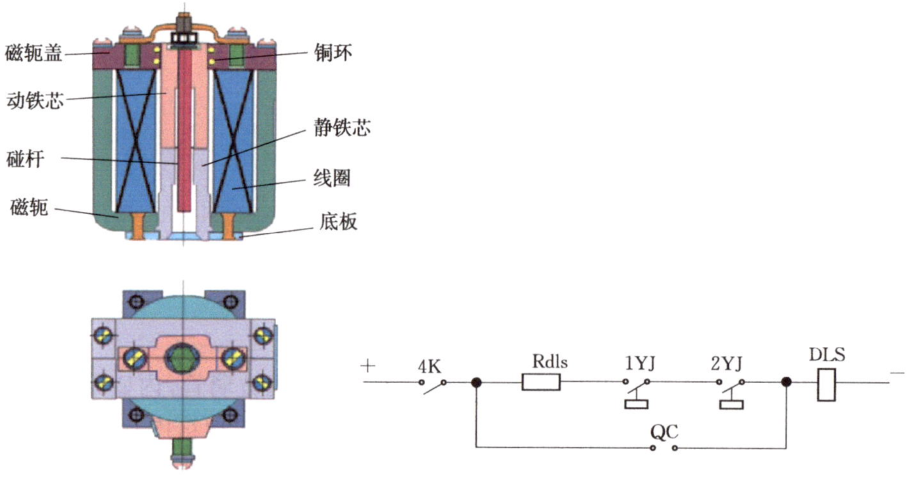


(a) 电磁联锁结构　　(b) 电磁联锁控制原理

图 4-33　电磁联锁结构及控制原理

## 十六、无触点电器

DF4B 型内燃机车上使用的无触点电器有时间继电器、电压调整器、过渡装置、无级调速驱动器等。

### (一)时间继电器

DF4 型内燃机车上装有两个结构相同而调定值不同的延时吸合时间继电器 1SJ、3SJ。1SJ 用于控制启动接触器 QC 延时(45～60 s)吸合,3SJ 用于控制 2ZJ 延时(8～10 s)吸合。

时间继电器主要由稳压电源延时触发电路和晶闸管等组成。它是利用电容充电达到单晶管峰点电压所需的时间来获得规定延时,该时间长短可通过电位器进行调节,顺时针旋转延时加长,反之延时缩短。

### (二)电压调整器

1. 电压调整器的功用

电压调整器 DYT 用于自动调节启动发电机的励磁电流,使启动发电机在较大的转速变化范围内无论是空载还是满载，其输出电压均保持于(110±2) V。内燃机车上装用的电压调整器有 T674 型和 8Q6 型两种。DF4B 型内燃机车电压调整器的连接如图 4-34 所示。

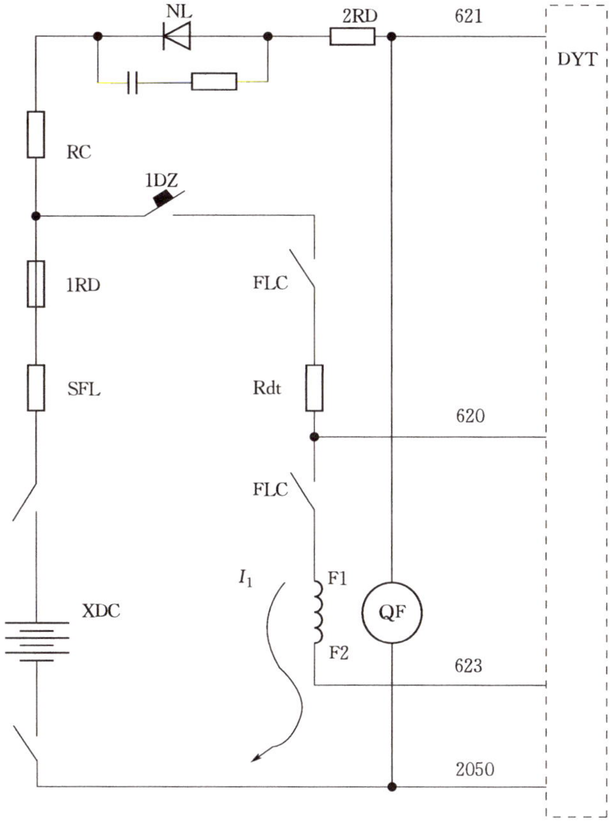


图 4-34　电压调整器的连接

2. T674 型电压调整器

T674 型电压调整器电路如图 4-35 所示。

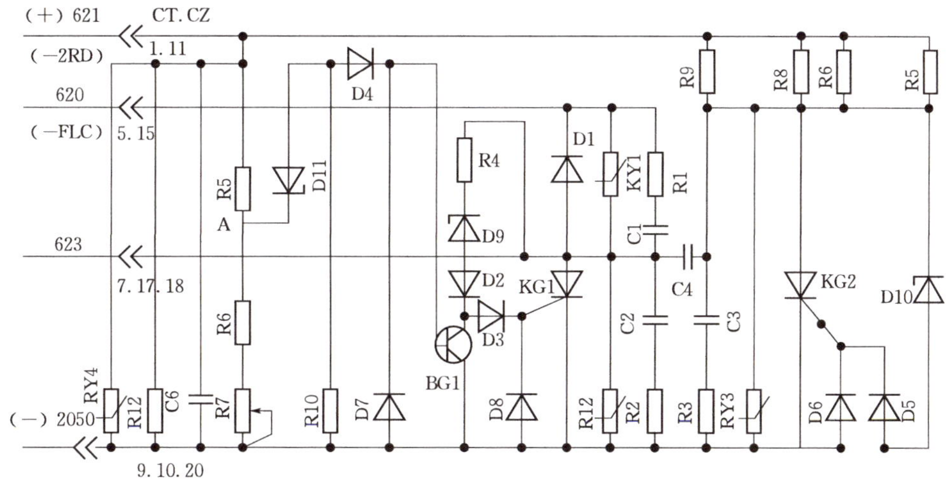


图 4-35　T674 型电压调整器电路

T674 型电压调整器中采用了可控硅 KG1 导通，KG1 的触发电压由三极管 BG1 提供。

当启动发电机 QF 电压低于 110 V，测量电路 R5 和 R6 之间的 A 点电位低，即三极管 BG1 输入低，其输出高，正好提供 KG1 触发电压，KG1 获得触发信号而导通，QF 获得励磁电流使电压上升，同时也为关断 KG1 做好准备。

当启动发电机 QF 电压高于 110 V，测量电路 R5 和 R6 之间的 A 点电位高，三极管 BG1 输出低，KGl 已无控制极电压，当发电机电压升高到使 D10 被击穿时，KG2 有了控制极电流，阳极是 C4 的正电位，所以，KG2 导通，C4 向 KG1 放电，放电电流与原头的正向电流(励磁电流)方向相反，当正向电流小于可控硅的维持电流时，KG1 关断，发电机电压下降。

当启动发电机 QF 电压低于 110 V 时，又重复上述过程，发电电压总是在 110 V 上下波动，当转换频率很高时，启动发电机 QF 输出电压 $U_{QF}$ 便稳定于(110±2) V 范围内。

3. 8Q6 型电压调整器

图 4-35 中的导线 623 号和 2050 号之间的接通与否，在 T674 型电压调整器中是用可控硅来完成的，而在 8Q6 型电压调整器中是用三极管来完成的。8Q6 型电压调整器的电路如图 4-36 所示。

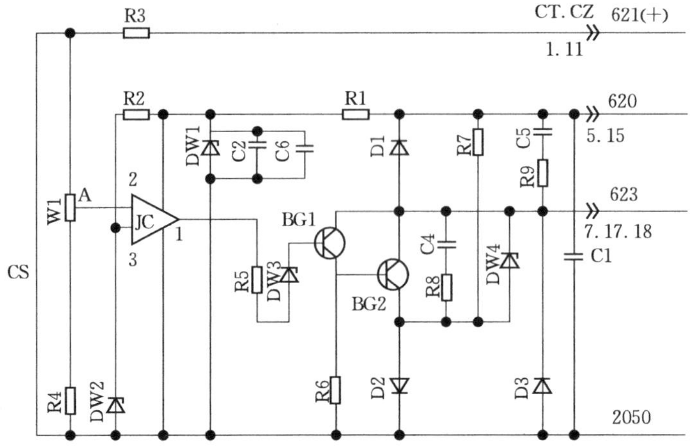


图 4-36 8Q6 型电压调整器的电路

图中 R3、W1、R4 是测量电路，用来测量发电机电压的高低，当发电机电压高时，A 点电位也高，反之亦然。A 点电位的高或低直接反映到集成运算放大器(JC)的管脚 2。运算放大器的管脚 3 靠稳压管 DW2 得到一个基本不变的电压。若运算放大器管脚 2 的电位低于管脚 3，运算放大器输出高电位(管脚 1 输出)，三极管 BG1、BG2 导通，623 与 2050 号导线相通，有励磁电流，发电机电压升高。反之若 JC 的 2 脚电位高于 3 脚电位，运算放大器输出低电位，三极管不导通，发电机电压下降。

所以，当启动发电机电压低于 110 V 时，A 点电位低于同相输入端(管脚 3)，运算放大器输出(管脚 1)高电压，此电压通过 R5 和非线性电阻 DW3 加到三极管 BG1 的基极上，BG1 的基极电流就大，集电极电流也大，所以电阻 R6 两端电压就高，R6 两端电压高，BG2 基极电流就大，也就是 BG2 是导通的，集电极与发射极之间的电阻很小，所以发电机励磁电流大，电压上升。

当电压上升到大于 110 V 时，A 点电位高于放大器 3 脚的电位，放大器反相输出，管脚 1 输出低电位，三极管 BG1、BG2 均不导通，发电机电压下降。

此外，运算放大器的直流电源是靠电阻 R1 和稳压管 DW1 组成的稳压电源供给的。DW2 和 R2 组成的稳压电路给放大器 JC 的 3 脚提供一个基准电压。

DF4B 型内燃机车上装有两套电压调整器。当一套电压调整器故障时，可断开 5K，将加装电压调整器的转换开关从原装位拨至加装位，闭合加装电压调整器上的自动开关，闭合 5K，用另一套电压调整器控制 QF 输出电压。

**（三）过渡装置**

过渡装置的作用是根据测速发电机提供的信号，自动控制牵引电动机的磁场削弱。

为了扩大机车恒功率运行速度范围，充分利用功率，除专用调车机车外的其他型内燃机车上，均安装了磁场削弱装置。磁场削弱的控制有自动和手动两种方法。手动控制是通过搬动转换开关来实现的，而自动控制是通过过渡装置或微机实现的。

DF4B 型内燃机车采用了两级磁场削弱，其自动控制是通过过渡装置完成的。该过渡装置由监测装置、晶体管开关电路、执行继电器等组成。

**（四）无级调速驱动器**

无级调速驱动器与司机控制器、传动机构组成无级调速装置。

司机控制器主手柄控制步进电机的转向和开停，通过伞形齿轮，再带动蜗轮、蜗杆使联合调节器塔形弹簧发生变形，控制配速活塞的上升与下降，从而调节柴油机的转速。

步进电机 BD 需要三相电脉冲才能转动，其转动方向取决于三相电脉冲的相序，转速取决于三相电脉冲的频率。无级调速驱动器的作用就是将机车上 110 V 直流电源转换成可控三相脉冲电源，供步进电机使用，控制柴油机转速。

无级调速驱动器主要由低压直流电源、脉冲发生器、环形分配器、防干扰和保护电路等组成。脉冲发生器发出使步进电机顺时针转动或逆时针转动的升速或降速脉冲信号后，经环形分配器（控制步进电机三相绕组通断电规律，以实现步进电机的正传、停止、反转），使步进电机按“三拍制”方式向励磁绕组供电，从而使电机转子转动。

无级调速驱动器升、降速脉冲的发出由司机控制器主手柄操纵 SK7 号、SK8 号触指控制。SK7 号触指称为升速触指，此触指闭合时，驱动器中升速脉冲发生器发出升速脉冲，最终使柴油机升速；此触指断开时，则停止发出升速脉冲，柴油机停止升速。SK8 号触指称降速触指，此触指断开时，驱动器中降速脉冲发生器发出降速脉冲，使柴油机降速；此触指闭合时，则停止发出降速脉冲，柴油机停止降速。

当司机控制器主手柄在 0、1、降位时，SK7 号、SK8 号触指均不闭合，降速脉冲发生器不断向环形分配器发出降速脉冲，使步进电机不停地逆时针旋转，通过伞形齿轮、蜗轮、蜗杆，使配速活塞上移，柴油机转速下降。随着蜗杆的上升，最低转速限制螺钉插入蜗杆底面的限制小孔，涡轮受阻不再转动，步进电机欲反转而转不动，柴油机在最低转速运转。

当主手柄移至升位时，SK7 号、SK8 号触指均闭合，SK8 号触指闭合停止降速脉冲发生器工作，而 SK7 号触指闭合使升速脉冲发生器工作，不断向环形分配器发出升速脉冲，使步进电机不停地顺时针旋转，配速活塞下移，柴油机转速上升，直至最高转速限制螺钉插入蜗杆顶面的限制小孔，柴油机保持最高转速运转。

当主手柄置保位时，SK7 号、SK8 号触指断开，SK8 号触指闭合，升、降速脉冲发生器均不工作，环形分配器既无降速脉冲也无升速脉冲，步进电机处于“锁死”状态，配速活塞稳定在某一位置，柴油机也稳定在某一转速下运转。

无级调速装置的最终目的是使步进电机旋转，经伞形齿轮、蜗轮的传递，转换成蜗杆升降速运动，并控制联合调节器配速活塞的升或降。由于步进电机的步距角很小（只有 3°或 1.5°），经伞形齿轮、蜗轮、蜗杆变速后，对配速活塞的升降行程的影响很小，而且只要停止发出升降速脉冲，步进电机就可稳定停留在任何位置，所以能控制柴油机转速，达到无级调节目的。

# 第四节　空气管路及制动系统

在铁路运输中，列车是一高速行驶的大型运输工具，其运行特点要求列车能够随时减速或停车，而安全行车是铁路运输的重要原则，所以列车必须具备良好的制动性能。在铁路各型机车和车辆上都装有制动机，分别称为机车制动机和车辆制动机。司机对制动机的操纵，就是对制动力的适时的调节。

## 一、空气制动机的基本原理

### （一）列车空气制动系统的组成和作用

列车空气制动系统是由机车和车辆空气制动机以及贯通全列车各制动机的列车管组成，列车空气制动机系统组成如图 4-37 所示。

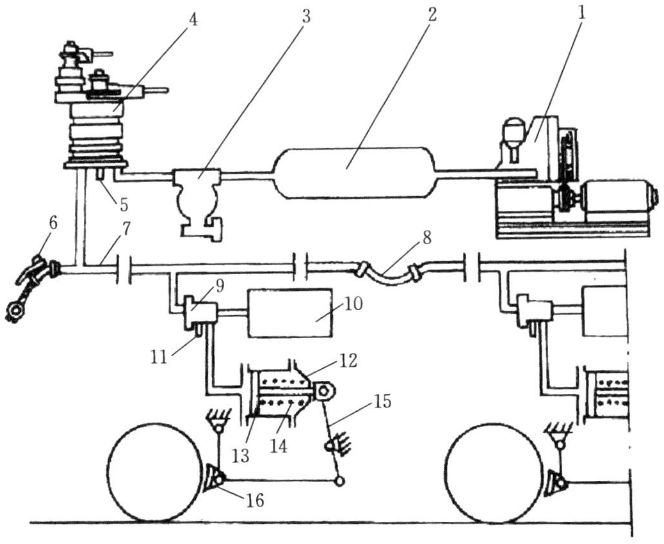


图 4-37　列车空气制动机系统组成

1—空气压缩机；2—总风缸；3—调压阀；4—制动阀；5—制动阀排气口；6—折角塞门；7—列车管；8—制动软管；9—三通阀；10—副风缸；11—三通阀排气口；12—制动缸；13—制动缸活塞；14—制动缸缓解弹簧；15—基础制动装置；16—闸瓦

1. 空气压缩机和总风缸

空气压缩机用来产生一定压力的压缩空气。总风缸用来储存和冷却压缩空气，压缩空气主要供给全列车制动系统使用。

2. 制 动 阀

制动阀是列车制动机的操纵装置。制动时，将列车管的压力空气排入大气；缓解时，将总风缸储存的压力空气送入列车管。司机通过操纵制动阀实现全列车的制动、缓解和保压作用。

3. 调 压 阀

调压阀安装在机车总风缸和制动阀之间，它将总风缸的压力调整为规定的压力，供制动阀缓解时使用。缓解后，当列车管压力泄漏时，可以随时向列车管补充气，使缓解后的列车管始终保持规定压力。

4. 列 车 管

列车管又称制动管，是贯穿全列车的空气管路，它将制动阀产生的压力变化传递到每一节车辆，通过列车管的压力变化，可控制全列车的制动、缓解和保压。

5. 三通阀和副风缸

三通阀是车辆制动机的控制装置(所谓“三通阀”是指其一通列车管、二通副风缸、三通制动缸的空气控制阀)，它直接受列车管压力变化的控制。缓解时，三通阀将列车管的压力空气送入副风缸储存，同时将制动缸的压力空气排入大气；制动时，它将副风缸的压力空气充入制动缸，产生制动作用。

6. 制 动 缸

制动时，制动缸将副风缸充入的压力空气转化为制动力，经基础制动装置作用，使闸瓦压紧在车轮踏面上，利用闸瓦与车轮踏面之间的摩擦力，产生制动作用。

**(二)空气制动机的基本原理**

如今的空气制动机性能比早期的制动机更加完善，结构也更为复杂，但其基本作用原理是相同的，即：向列车管充气时，制动机呈缓解状态；当列车管减压时，则呈制动状态，在列车分离时，能自动停车。空气制动机的工作原理可通过基础三通阀的三个作用位置加以说明。

基础三通阀由主活塞、滑阀、节制阀等组成，外接列车管、副风缸管、制动缸管。基础三通阀作用原理如图 4-38 所示，它有三个作用位置：

1. 充气缓解位

当制动阀手柄放在充气位时，总风缸的压力空气充入列车管并进入三通阀。三通阀主活塞左侧压力升高，推动主活塞带动节制阀和滑阀移至活塞筒的右端，并打开充气沟。列车管的压力空气经充气沟进入滑阀室和副风缸，向副风缸充气直至与列车管压力相等时，充气过程自然停止。同时，滑阀的联络槽将制动缸与三通阀的排气口连通，制动缸内的压力空气经三通阀的排气口排入大气，形成缓解状态。

充气是指当副风缸的压力低于定压时，总风缸压空气经调压阀向列车管及副风缸补充至定压。此时制动缸的压力经三通阀通大气，形成缓解状态。列车在初充气、制动后的再充气以及在正常行驶过程中，三通阀均处在充气缓解位。

2. 制 动 位

当制动阀手柄移放在制动位时，列车管的压力空气经制动阀的排气口排向大气，列车管的压力降低。这种列车管排气过程称为“减压”。列车管压力的降低引起三通阀主活塞左侧的压力降低，则主活塞两侧形成了压力差。主活塞在此压力差的作用下左移，首先关闭充气

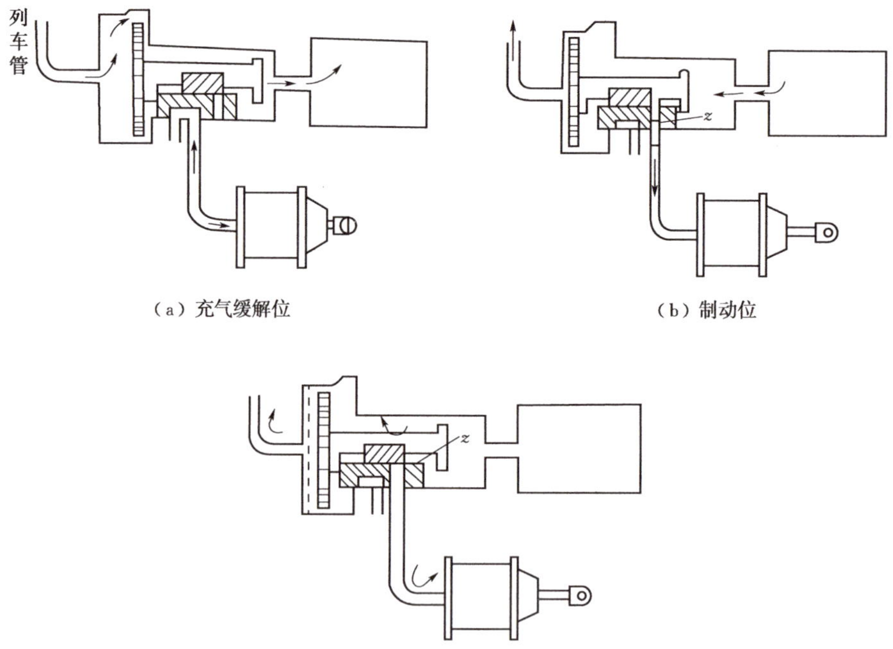


（a）充气缓解位　　（b）制动位

（c）中立位

图 4-38　基础三通阀阀作用原理

沟，同时带动节制阀、滑阀一起左移至极端，使副风缸的压力空气经滑阀上的 z 孔进入制动缸。推动制动缸活塞，经基础制动装置的作用，使闸瓦压紧在轮对踏面上，产生制动作用。

3. 中 立 位

制动后，当制动阀移至中立位时，制动阀的通路全部被遮断。列车管的压力空气既不能由制动阀排出也不能由制动阀充入，因此列车管压力保持不变。起初，三通阀活塞仍然处在制动位，副风缸继续向制动缸充气，使副风缸压力降低，而制动缸的压力增加。直至副风缸压力稍低于列车管压力时，活塞两侧又形成压差，则活塞带动节制阀向右移动一个间隙的距离（滑阀未动），节制阀遮断了滑阀上副风缸与制动缸的通路。副风缸的压力不再下降，制动缸的压力也不再上升，三通阀自动形成中立位。

若列车管再减压时，三通阀活塞两侧又产生压差，再次形成制动位，制动缸压力又上升，三通阀则重复上述制动、保压过程。因此，若需增加列车制动力时，司机只要将制动阀交替置于制动位和中立位，控制列车管压力阶段减压，制动缸压力就会阶段上升，实现列车的阶段制动。

列车管在一定的减压范围内，制动缸压力与列车管的减压量成正比。当列车管减压量达到最大有效减压量时，副风缸压力与制动缸压力达到平衡。此时，制动缸的压力已达到最大值，若再继续减压，制动缸压力也不会再增加。

## 二、JZ-7 型空气制动机

JZ-7 型空气制动机是我国自行设计制造的一种空气制动机。它具有操纵灵活，性能稳定可靠，维修方便等特点。

### （一）JZ-7 型空气制动机的组成及各阀的控制关系

JZ-7 型空气制动机系统主要由空气压缩机、总风缸、调压器、制动阀、中继阀、作用阀、变向阀、紧急制动阀、无动力装置、油水分离器、附加风缸、双针压力表、管道滤尘器、制动缸及各种塞门等组成。另外，为了提高轮轨间的黏着力，在机车上还设有由撒砂开关、撒砂作用阀、撒砂电磁阀、撒砂阀等组成的撒砂系统。JZ-7 型空气制动机主要部件的作用：

1. 单独制动阀——单独操纵机车的制动、缓解和保压作用，它与车辆制动机的状态无关。

2. 自动制动阀——操纵全列车的制动、缓解和保压作用。

3. 中继阀——根据自动制动阀控制的均衡风缸压力变化，控制列车管的充、排气，以实现列车的制动、缓解和保压作用。

4. 分配阀——根据列车管的压力变化控制作用阀的充、排气，以实现机车的制动、缓解和保压作用。

5. 作用阀——受分配阀和单独制动阀的控制，直接控制机车制动缸的充、排气，使机车产生制动、缓解和保压作用。

JZ-7 型空气制动机各阀的控制关系：

（1）自动制动阀→均衡风缸→中继阀→列车管压力变化→车辆制动机。

└→机车分配阀→作用阀→机车制动缸。

（2）单独制动阀→作用阀→机车制动缸（机车在单独制动、缓解时）。

└→工作风缸→分配阀主阀部→作用阀→机车制动缸（在列车制动后机车单独缓解时）。

### （二）JZ-7 型空气制动机的主要特点

1. 客、货车两用。客、货车两用是指 JZ-7 型空气制动机既可以阶段缓解，也可以一次性缓解。当客、货车转换阀在客车位，分配阀转换盖板置于阶段缓解位时，制动机具有阶段缓解的性能；当客、货车转换阀在货车位，分配阀转换盖板置于一次缓解位时，制动机具有一次性缓解的性能。目前，我国的客运和货运车辆大多数是使用一次缓解型的制动机。在 JZ-7 型机车空气制动机使用中，应将客、货车转换阀置货车位，分配阀转换盖板置于一次缓解位置。

2. 自动保压。自动制动阀在制动区（最小减压位—最大减压量位）时，手柄的每一个位置对应一个减压量。制动时，根据自阀手柄所在的位置对均衡风缸进行减压，当均衡风缸的压力等于自阀所在位置对应的压力时，均衡风缸停止减压，实行自动保压。

3. 自阀设有过充位。自阀在过充位时，可以提高列车管的充气速度，缩短列车的初充气和再充气的时间。在过充位，列车管的过充量为高于定压的 30～40 kPa，且列车管的过充量与自阀在过充位置放的时间长短无关。

4. 自阀设有过量减压量位。自阀在该位置时可以使均衡风缸减压 240～260 kPa。当列车管和车辆副风缸发生充风不足时，自阀放至此位置，可以利用车辆副风缸现有的压力空气进行有效的制动。

5. 分配阀采用二压力阀和三压力阀的混合式结构，使制动机既具备阶段缓解性，也具有一次性缓解性能。在紧急制动后，分配阀具有增压的功能。

6. 分配阀的副阀具有局减作用。因此，无论机车在列车中的连挂位置如何，当列车施行小减压量制动时，机车均能产生有效的制动作用。

7. 作用阀具有自动保压的性能。在制动保压后，制动缸有泄漏时能够自动进行补偿，具有良好的制动不衰竭性，同时，机车制动缸的压力不因制动缸的容积或机车在列车中的连挂位置的不同而改变。

8. JZ-7 型空气制动机在结构上采用橡胶膜板、柱塞阀、O 形橡胶密封圈等新型密封方法，提高了密封效果，方便了检修，延长了检修周期，增加了制动机的可靠性。

9. 制动阀的操纵机构采用凸轮结构，制动手柄移动轻便灵活，且减压量不受温度的影响。

JZ-7 型空气制动机各风缸的容积及位置和管号及名称见表 4-1、表 4-2。

**表 4-1 各风缸的容积及位置**

| 名称 | 容积(L) | 位置 |
|---|---|---|
| 总风缸 | 600×2 | 位于走行部燃油箱旁边 |
| 均衡风缸 | 3.6 | 二合一风缸，位于司机座椅地板下方 |
| 过充风缸 | 9 | |
| 工作风缸 | 15 | 位于柴油机左侧油尺旁边 |
| 降压风缸 | 8 | 位于前变速箱万向轴下方 |
| 紧急风缸 | 3 | 二合一风缸，位于前变速箱测速发电机旁边 |
| 作用风缸 | 2 | |

**表 4-2 管号及名称**

| 管号 | 名称 | 管号 | 名称 | 管号 | 名称 |
|---|---|---|---|---|---|
| 1 | 均衡风缸管 | 7 | 过充风缸管 | 14 | 作用风缸管 |
| 2 | 列车管 | 8 | 总风遮断管 | 21 | 紧急风缸管 |
| 3 | 总风管 | 10 | 单独缓解管 | 22 | 分配阀总风支管 |
| 4 | 中均管 | 11 | 单独作用管 | 23 | 工作风缸管 |
| 6 | 撒砂管 | 12 | 制动缸管 | 26 | 降压风缸管 |

## 三、风源系统

压缩空气是内燃机车上各种风动设备和制动机的动力。空气压缩机及其辅助设备是产生和储备具有一定压力和清洁的压缩空气的装置，它包括空气压缩机机组、总风缸、止回阀、油水分离器、安全阀、空气压缩机调压器及无负荷启动电磁阀、空气净化装置等，俗称风源系统。在国产内燃机车上采用 NPT5 型空气压缩机。

两组空气压缩机(简称空压机)所产生的压力空气,经止回阀、油水分离器、干燥装置进入总风缸。为了防止压力空气的倒流和清除压缩空气中的油、水,在总风缸管路上装有止回阀及油水分离器。

在运用中,总风缸压力须保持在750～900 kPa,它是通过空气压缩机调压器自动控制空气压缩机的工作来实现的。空气压缩机调压器用支管接于总风缸上,它将总风缸的空气压力转换为电信号以控制空气压缩机电机的启动和停止,即当总风缸的压力低于750 kPa时,空气压缩机开始工作;当压力上升到900 kPa时,机组停止工作。

往复式空气压缩机在启动时,将有两种阻力:一种是运动机构的惯性力;另一种是气体背压。这两种阻力将使启动扭矩大大增加,易于造成电机的烧损。为了减小机组的启动阻力,采取了两个措施:分别采用无负荷启动或降压启动方式。降压启动方式即电机采用"两级启动",开始慢转3 s,然后加速至额定转速,以减小启动时的惯性力;无负荷启动是在空气压缩机的排气管上,装有无负荷启动电磁阀,使之在启动过程中,将排气管中的压力空气排出大气;或采用DPW阀的方式,空气压缩机停止泵风时排水排气,消除启动时的气体背压。

为防止调压器故障造成总风压力超压,在总风缸管系中设置了总风缸安全阀,安全阀的开启压力调整为950 kPa。

**(一)NPT5型空气压缩机的特点**

在内燃机车上采用的NPT5型压缩机,是三缸、两级压缩、中间空气冷却的活塞式空气压缩机。两级压缩是将空气在低、高压气缸中依次压缩而使压力逐缸增高。中间冷却(级间冷却)是将低压气缸中排出的压力空气,先进入一个中间冷却器,在定压下冷却后,再进入高压气缸继续压缩。这样,不仅可使压缩终了达到规定的较高压力时空气温度不致过高,而且还使整个压缩过程所消耗的外功减小。

为防止止回阀损坏引起中间压力过高,在中冷器集气箱上装有低压安全阀,其调整压力为450 kPa,在使用中当一级压力超过450 kPa时,安全阀开启,一方面将超压的空气排出,另一方面其喷气音响会引起乘务员注意,以便采取措施。

**(二)NPT5型空压机的构造**

1. 固定机构

固定机构主要有机体、气缸等部件。机体是安装曲轴、气缸等部件的基础,呈箱体结构,下部盛有润滑油,两端轴承座孔装入曲轴轴承。一个高压气缸、两个低压气缸由电机端顺置立式排列,用气缸盖经螺栓紧固在箱体上。箱体后端上方设有加油堵,下方设有放油堵,两侧面装有油位表,侧盖上有通气孔,后上方装有油压表。

2. 运动机构

运动机构主要有高、低压活塞及其连杆和曲轴等部件。有一个高压活塞和两个低压活塞,每个活塞上有四道气环起密封作用,一道油环起除油、布油作用。连杆大端与曲轴连接,小端与活塞连接,将曲轴的圆周运动变为活塞的往复运动。连杆内部从大端到小端设有直径6 mm的油道,使油泵的压力油润滑活塞销和气缸。曲轴由两套滚动轴承支撑在箱体上,三个曲轴颈在轴向平面互成120°,以平衡旋转时产生的惯性力。曲轴体中钻设的直径6 mm的油道,用以将润滑油从油泵引入到连杆轴瓦和活塞销中。

3. 进、排气系统

进、排气系统主要由气缸盖,进、排气阀等组成。气缸盖将 3 个气缸组装起来,并在进气口处与空气滤清器连接。气缸盖内铸出高、低压进、排气通路。高、低压进、排气阀阀片在压力空气或其弹簧作用下开启或关闭。

4. 冷却系统

冷却系统主要由中间冷却器和冷却风扇等组成。中冷器由上、下集气箱和散热管组成。两个低压气缸排出的压力空气,由上集气箱流入,经两个往返冷却后汇集至下集气箱再进入高压气缸。冷却风扇通过三角皮带接在电机与空压机的联轴器皮带轮上,在空压机工作时,冷却中冷器、气缸和气缸盖。

5. 润滑系统

润滑系统主要由齿轮式油泵和润滑油路组成。当曲轴转动时,带动油泵工作,使主动齿轮带动从动齿轮旋转。润滑油在油泵内建立油压,由出油孔进入曲轴油道,分三路润滑轴颈、气缸壁、活塞销和活塞,并利用活塞上、下行程时,飞溅润滑气缸壁和轴承,然后落入机体下部油池。

6. 附属设备

附属设备主要由油浴式空气滤清器、低压安全阀等组成。空气滤清器接在气缸盖的进气口上,新鲜空气须经滤清器滤清后,方可进入气缸。中冷器下集气箱上装有低压安全阀,其调整压力为 450 kPa,超压的空气由此排出减压,并发出音响提示司机及时采取措施。

**(三)空气压缩机工作原理**(泵风过程)

电机驱动空气压缩机曲轴转动,活塞经连杆随曲轴作上、下往复运动。当低压活塞下行时,活塞上顶面形成真空,进气阀弹簧被压缩,阀片吸开。空气经滤清器、进气阀口进入活塞上顶面。排气阀片在其弹簧(及低压空气)作用下落座关闭阀口。当活塞停止下行时,进气阀片在其弹簧作用下落座关闭阀口。当活塞上行时,缸内空气在密闭的容器中被压缩,压力(密度)增大。当压力超过排气阀弹簧(及低压空气)压力时,推开排气阀片,增压(及低压)空气进入中冷器。经上下两个往返冷却后,低压空气进入高压气缸,进行与低压过程相同的高压压缩。高压气缸排出的高压空气经止回阀进入总风缸。

**(四)风源净化装置**

压缩空气在机车上作为制动及各气动机械的动力源,是必不可少的工作介质。而压缩空气质量的好坏将直接影响机车运行的安全可靠。

空气是由氮、氧等气体和水蒸气、尘埃等组成的混合物,在经过空气压缩机压缩后成为压缩空气的过程中,又使混合物中增加机械磨损粉末和润滑油蒸气。压缩空气再流经管路系统时,又有焊渣、铁锈等机械杂质混入。因此在管路系统中的压缩空气存在着固态的机械杂质、液态的水和油、气态的水蒸气和油蒸气,这些物质存在在压缩空气中的多少就是衡量压缩空气质量的主要指标。

1. 油水分离器

从空压机输出的压力空气中,除含有水分外,还混夹有空压机润滑油和其他机械杂质。为了防止油水杂质进入空气装置发生故障,在空压机与第一总风缸之间的管路上装有油水分离器,将空气中所含油、水、杂质分离出来,并经排污塞门排出,以提高供气质量。

油水分离器主要由上体、下体、导向器滤网、芯柱、挡罩、弹簧及排污塞门等组成。

油水分离器的作用：压力空气由进风端进入导向器外侧空间，由于导向器外部螺旋形导向片，使空气形成旋流状态，在离心力的作用下，使油、水和杂质沿筒体内壁落入挡罩下部空间。空气受挡罩阻挡折回导向器内侧，经滤网再次过滤后由出风端流出。滤网上附着的油、水、杂质则沿挡罩流入下部空间。

乘务员应经常打开排污塞门排污，并定期对滤网进行更换。

2. 双塔型空气干燥装置

双塔型空气干燥装置主要由干燥筒进气阀、排气阀、出气止回阀、电空阀及电控器等主要部件组成。双塔型空气干燥装置的主要指标：

工作压力：500～1 000 kPa；

吸附剂（干燥剂）：球型高效耐水硅胶或活性氧化铝；

再生方式：无热常压，再生耗气率(15±3) %；

工作方式：双塔交替，可间歇或连续工作；

控制方式：电气、机械联合自动控制。

(1)空气干燥筒

空气干燥筒是一个筒状容器，上部为筒盖，中部为筒体，下部为封头。干燥筒上设有三个对外通道口，其中进气法兰口连接空气压缩机，受进气阀控制；出气法兰通往总风缸，受出气止回阀的控制；接头体通大气，受排气阀控制。

干燥筒的内部装有吸附剂，用压紧弹簧通过盘状出气滤网压实，以防止吸附剂在气流作用下颗粒之间自由摩擦形成粉末。在向干燥筒内填装或添加吸附剂时，打开干燥筒盖，取出压紧弹簧和出气滤网，将吸附剂由筒口加入。取出吸附剂时，可从干燥筒下部拆下接头体，抽出进气滤筒，吸附剂颗粒便可自由流出。

(2)进 气 阀

进气阀是控制两个干燥筒进气的机构，安装于两个干燥筒的进气连接筒上。阀体内部装有一个连动式的双阀口活塞阀，控制着三条通道，阀体两端部阀盖上的管口连接来自电空阀的控制风管，控制风无论从哪端进入阀体，另一端的阀口打开，可以开通进入另一干燥筒的进气通道。由于两个干燥筒的进气口受双阀口活塞阀的连锁控制，本端不可能进入吸附状态。

(3)排 气 阀

排气阀是控制干燥筒“再生”排气的机构，安装于干燥筒底部的接头体上。

阀体内设有一个受电空阀控制的活塞阀，上盖上的管口，通过接头体通往干燥筒。管座上的管口是排泄阀的排泄口，可安装消音器或排气管道。

排气阀的开启和关闭，受来自电空阀的控制风操纵。当电空阀得电供气时，控制风由阀体上的进气口进入活塞的下方，将活塞连同阀抬起，开启排气阀口，使干燥筒通大气并进入再生状态。当电空阀失电排气时，活塞下方的控制风经由电空阀排出，活塞受弹簧的作用下移，关闭排气阀口，切断干燥筒到大气的通路，使干燥筒进入吸附状态。

(4)出气止回阀

出气止回阀是防止总风缸压力空气向干燥筒逆流的机构。安装干燥装置有两个结构完全相同的止回阀，分别控制着两个干燥筒的出气口。干燥筒在吸附状态时，筒内压力高于总风压力，止回阀被顶起，干燥空气经阀口流入总风缸，干燥筒在再生状态时，因筒内为大气压力，止回阀关闭，阻止总风向干燥筒逆流。

在阀体的安装面上，设有一条通气沟槽，沟槽通两个干燥筒的再生孔，构成一条通常的“再生气路”。在工作中，处于吸附状态的干燥筒的干燥空气一小部分将由此通道流入再生筒，对吸附剂进行再生。再生空气的流量受再生孔的限制，再生孔是根据干燥筒的处理能力来选配的。

(5)电 控 器

电控器(或称时控器)是控制双塔式干燥装置交替工作的核心。电控器根据机车空气压缩机工况信号，转变为控制执行机构动作的指令，使两个干燥筒按一定的程序交替工作。

①结　　构

电控器由机芯和机盒组成，机芯将电路板、安装板、面板组成一体，可从框式机盒内整体取出。面板上设有两个指示灯，分别显示转换电空阀的得电或失电状态。盒体下方设有电源开关、电源插头、熔断器以及两组(每组两根)输出线。电源插头外接 DC 110 V 正、负电源线和控制线 VK。熔断器内装有 0.5 A 管式熔丝。两组输出线分别连接在干燥筒上的两转换电空阀(电空阀Ⅰ、电空阀Ⅱ)上。

②功　　能

机车空气压缩机的工况是随机变化的，当这些工况以电信号(通电、断电)的形式由控制线输入电控器后，经过电控器的逻辑处理，变成有规律的“指令”输出，并通过电空阀来操纵干燥装置上的机械阀动作，构成“电气—机械”控制系统，使两个干燥筒按一定的程序交替工作，并具有定时转换、提前失电、时间累计、状态记忆、时间参数控制等功能。

(6)电 空 阀

电空阀是电控器的执行机构，电控器以“供电”和“断电”来控制其工作。同时电空阀又以“充入”和“排出”控制风来操纵各机械阀动作，当电空阀得电时，下阀口开启，控制风进入各机械阀。当电空阀失电时，下阀口关闭，切断控制风源，同时，上阀口开启，将原进入各机械阀的控制风排向大气。

(7)DPW 型电磁排污阀

排污阀设置在油水分离器的排污管路上，用以自动排出油水分离器中积聚的油、水和污物。DPW 型电磁排污阀由电空阀和排污阀组合而成。电空阀为控制机构，排污阀为执行机构。排污阀的工作与机车空气压缩机的工作密切配合。空气压缩机工作时，排污阀为关闭状态；当空气压缩机停止工作时，则为开启状态。一般接在空气压缩机的启动接触器或中间继电器“常闭”辅助接头上。设置在总风缸前的 DPW 型电磁排污阀在空气压缩机停止工作时开启，还可使电磁阀无负荷启动。

(8)排气消音器

该消音器与干燥装置上的排气阀配套使用，以降低干燥再生筒再生排气的噪声。消音器通过专用接头安装在排气阀的排气口上。

(9)干燥装置的作用

双塔型干燥装置的工作，是由风泵调压器来控制的，它能将机车上的总风缸压力转变为电空信号。当总风压力低于某一设定值(750 kPa)时，调压器发出“通电”信号；当总风压力达到另一设定值(900 kPa)时，调压器发出“断电”信号。电控器在接受调压器的信号后，转而输出控制电空阀的电信号，并通过电空阀来操纵进气阀、排气阀的动作，干燥筒根据其进气阀和排气阀所处的作用位，将形成以下几种状态：

①停机状态：排气阀关，进气阀随机位。

②吸附状态：排气阀关，进气阀开。

③再生状态：排气阀开，进气阀关。

④充气状态：排气阀关，进气阀关。

3. 调 压 器

调压器又称压力开关，其用途是自动控制空压机的工作，使总风缸内空气压力经常保持在规定的范围以内。704 型调压器结构及工作原理如图 4-39 所示。

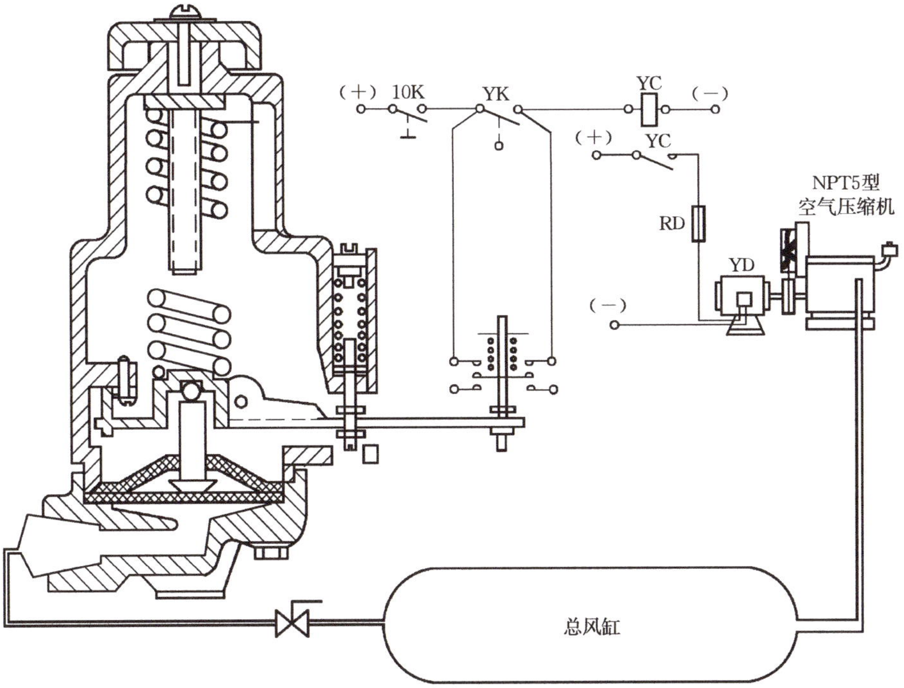


图 4-39　704 型调压器结构及工作原理

将总风缸的空气压力信号转变为电信号，以控制空压机驱动电机主接触器线圈电路的闭合或断开，从而实现空压机的运转或停转。

当总风缸空气压力低于调定的(750 kPa)压力时，调压器接通空压机驱动电机主接触器线圈电路，使空压机运转泵风。

## 四、中 继 阀

中继阀是接受自阀控制，直接操纵制动管压力变化的装置。它根据中均室即均衡风缸风压的变化，操纵制动管的充风或排风，从而实现列车的缓解或制动。

中继阀的主要特性：自阀手柄在过充位，能使制动管比定压高 30～40 kPa，而不会引起过量供给。自阀手柄由过充位回运转位，制动管的过充压力可自动、缓慢地消除，而不会引起自然制动。自阀常用制动后，如客货车转换阀手柄在货车位，制动管不能保压；在客车位，制动管可保压，并可随均衡风缸阶段增加，实现阶段增压。

中继阀由总风遮断阀、管座和双阀口式中继阀 3 部分组成。中继阀结构原理如图 4-40 所示。

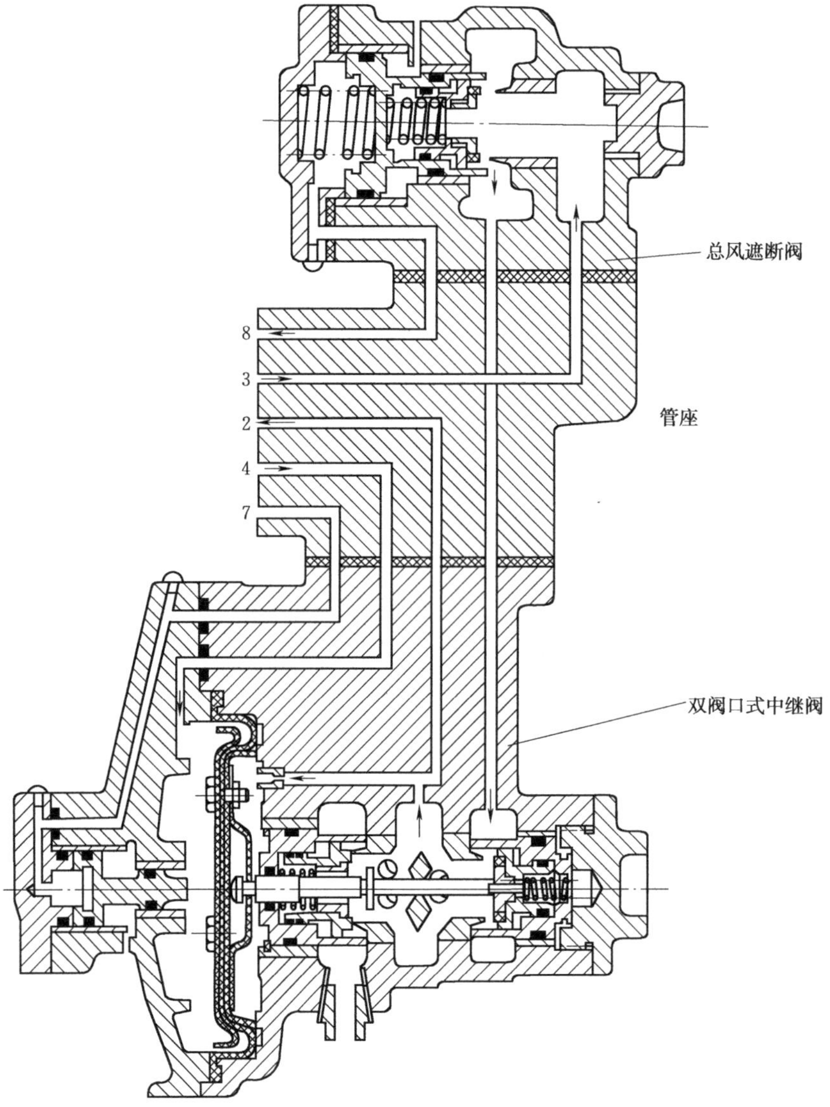


图 4-40　中继阀结构原理

2—列车管；3—总风缸管；4—中均管；7—过充管；8—总风遮断阀管

1. 总风遮断阀

总风遮断阀是开启或关闭总风源的执行装置。它根据总风遮断阀管内有无压力空气，控制总风遮断阀的关闭或开启，以切断或开通总风源。

(1)构　　造

总风遮断阀主要由阀体、阀盖、阀座、螺盖、遮断阀及其弹簧和阀套及其弹簧等组成。总风遮断阀有两种作用状态。

(2)作　　用

①当 8 号管内无压力空气时，为开启状态，如图 4-41(a)所示，遮断阀右侧的总风压力推动阀套压缩其弹簧左移至左端，遮断阀离开阀座，阀口开启，总风经阀口向供气阀室供风。

②当 8 号管内有压力空气时，为关闭状态，如图 4-41(b)所示，阀套左侧的弹簧压力大于右侧的总风压力，推动阀套及遮断阀右移至右端，遮断阀落座关闭阀口，切断总风与供气阀室的通路。

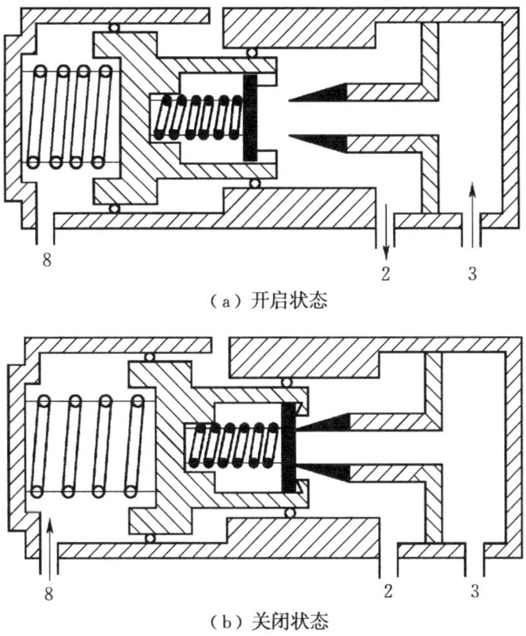


图 4-41　总风遮断阀作用原理

2. 管　　座

管座是双阀口式中继阀和总风遮断阀的安装座。管座上设有五根风管的连接孔。

3. 双阀口式中继阀

(1)用　　途

根据中均室即均衡风缸的空气压力变化，操纵制动管的充风或排风，实现列车的缓解或制动。

(2)构　　造

双阀口式中继阀为二压力机构，主要由阀体、阀座、阀盖、活塞及其膜板、顶杆、过充柱塞、供气阀及其弹簧和排气阀及其弹簧等组成。

(3)作　　用

①充气位，如图 4-42(a)、图 4-42(b)所示，自阀手柄在运转位充风或均衡风缸增压时，总风经自阀调整阀向均衡风缸充风，经重联柱塞阀 1 管通 4 管向中均室充风，推动活塞及顶杆右移，顶杆右端推供气阀压缩其弹簧离开阀座供气阀口开启。总风遮断阀开启时，总风经供气阀口向制动管充风，经缩口向膜板右侧充风以控制中继阀动作，并经顶杆端部及供气阀中心孔向其弹簧侧充风，使其能随顶杆动作呈充气位。

自阀手柄在过充位时，如图 4-42(b)所示，总风除经自阀调整阀、重联柱塞阀使双阀口式中继阀呈充气位外，还经缓解柱塞阀 3 管通 7 管向过充柱塞左侧充风，使其右端部顶在活塞左侧，增加了活塞左侧的控制压力，能使制动管充风比定压高 30～40 kPa(总风 750 kPa 时为 30 kPa；900 kPa 时为 40 kPa，其间为 30～40 kPa)。

在充气位，当中均室停止增压、过充柱塞压力一定时，随膜板右侧及制动管逐渐增压，推动活塞及顶杆逐渐左移，供气阀也在其弹簧作用下随之逐渐左移，供气阀口逐渐减小。

②制动位，如图 4-42(c)、图 4-42(d)所示，自阀常用制动时，中均室随均衡风缸减压，膜板右侧制动管压力空气推动活塞及顶杆左移。顶杆凸台使排气阀压缩其弹簧离开阀座，阀口开启，制动管和供气阀室及供气阀弹簧侧的压力空气经阀口及排风口排向大气，膜板右侧压力空气也经缩口随之排向大气，呈制动位。

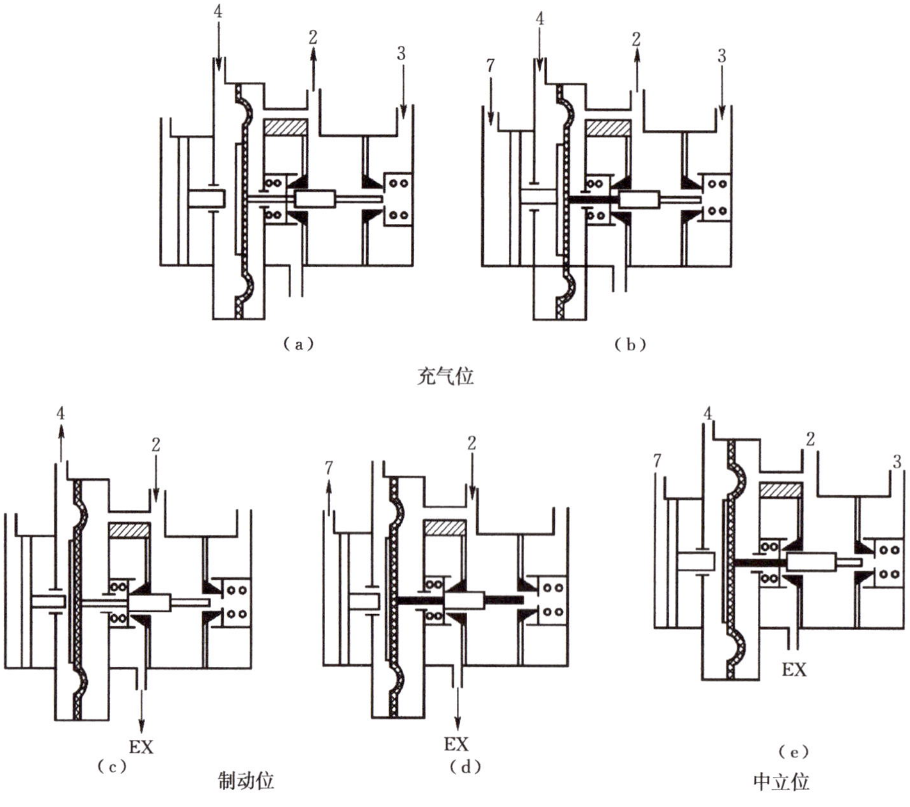


图 4-42　双阀口式中继阀作用原理

充气位：(a)—自阀手柄在运转位充风时或均衡风缸增压时；(b)—自阀手柄在过充位充风时。

制动位：(c)—自阀常用制动时；(d)—自阀手柄由过充位回运转位，消除过充压力时。

中立位：(e)—缓解后中立位；制动后中立位；自锁时。

当中均室停止减压后，随膜板右侧及制动管风压逐渐降低，活塞及顶杆逐渐右移，排气阀也在其弹簧作用下随之逐渐右移，阀口逐渐减小。

自阀手柄由过充位回运转位时，如图 4-42(d)所示，缓解柱塞阀切断了 3、7 总风通过充柱塞的过充压力控制风源，过充风缸、过充柱塞左侧及过充管内的压力空气可经过充风缸上 0.5 mm 的小孔缓慢排向大气，双阀口式中继阀活塞右侧制动管的压力空气推动活塞及顶杆左移呈制动位，制动管的过充压力空气缓慢排向大气。

由于过充压力的控制压力空气缓慢排向大气，制动管及膜板右侧的过充压力空气也随之缓慢排向大气，不会产生制动作用。

③中立位，如图4-42(e)所示，当活塞两侧压力平衡时，活塞处于中间位置，顶杆既不顶供气阀，也不推排气阀。供、排气阀在其弹簧作用下，落座关闭阀口，既不充风也不排风，呈中立位。

保压状态：自阀手柄在1位，如制动管低于均衡风缸和过充柱塞压力，自阀手柄在2位；如制动管低于均衡风缸压力，中继阀呈充气位，总风向制动管补风，待压力平衡后又呈中立位。

自阀手柄在3、4位常用制动或5位过量减压制动后，中继阀由制动位回至中立位，如制动管泄漏低于中均室即均衡风缸压力，中继阀呈充气位，如客货车转换阀手柄在客车位总风遮断阀开启时，总风可向制动管补风，待压力平衡后呈中立位，即制动管可以保压；如客货车转换阀手柄在货车位，总风遮断阀关闭总风源，尽管中继阀呈充气位，总风也不能向制动管补风，即制动管不能保压。

自锁状态：自阀手柄在后2位，由于重联柱塞阀将2管与4管相连，使中继阀膜板活塞两侧相通，压力平衡，中继阀不能动作，呈自锁状态。

## 五、自动制动阀

自动制动阀主要由阀体与管座、手柄与凸轮、调整阀、放风阀、重联柱塞阀、缓解柱塞阀和客货车转换阀等组成。

1. 阀体与管座

阀体：

阀体是连接自阀各部件的主体，体内装有调整阀、放风阀、重联柱塞阀、缓解柱塞阀和客货车转换阀。

管座：

管座在阀体下面，为自阀的安装座。管座上有9个管口，接有9根管。分别编有代号，即：1—均衡风缸管；2—制动管；3—总风缸管；4—中均管；6—撒砂管；7—过充管；8—总风遮断阀管；10—单独缓解管；11—单独作用管。

2. 手柄与凸轮

手柄与凸轮为自阀的操纵机构，手柄一端套装在凸轮轴上，凸轮轴上装有4个凸轮，凸轮盒上部装有定位盖板，设有6个凹槽用以定位，上部仅留1个缺口，以限定手柄只有在手柄取出位方可装入或取出。

手柄：

手柄有7个作用位置：1位为过充位；2位为运转位；3位为最小减压位；4位为最大减压位；3～4位之间为制动区；5位为过量减压位；6位为手柄取出位；7位为紧急制动位。

凸轮：

凸轮轴上装有调整阀凸轮、放风阀凸轮、重联柱塞阀凸轮和缓解柱塞阀凸轮。

操纵手柄移动，手柄使凸轮轴带凸轮转动，以改变凸轮半径，从而使作用在凸轮上的柱塞相应地左移或右移，沟通或切断相关通路，以产生需要的制动或缓解作用。

3. 调 整 阀

(1)用　　途

自阀调整阀是列车缓解、常用制动的控制机构，它可控制均衡风缸风压变化，并通过中继阀控制制动管的充风或排风，从而实现列车的缓解或制动。

(2)构　　造

调整阀为橡胶膜板密封、柱塞双向阀结构,其结构原理如图 4-43 所示。

调整阀主要由调整手轮、调整阀盖、调整弹簧、调整阀膜板、调整阀座、调整柱塞和供、排气阀及其弹簧等组成。在构造上,供气阀弹簧要比排气阀弹簧硬。

调整阀主要有 3 条通路:供气阀右侧通总风缸;左侧通均衡风缸和经缩口通调整阀膜板右侧;排气阀左侧通大气。

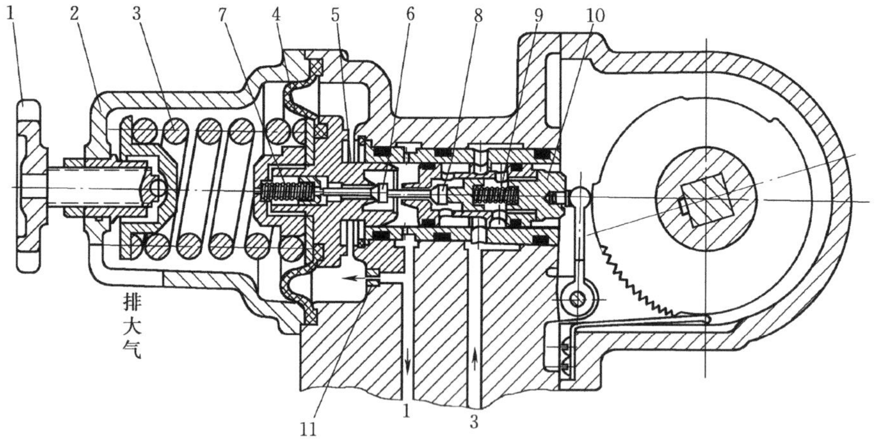


图 4-43　自阀调整阀结构原理

1—调整手轮;2—调整阀盖;3—调整弹簧;4—调整阀膜板;5—调整阀座;6—排气阀;7—排气阀弹簧;8—供气阀;9—供气阀弹簧;10—调整阀柱塞;11—缩口风堵

调整阀凸轮有 3 个作用半径,关系柱塞在调整阀内的作用位置,决定着在调整弹簧压力确定后膜板右侧的空气压力。手柄在 1、2 位凸轮半径最大,对应均衡风缸为定压(500 kPa 或 600 kPa);在 3～4 位凸轮半径逐渐减小,3 位对应均衡风缸减压量为 50 kPa,凸轮圆周上对应 3～4 位有 12 个齿槽,每个齿槽相对均衡风缸减压量递减 10 kPa,并利用定位卡齿通过齿槽产生的感觉提示司机。4 位对应均衡风缸减压量为 170 kPa;5～7 位凸轮半径最小,对应均衡风缸减压量为 260 kPa。

(3)作　　用

自阀调整阀作用原理如图 4-44 所示,调整阀有四种工作状态。

①充气状态

自阀手柄由 5→4→3 位得到不同升程,在 1、2 位,凸轮得到最大升程,凸轮推动柱塞左移相应距离。初充风时,由于调整弹簧的强大阻力,再充风时由于调整阀座两侧压力平衡,阀座暂保持不动,排气阀及供气阀受阻也不能动。而柱塞的左移,使供气阀离开阀座,阀口开启。总风经阀口、1 管向均衡风缸充风,并经缩口向膜板右侧充风,呈充气状态,如图 4-44(a)所示。

当自阀手柄停止左移,凸轮及柱塞作用在调整阀座及调整弹簧压力一定时,随充入均衡风缸和膜板右侧空气压力的逐渐增高,推动阀座压缩调整弹簧逐渐左移,排、供气阀也在供气阀弹簧作用下随之逐渐左移,供气阀口逐渐减小。

②充气后保压状态

当膜板右侧及均衡风缸风压与凸轮及柱塞在阀内所处的作用位置决定的压缩调整阀座及其弹簧压力相等,即阀座、排、供气阀与柱塞左移距离相等时,供气阀落座关闭阀口。总风停止向均

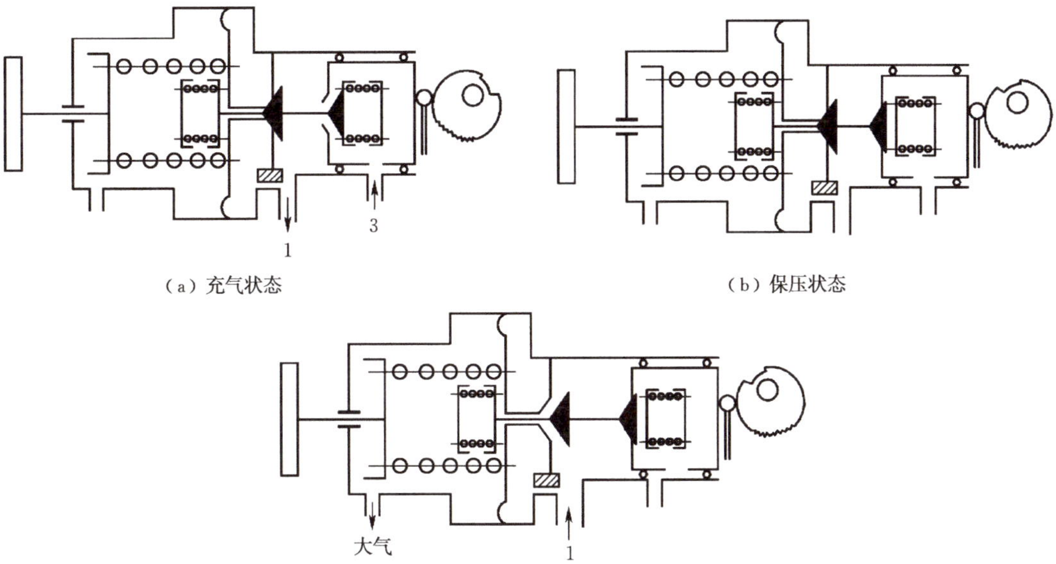


（a）充气状态　（b）保压状态　（c）制动状态

图 4-44　自阀调整阀作用原理

衡风缸和膜板右侧充风，阀座和供、排气阀也不再左移，呈充气后保压状态，如图 4-44(b)所示。

如均衡风缸或 1 管泄漏压力降低，调整弹簧推动阀座及排、供气阀右移，柱塞（手柄）虽未动，供气阀口也能开启呈充气状态。待总风向其补风后又呈保压状态。

③制动状态

自阀手柄右移，在 3～4 位凸轮得到不同降程；在 5～7 位凸轮得到最大降程。膜板右侧及均衡风缸压力空气推动柱塞带供气阀右移一个距离。此时，由于调整阀座两侧压力平衡暂保持不动，排气阀在其弹簧作用下随供气阀右移离开阀座，阀口开启。膜板右侧及均衡风缸压力空气经阀口及调整阀盖下方缺口排向大气，呈制动状态，如图 4-44(c)所示。

当自阀手柄停止右移，即凸轮及柱塞作用在调整阀座及其弹簧压力一定时，随膜板右侧及均衡风缸风压逐渐降低，调整阀座在其弹簧作用下逐渐右移，排气阀口逐渐减小。

④制动后保压状态

当膜板右侧及均衡风缸风压与凸轮及柱塞在阀内所处的作用位置决定的压缩调整阀座及其弹簧压力相等，即阀座与排、供气阀及柱塞右移距离相等时，排气阀落座，关闭阀口，膜板右侧及均衡风缸压力空气停止排向大气，阀座也不再右移，呈制动后保压状态。

制动后保压状态作用原理与充气后保压状态原理相同，仅是作用位置不同。

4. 放 风 阀

(1)用　　途

当自阀手柄置于紧急制动位时，能把部分机车制动管的压力空气迅速排向大气，引起机车分配阀紧急部和紧急放风阀动作，使列车制动主管产生急速减压作用，从而实现列车的紧急制动作用。

(2)构　　造

放风阀主要由放风阀、放风阀杆、放风阀座、放风阀套和放风阀弹簧等组成。放风阀凸轮有两个作用半径，手柄在 1～6 位凸轮半径小；在 7 位凸轮半径大。放风阀有两个作用位置。

(3)作　用

①自阀手柄在 1～6 位，凸轮在降程，放风阀在其弹簧作用下落座，关闭阀口，不动作无通路。

②自阀手柄在 7 位，凸轮得到升程，推动放风阀杆及放风阀压缩其弹簧离开阀座，阀口开启，制动管的压力空气迅速排向大气，产生急速减压作用。

5. 重联柱塞阀

(1)用　途

重联柱塞阀主要用来沟通或切断自阀与中继阀的联系。

①在缓解和常用制动时，沟通均衡风缸即自阀与中继阀的联系，用均衡风缸风压变化控制中继阀的动作，使自阀能操纵列车。

②当机车重联、换端操纵、无动力回送时，切断均衡风缸与中继阀的联系，使自阀不能操纵列车，并连接中继阀膜板活塞两侧通路，使中继阀自锁。

③自阀手柄在紧急制动位，除使中继阀自锁，还能防止中继阀膜板破损，并接通撒砂装置风路，实现机车自动撒砂。

(2)构　造

重联柱塞阀由重联柱塞阀套、重联柱塞、柱塞弹簧和 O 形密封圈等组成。重联柱塞阀凸轮有 3 个作用半径，自阀手柄在 1～5 位，凸轮在基圆上半径最大；在 6 位，凸轮得到一个降程；在 7 位，凸轮得到最大降程。重联柱塞阀有 3 个作用位置。

(3)作用及通路

重联柱塞阀作用原理如图 4-45 所示。

①自阀手柄在 1～5 位凸轮在基圆上，推动柱塞压缩其弹簧左移至左端。柱塞凸槽使 1 管通 4 管，用均衡风缸风压控制中继阀动作，使自阀能操纵列车。手柄在 1～5 位作用如图 4-45(a)所示。

②自阀手柄在 6 位

凸轮得到一个降程，柱塞在弹簧和总风作用下右移。柱塞凹槽遮断 1 管与 4 管的通路，切断自阀与中继阀的联系，使自阀不能操纵列车。柱塞凹槽沟通 2 管与 4 管的通路，使中继阀自锁。手柄在 6 位作用及通路如图 4-45(b)所示。

③自阀手柄在 7 位

凸轮得到更大降程，柱塞在其弹簧和总风作用下移至右端。柱塞凹槽仍沟通 2 管通 4 管，使中继阀自锁，并防止中继阀膜板受强烈拉抻破损。柱塞尾端还开通 3 管通 6 管，接通总风与撒砂管，经撒砂装置实现机车的自动撒砂。手柄在 7 位作用及通路如图 4-45(c)所示。

6. 缓解柱塞阀

(1)用　途

①缓解柱塞阀改善列车制动管的充风性能，提供过充压力的控制风源，以提高列车制动管的充风速度。

②与客货车转换阀共同控制总风遮断阀的开启或关闭。

(2)构　造

缓解柱塞阀由缓解柱塞阀套、缓解柱塞、柱塞弹簧和 O 形密封圈等组成。

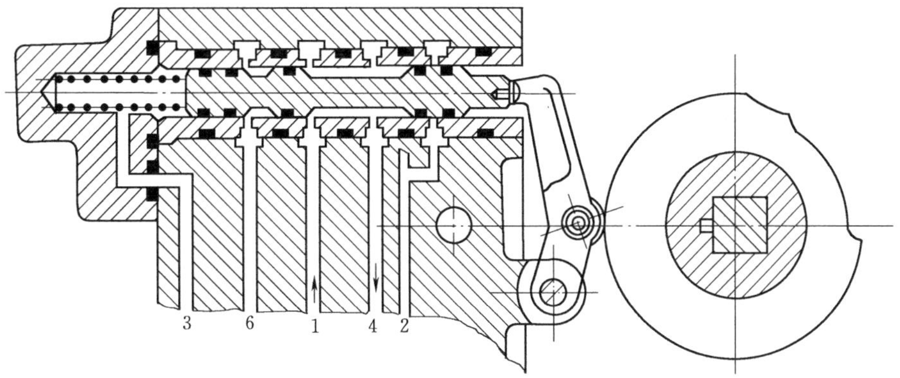


（a）自动制动阀手柄在1～5位时，1管与4管通

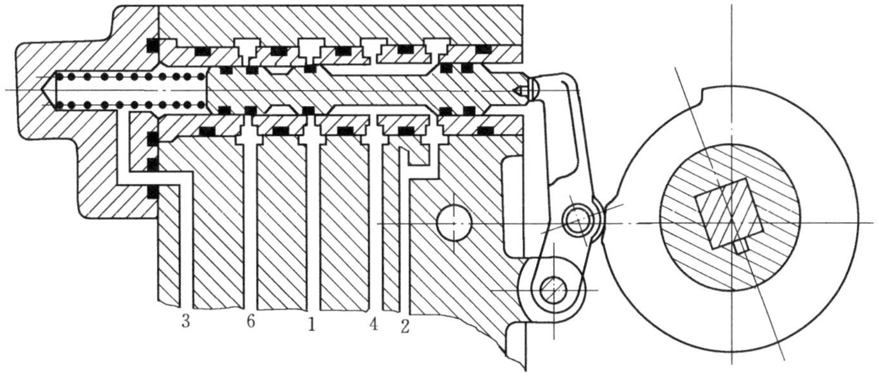


（b）自动制动阀手柄在6位（即手柄取出位）时，2管与4管通

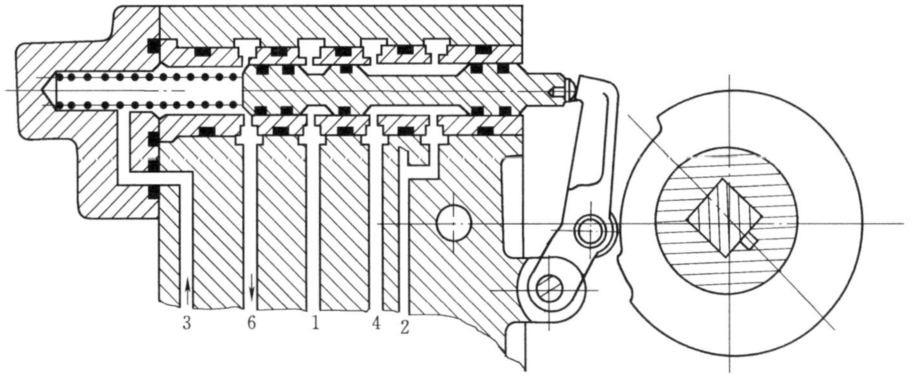


（c）自动制动阀手柄在7位（即紧急制动位）时，3管与6管通；2管与4管通

图 4-45 重联柱塞阀作用原理

缓解柱塞阀凸轮有三个作用半径，自阀手柄在 1 位，凸轮在降程半径最小；在 2 位，凸轮得到一个升程半径增大；在 3～7 位，凸轮在基圆上半径最大。缓解柱塞阀有三个作用位置。

(3)作 用

①自阀手柄在 1 位

凸轮在降程，柱塞在其弹簧和总风作用下处在右端。柱塞凹槽将 8a 管与大气相通，使总风遮断阀处于开启状态。同时，总风 3 管还经柱塞尾端通 7 管，接通过充压力的控制风源，使总风作用在过充柱塞上的压力控制中继阀动作，从而使制动管得到过充压力。手柄在 1 位作用及通路如图 4-46(a)所示。

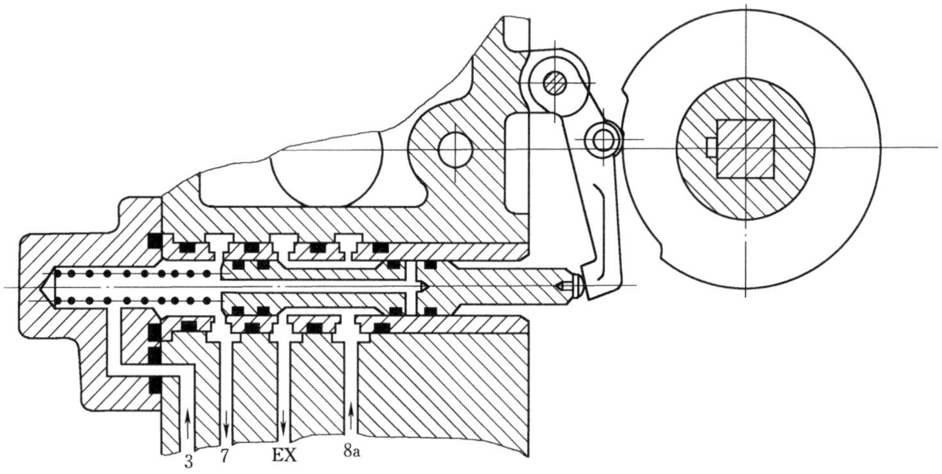


（a）自动制动阀手柄在1位（即过充位）时，3管通7管，8a管通大气

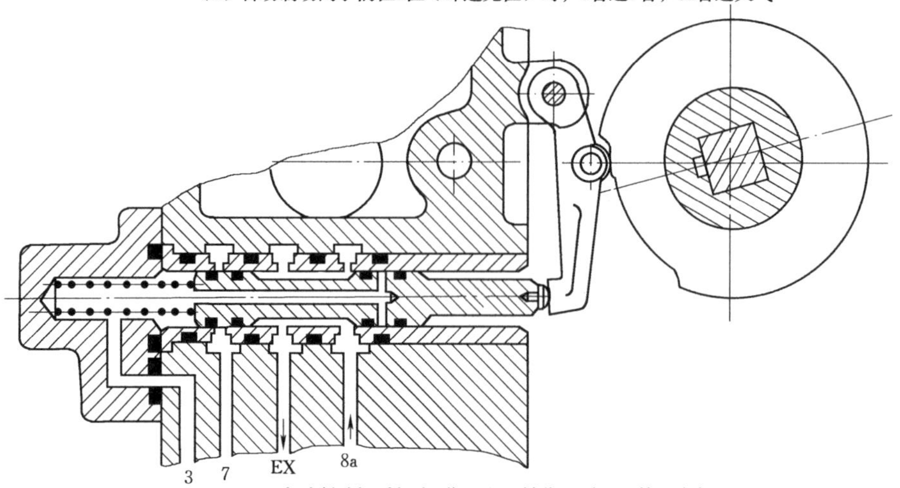


（b）自动制动阀手柄在2位（即运转位）时，8a管通大气

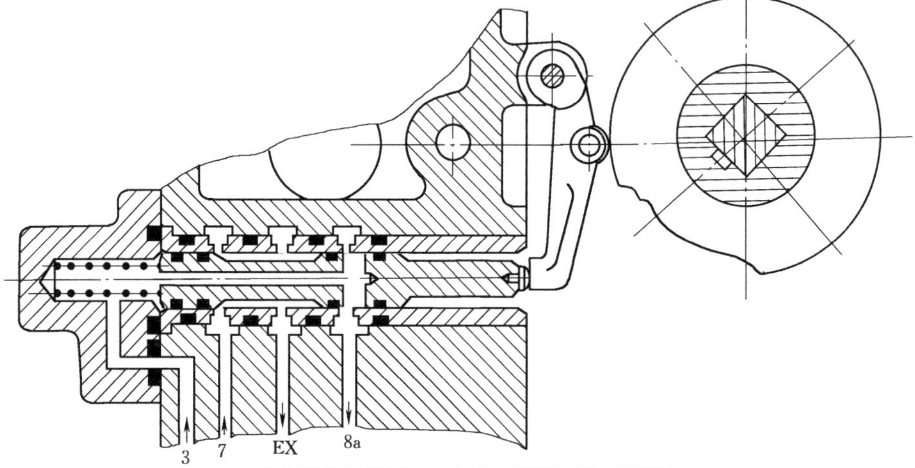


（c）自动制动阀手柄在3~7位时，3管通8a管，7管通大气

图 4-46　缓解柱塞阀通路

②自阀手柄在 2 位

凸轮得到一个升程，推柱塞压缩其弹簧左移。柱塞凹槽仍保持 8a 管通大气的通路，使总风遮断阀能开启。柱塞左移，其尾端遮断 3 管通 7 管，切断过充压力的控制风源。手柄在 2 位作用如图 4-46(b)所示。

③自阀手柄在 3～7 位

凸轮在基圆上得到最大升程，推柱塞压缩其弹簧左移至左端。柱塞凹槽将 7 管与大气相通，使过充压力的控制压力空气迅速排向大气，防止影响制动作用。同时，柱塞左移，柱塞遮断 8a 管通大气的通路，开通 3 管经柱塞中心孔通 8a 管的通路，将总风遮断阀的开启或关闭，交由客货车转换阀控制。手柄在 3～7 位作用如图 4-46(c)所示。

7. 客货车转换阀

(1)用　途

①客货车转换阀与缓解柱塞阀共同控制总风遮断阀的开启或关闭。

②根据牵引车辆缓解性能(一次缓解或阶段缓解)，控制总风遮断阀的关闭或开启。

(2)构　造

客货车转换阀主要由偏心杆、二位阀柱塞、柱塞套、转换按钮、手柄弹簧和 O 形密封圈等组成。客货车转换阀有两个作用位置。

(3)作　用

①货 车 位

二位阀柱塞在下端位置。柱塞凹槽沟通 8a 管通 8 管，使总风遮断阀受缓解柱塞阀即自阀手柄的控制。自阀手柄在 1、2 位：二位阀柱塞沟通 8a 管通 8 管，缓解柱塞阀又沟通 8a 管通大气，8 管即通大气，总风遮断阀开启。自阀手柄在 3～7 位：二位阀柱塞沟通 8a 管通 8 管，缓解柱塞阀又沟通 3 管通 8a 管，总风经上述通路到总风遮断阀套左侧，使总风遮断阀关闭。手柄在货车位的作用如图 4-47(a)所示。

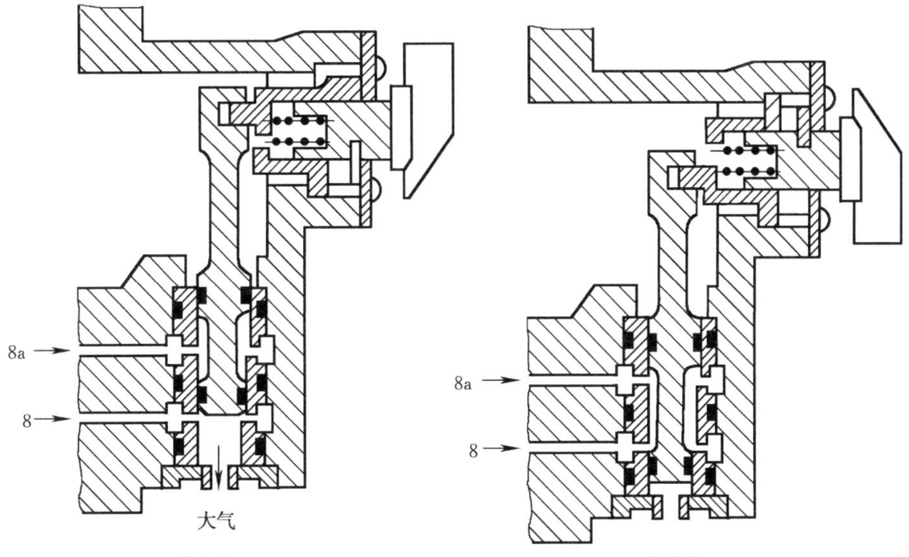


(a) 货车位　　(b) 客车位

图 4-47　客货转换阀作用原理

②客 车 位

二位阀柱塞在上端位置。柱塞切断 8a 管与 8 管的通路，开通 8 管经二位阀柱塞尾端下方挡盖上的小孔通大气的通路，使总风遮断阀不受缓解柱塞阀的控制，无论自阀手柄在任何位置，总风遮断阀总处于开启状态。手柄在客车位的作用如图 4-47(b)所示。

## 六、作 用 阀

1. 用　　途

作用阀接受分配阀或单阀控制，根据作用风缸或单独作用管的空气压力变化，操纵机车制动缸的充风或排风，从而实现机车的制动或缓解。

2. 构　　造

作用阀采用空心阀杆止阀结构，如图 4-48 所示。

作用阀主要由阀体、管座、空心阀杆、缓解弹簧、活塞及其膜板和供气阀及其弹簧等组成。有三个作用位置。

作用阀有 3 根管，分别为 3—总风缸管；12—制动缸管；14—作用(风缸)管。

3. 作　　用

(1)缓 解 位

当分配阀主阀缓解或单阀缓解，膜板活塞下方作用风缸或单独作用管压力下降，膜板活塞上方及制动缸压力空气和缓解弹簧推动活塞及空心阀杆下移。空心阀杆离开供气阀排风口开启，制动缸及膜板活塞上方和供气阀弹簧侧的压力空气排向大气，呈缓解位，如图 4-48(a)所示。

(2)制 动 位

当膜板活塞下方即作用风缸或单独作用管充入一定压力空气时，推动活塞及空心阀杆压缩缓解弹簧上移。空心阀杆上端与供气阀接触，关闭排风口，再上移推动供气阀压缩其弹簧离开阀座，阀口开启。总风经阀口、12 管向制动缸充风产生制动作用，经缩口向膜板活塞上方充风以控制作用阀动作，并向供气阀弹簧侧充风确保供气阀随空心阀杆动作，呈制动位，如图 4-48(b)所示。

当作用风缸或单独作用管停止增压，随膜板活塞上方及制动缸压力逐渐增高，推动活塞及空心阀杆逐渐下移，供气阀也在其弹簧作用下随之逐渐下移，供气阀口逐渐减小。

(3)中 立 位

当膜板活塞上下压力平衡，活塞及空心阀杆处在中间位置。供气阀在其弹簧作用下落座关闭阀口，空心阀杆仍与供气阀接触关闭排风口，既不充风也不排风，呈中立位，如图 4-48(c)所示。

①制动后的中立位

在制动位，总风向制动缸及膜板活塞上方两处充风至与下方作用风缸或单独作用管压力平衡。活塞及空心阀杆和供气阀的下移，使供气阀落座关闭阀口，总风停止向上述两处充风，呈制动后的中立位。

②保压状态

如膜板活塞上方和制动缸漏泄压力下降，膜板活塞下方作用风缸或单独作用管的压力空气推动活塞及空心阀上移呈制动位，总风向上述两处补风，待膜板活塞上下压力平衡后，又呈中立位保压状态。

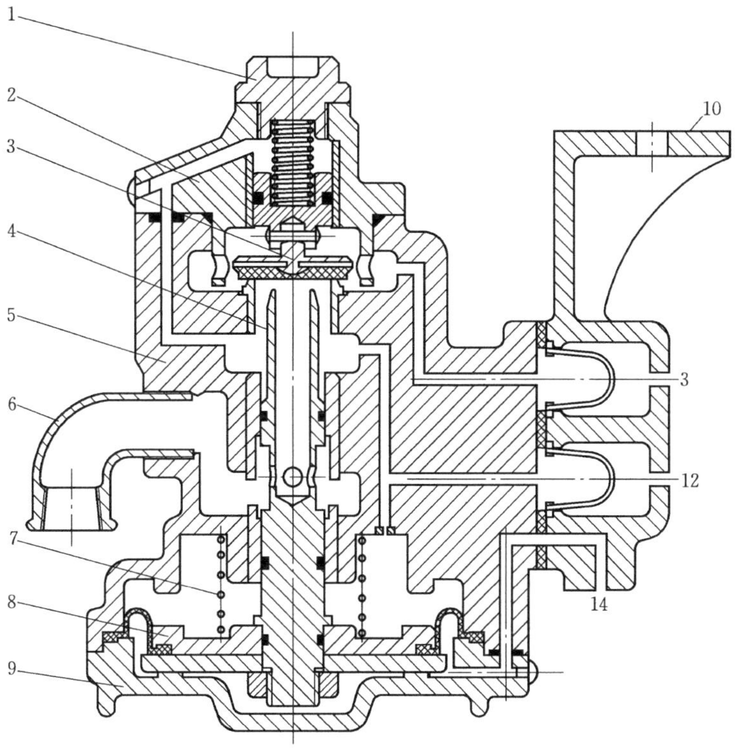

（a）缓解位

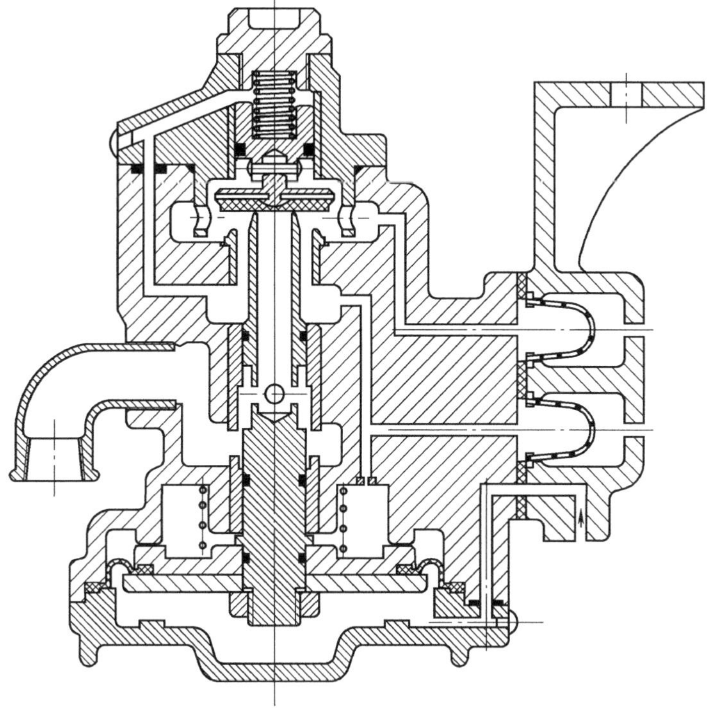
（b）制动位

图　4-48

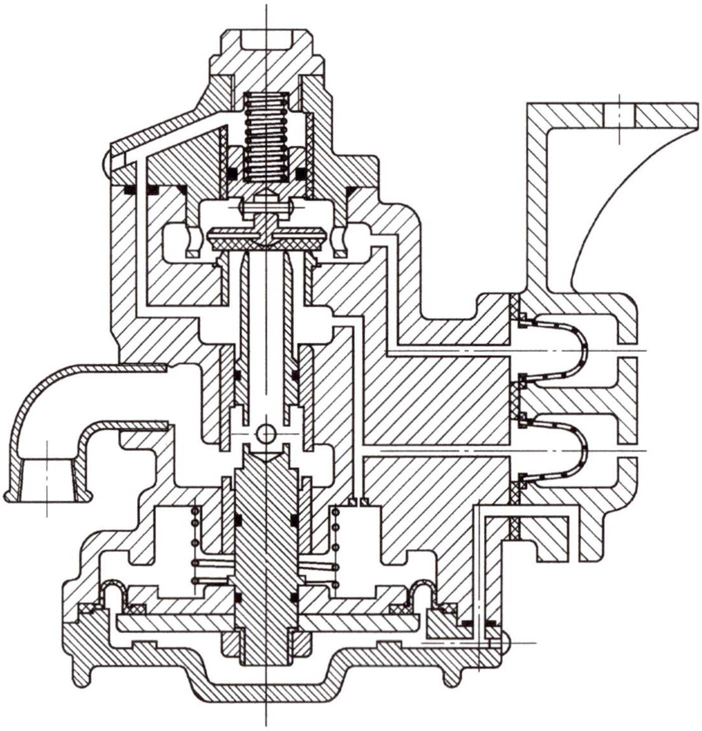

（c）中立体

图 4-48 作用阀结构原理图及作用原理

1—上堵；2—上盖；3—供气阀；4—空心阀杆；5—阀体；6—外接弯头；7—缓解弹簧；8—活塞；9—下盖；10—管座

管号：3—总风缸管；12—制动缸管；14—作用（风缸）管

③缓解后的中立位

在缓解位，制动缸及膜板活塞上方的压力空气排向大气。当膜板活塞上下压力平衡时，活塞及空心阀杆上移与供气阀接触，关闭排风口停止排风，呈缓解后的中立位。当膜板活塞下方和上方压力空气全部排向大气，即与大气压力相等时，活塞及空心阀杆在缓解弹簧作用下下移至下端，排风口开启，呈完全缓解。

## 七、分 配 阀

JZ-7 型制动机的分配阀，可根据列车制动管空气压力的变化，控制作用阀的动作，以实现机车的制动或缓解。

JZ-7 型制动机的分配阀采用二、三压力混合机构。主阀为三压力机构，当主阀缓解时，如副阀部能使制动管与工作风缸（即主阀大活塞上方与下方）相通，主阀即实现一次缓解，不能相通时，即实现阶段缓解。主阀制动、缓解作用慢的缺点，也由副阀部来协助克服，即在制动时，副阀部能使分配阀附近的制动管迅速排出一部分压力空气，产生局部减压作用，以提高主阀制动的灵敏度；在缓解时，由于制动管不能迅速增压，而采用了工作风缸向降压风缸充风，即主阀大膜板活塞下方减压的方法，以提高主阀缓解的灵敏度。

分配阀由阀体与管座、主阀部、副阀部、紧急部和 4 个风缸组成，其结构原理如图 4-49 所示。阀体是主阀部、副阀部和紧急部的连接体。体内有两个空腔，一个是制动管的局减室（容积 1.2 L），一个是制动管的滤尘室。

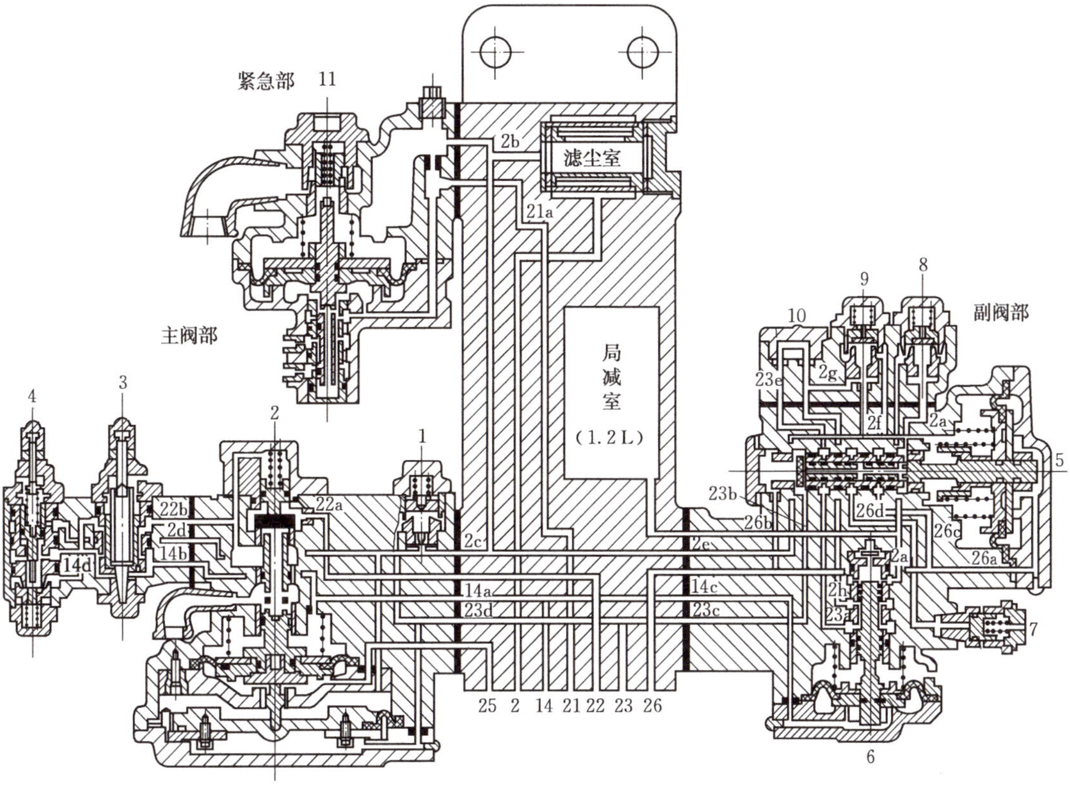


图 4-49 分配阀结构原理

部件：

主阀部：1—工作风缸充气止回阀；2—主阀；3—常用限压阀；4—紧急限压阀

副阀部：5—副阀；6—充气阀；7—保持阀；8—局减止回阀；9—一次缓解逆流止回阀；10—转换盖板

紧急部：11—紧急放风阀

管号：2—制动管；14—作用风缸管；21—紧急风缸管；22—分配阀总风缸支管；23—工作风缸管；25—EX，通大气；26—降压风缸管

管座：阀体下方是管座，设有6根管和一个大气孔。

主阀部：主阀、工作风缸充气止回阀、常用限压阀和紧急限压阀。

副阀部：副阀、充气阀、保持阀、局减止回阀、一次缓解逆流止回阀和转换盖板。

紧急部：紧急放风阀。

风缸：具有适量的容积，配合各部件动作。工作风缸(15 L)控制主阀动作；降压风缸(8 L)控制副阀动作；紧急风缸(3 L)控制紧急放风阀动作；作用风缸(2 L)控制作用阀动作。

1. 主 阀 部

主阀部组装在分配阀体的一侧，设有主阀、工作风缸充气止回阀、常用限压阀、紧急限压阀，以及工作风缸和作用风缸。经内部通路与其他部件连通，主要用于机车本身的制动或缓解。

(1)主　　阀

①用　　途

根据制动管空气压力变化，控制作用风缸的充风或排风，通过作用阀动作，实现机车的制动或缓解。

②构　造

主阀属于三压力机构，为空心阀杆止阀结构，由作用在大、小两个活塞上的三个空气压力控制动作。主要由阀体，中盖，下盖，大、小活塞及其膜板，顶杆，空心阀杆，缓解弹簧，供气阀及其弹簧和排风口等组成。

大膜板活塞上方是制动管压力，下方是工作风缸压力；小膜板活塞上方是作用风缸压力，下方通大气。大、小膜板活塞的面积比为 2.7∶1，主阀有三个作用位置。

③作　用

制动位：当大膜板活塞上方制动管减压时，下方工作风缸压力空气推动大活塞、顶杆及小活塞和空心阀杆压缩缓解弹簧上移，空心阀杆与供气阀接触关闭排风口。继续上移，推动供气阀压缩其弹簧离开阀座，阀口开启，总风经供气阀口、常用限压阀向作用风缸等处充风以产生制动作用；经缩口向小膜板活塞上方充风以控制主阀动作；向供气阀弹簧侧充风确保供气阀随空心阀杆动作，呈制动位，如图 4-50(a)所示。

当制动管停止减压，随作用风缸等处空气压力逐渐增高，推动大、小活塞及空心阀杆逐渐下移，供气阀也在其弹簧作用下随之逐渐下移，供气阀口逐渐减小。

中立位：当大膜板活塞上方的制动管减(增)压与小膜板活塞上方作用风缸等处的增(减)压相等时，大、小活塞及空心阀杆移位至中间位置。空心阀杆既使供气阀落座关闭供气阀口，仍与供气阀接触关闭排风口，既不充风也不排风，呈中立位，如图 4-50(b)所示。

制动后中立位：当作用风缸等处的增压与制动管的减压相等(压强比例为 2.5∶1)，大、小活塞及空心阀的下移，使供气阀落座关闭阀口停止充风。大、小活塞及空心阀杆也不再下移，空心阀杆仍与供气阀接触关闭排风口，呈制动后的中立位。

阶段制动：如制动管阶段减压，主阀在制动位和中立位之间重复动作，实现阶段制动。

保压状态：如制动后作用风缸等处泄漏，压力降低，工作风缸压力空气又推动大、小活塞及空心阀杆上移呈制动位。待总风向其补风后，大、小活塞及空心阀杆下移，供气阀落座关闭阀口，又呈中立位。

缓解位：当大膜板活塞上方制动管增压或下方工作风缸减压或上下两方压力相等时，大、小活塞及空心阀杆在制动管或作用风缸和缓解弹簧作用下移至下端，空心阀杆上顶面离开供气阀，空心阀杆排风口开启，供气阀弹簧侧、小膜板活塞上方及作用风缸等处的压力空气排向大气，呈缓解位，如图 4-50(c)所示。

自阀制动后，单阀单独缓解。自阀制动后，推单阀手柄单缓位，大膜板活塞下方及工作风缸的压力空气排向大气，压力降低，上方制动管压力和小膜板活塞上方作用风缸压力推动大、小活塞和空心阀杆下移至缓解位，作用风缸等处的压力空气排向大气。随着小膜板活塞上方作用风缸压力的逐渐降低，大、小活塞和空心阀杆逐渐上移，空心阀杆排风口逐渐减小。待作用风缸与工作风缸压力相等(压强比例为 2.5∶1)时，呈中立位，停止排风。

阶段缓解。如制动管阶段增压，主阀在缓解位和中立位之间重复动作。作用风缸根据制动管增压按 2.5∶1 减压，呈阶段缓解。

一次缓解。如制动管增压时，副阀部能使主阀大膜板活塞上方的制动管与下方的工作风缸连通，压力空气逆流后平衡，大膜板活塞失去控制能力，大、小活塞及空心阀杆将在制动管、作用风缸和缓解弹簧作用下，迅速移至缓解位，直至作用风缸等处的压力空气完全排向大气，呈一次缓解。

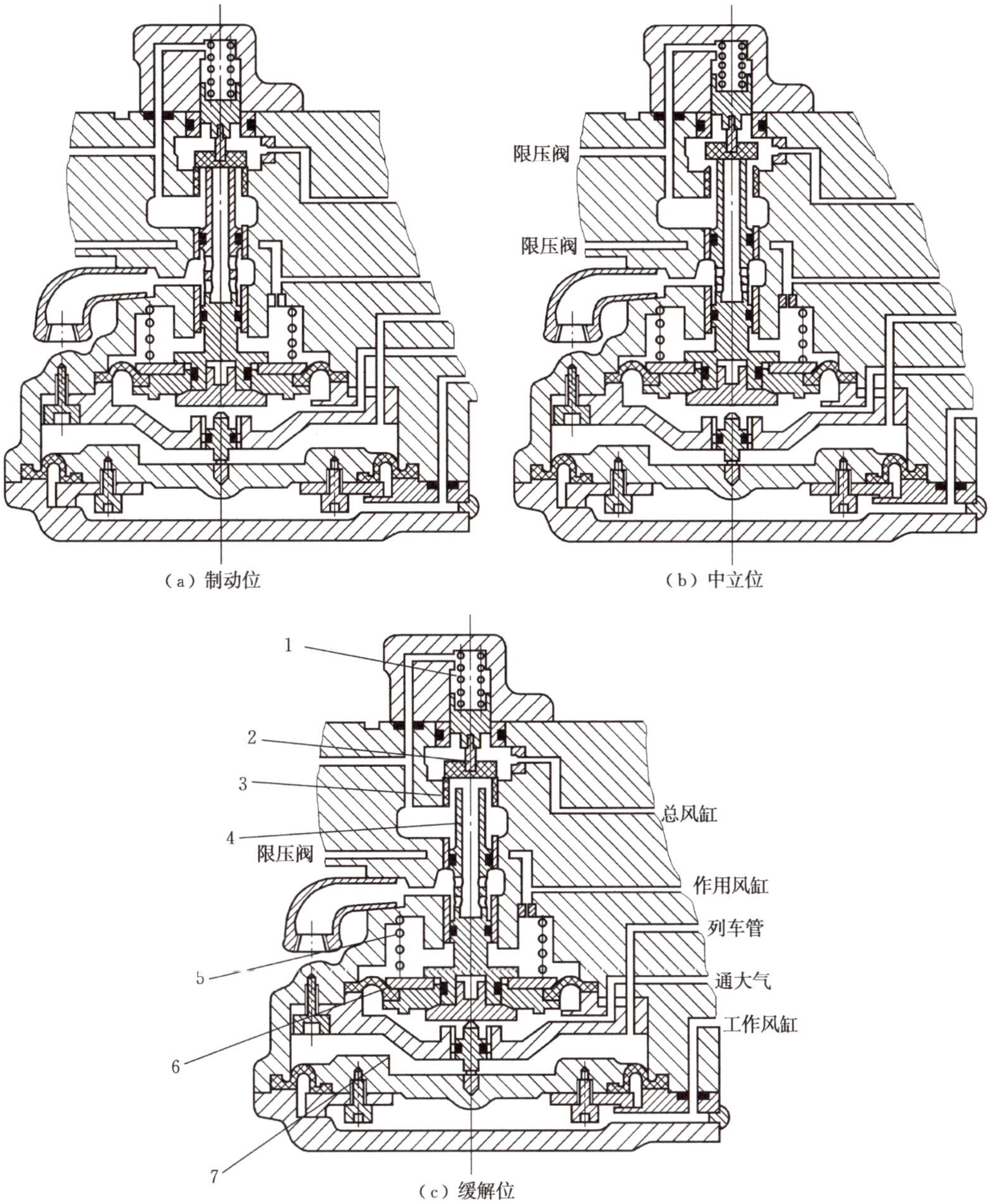


(a) 制动位　(b) 中立位　(c) 缓解位

图 4-50　主阀作用原理

1—供气阀弹簧；2—供气阀；3—供气阀座；4—空心阀杆；5—缓解弹簧；6—小膜板活塞；7—大膜板活塞

完全缓解。当制动管增至定压或工作风缸减至制动管压力时，主阀大膜板活塞上下两方压力平衡，失去控制能力。大、小活塞及空心阀杆将在作用风缸和缓解弹簧作用下移至缓解位，作用风缸等处的压力空气完全排向大气，呈完全缓解。

(2)工作风缸充气止回阀

①用　　途

当制动管压力高于工作风缸压力时，制动管可经工作风缸充气止回阀向工作风缸充风；当制动管减压制动时，能防止工作风缸的压力空气向制动管逆流，以免破坏制动作用。

②构　　造

工作风缸充气止回阀由止回阀座、弹簧挡圈、风堵、止回阀及其弹簧等组成。

③作　　用

当制动管压力高于工作风缸压力时，制动管压力空气推动止回阀压缩其弹簧离开阀座，阀口开启，制动管经阀口向工作风缸充风。

当制动管压力与工作风缸压力相等时，止回阀在其弹簧和工作风缸风压作用下落座，关闭阀口，制动管停止向工作风缸充风，工作风缸的压力空气也不能向制动管逆流。

当制动管减压低于工作风缸压力时，由于止回阀在其弹簧和工作风缸风压作用下落座关闭阀口，防止工作风缸的压力空气向制动管逆流，以免破坏制动作用。

(3)常用限压阀

①用　　途

常用限压阀在自阀常用制动时，使作用风缸压力不超过 350 kPa 或 420 kPa，以达到限制机车制动缸压力的目的。

②构　　造

常用限压阀为柱塞式限压结构，主要由调整螺钉、常用限压弹簧、柱塞限压阀及阀套等组成。

(4)紧急限压阀

①用　　途

紧急限压阀在紧急制动时，使作用风缸增压，并使其压力不超过 450 kPa，以达到限制机车制动缸压力的目的，防止因制动力过强造成车轮滑行，擦伤轮箍踏面。

在常用全制动、过量减压或紧急制动后即常用限压阀限压后缓解时，紧急限压阀首先提供一条作用风缸压力空气排往大气的通路，以使常用限压阀由限压状态向正常状态转换。

②构　　造

紧急限压阀为柱塞止阀结构，由大、小两个不同直径的柱塞，以其不同的面积比使作用风缸得到迅速可靠的增压作用。

紧急限压阀主要由调整螺钉、紧急限压弹簧、柱塞活塞、阀套、顶杆和止阀及其弹簧等组成。

2. 副 阀 部

副阀部组装在分配阀体的另一侧，设有副阀、充气阀、保持阀、局减止回阀、一次缓解逆流止回阀、转换盖板以及降压风缸。经内部通路与其他部件连通，用途主要有以下 3 点：配合实现制动管向工作风缸、降压风缸充风、过充和过充压力的消除；配合实现主阀的一次缓解或阶段缓解；配合提高主阀制动、缓解的灵敏度。

(1)副　　阀

①用　　途

副阀控制降压风缸的充风或排风；配合实现制动管向工作风缸、降压风缸的充风、过充和过充压力的消除；初制动时，使制动管产生局部减压作用，以提高主阀制动的灵敏度；制动后缓解时，使工作风缸向降压风缸充风，以提高主阀缓解的速度；与转换盖板配合，以实现主阀一次缓解或阶段缓解。

②构　　造

副阀属于二压力机构，主要由阀体、阀盖、阀套、活塞及其膜板、柱塞、缓解弹簧和稳定弹簧等组成。

③作　用

缓解位：当膜板活塞左侧制动管增压时，推动活塞及柱塞右移至右端。柱塞凹槽及尾端使 23a、23e 与 23b 及 26b 连通，呈缓解位，如图 4-51(a)所示。

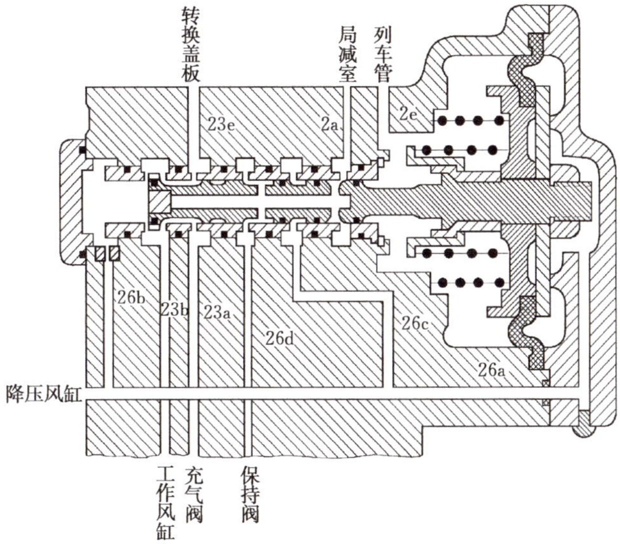


（a）缓解充气位

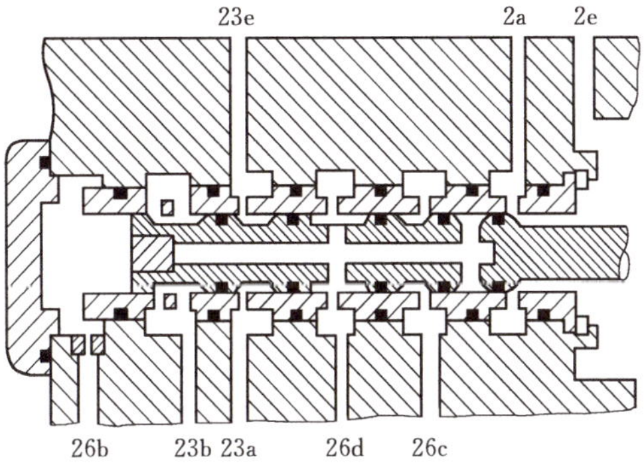


（b）局部减压位（急制动位）

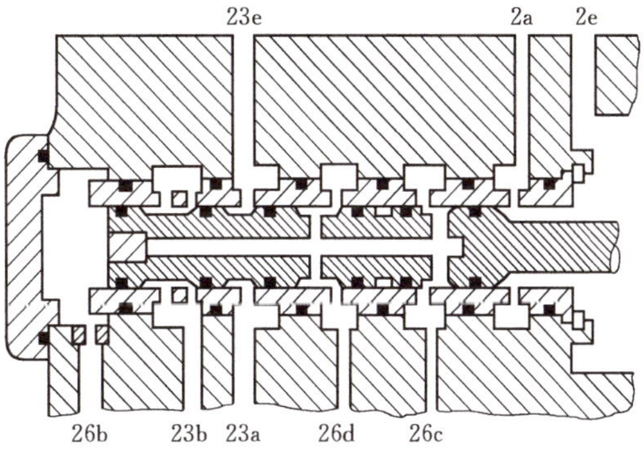


（c）制动位

图 4-51　副阀作用通路

通路：2a—通局减止回阀；23a—由充气阀来的制动管压力空气；23b—通工作风缸；23e—通转换盖板；26a、26b、26c—通降压风缸；26d—通保持阀

自阀手柄在 1、2 位，制动管可经上述两条通路向工作风缸和降压风缸充风；手柄在 1 位，工作风缸和降压风缸也同制动管一样压力过充；手柄由 1 位移 2 位，工作风缸和降压风缸的过充压力空气可经充风通路向制动管逆流，消除过充压力。

如转换盖板在一次缓解位，工作风缸即主阀大膜板活塞下方的压力空气能向上方的制动管逆流，可实现主阀的一次缓解。

如转换盖板在阶段缓解位，工作风缸即主阀大膜板活塞下方的压力空气不能向上方制动管逆流，主阀呈三压力机构，只能实现阶段缓解。

工作风缸可向副阀膜板活塞右侧充风，使副阀由缓解位移至中立位。根据制动管阶段增压，使副阀在缓解位和中立位之间转换动作，配合实现阶段缓解。

工作风缸通降压风缸，工作风缸可向降压风缸充风，以提高主阀缓解的灵敏度。

局部减压位(急制动位)：当膜板活塞左侧的制动管施行小减压量或制动减压初始，右侧的降压风缸压力空气推动活塞及柱塞压缩缓解弹簧左移。柱塞凹槽使膜板左侧制动管与局减止回阀连通，制动管压力空气可经局减止回阀向局减室充风并经充气阀柱塞尾端小孔排向大气，产生局部减压作用，增加局部减压量，以提高主阀制动的灵敏度。同时，柱塞左移将23a、23e与23b及26b的通路切断，使制动管不通工作风缸和降压风缸，停止充风或逆流，呈局部减压位(急制动位)，如图4-51(b)所示。

制动位：制动管减压后，活塞及柱塞在局部减压位并没有停止，而继续压缩缓解弹簧和稳定弹簧左移至左端。膜板活塞左侧制动管仍与局减止回阀相通，待充气阀呈作用位，完成局减作用。柱塞左移，其中心孔沟通26c与26d的通路，使膜板活塞右侧及降压风缸的压力空气经上述通路和保持阀排向大气，呈制动位，如图4-51(c)所示。

制动管停止减压后，随膜板活塞右侧及降压风缸逐渐减压，左侧制动管压力空气及缓解弹簧和稳定弹簧推动活塞及柱塞逐渐右移。

中立位：当膜板活塞右侧降压风缸与左侧制动管减压相等时，活塞及柱塞右移，柱塞切断了26c与26d的通路。膜板右侧及降压风缸的压力空气停止排向大气。柱塞凹槽仍沟通膜板活塞左侧制动管通局减止回阀的通路，由于此时充气阀已呈作用位，切断了局减室排向大气的通路，不会影响制动作用，呈中立位，如图4-51(b)所示。

中立位和局部减压位是同一个位置。局部减压位是副阀在制动过程中经过的位置；中立位是副阀一次制动终了的位置。

阶段制动。当制动管阶段减压，副阀在制动位和中立位重复动作，实现阶段制动。

阶段缓解。当制动管阶段增压，副阀在缓解位工作风缸压力空气可经柱塞凹槽和尾端向膜板活塞右侧和降压风缸充风，待压力稍高于制动管，使副阀由缓解位移至中立位停止充风。随制动管阶段增压，副阀在缓解位和中立位重复动作，在配合阶段缓解的同时，也提高了主阀缓解的灵敏度。

(2)充 气 阀

①用　　途

充气阀配合完成制动管向工作风缸和降压风缸的充风、过充和过充压力的消除通路；配合完成制动管的局减作用，并在缓解位排出局减室的压力空气；配合实现一次缓解或阶段缓解。

②构　　造

充气阀主要由阀盖、阀套、活塞及其膜板、柱塞、挡板和缓解弹簧等组成。

(3)保 持 阀

①用　　途

保持阀配合副阀制动位动作，排出副阀膜板活塞右侧及降压风缸的压力空气，以防影响副阀的正常动作；当制动管过量减压和紧急制动时，能使降压风缸保持280 kPa或340 kPa压力，使其与车辆制动机副风缸在全制动后的压力大致相同，以提高机车与车辆缓解的一致性。

②构　　造

保持阀主要由阀体、保持阀及其弹簧和挡盖等组成。

(4)局减止回阀

①用　　途

局减止回阀用于再制动(追加减压)时,防止局减室的压力空气向副阀膜板活塞左侧及制动管逆流,以免引起副阀缓解,破坏制动作用。

②构　　造

局减止回阀由止回阀座、止回阀及其弹簧、弹簧挡圈和风堵等组成。构造与工作风缸充气止回阀相同。

(5)一次缓解逆流止回阀

①用　　途

一次缓解逆流止回阀在一次缓解时,使主阀大膜板活塞下方的工作风缸压力空气迅速向上方制动管逆流,以实现主阀的一次缓解作用。

②构　　造

一次缓解逆流止回阀除取消了止回阀弹簧外,其他与局减止回阀构造相同。

(6)转换盖板

①用　　途

转换盖板用来沟通或切断主阀大膜板活塞下方工作风缸和上方制动管的通路,以实现主阀的一次缓解或阶段缓解,配合制动机的综合作用。

②构　　造

转换盖板由一块带有凹槽的盖板,用螺栓紧固在副阀部,旋转 180°安装,可以沟通或切断相关通路。

3. 紧 急 部

紧急部组装在分配阀中间一侧,主要由紧急放风阀和紧急风缸组成。分配阀主、副阀部,虽能使机车产生制动或缓解作用,但紧急制动时,自阀放风阀还不能使制动管产生足够的急(速)减(压)作用。在机车重联或无动力回送时,没有紧急部就不能实现机车的紧急制动和传递制动管的急减作用。

(1)用　　途

紧急部当自阀施行紧急制动或制动管产生急减时,紧急放风阀动作,将制动管的压力空气急速排向大气,以产生和传递急减作用,实现机车及列车的紧急制动作用。

(2)构　　造

紧急放风阀为二压力机构,主要由阀上体、阀下体、阀套、活塞及其膜板、柱塞阀杆、缓解弹簧、放风阀及其弹簧和三个缩口风堵等组成。充风限制堵的孔径为 1.5 mm;第一缩口风堵的孔径为 1.2 mm;第二缩口风堵的孔径为 0.9 mm。紧急放风阀有三个作用位置:缓解位、常用制动位和紧急制动位。

紧急放风阀动作后,在未关闭放风阀口,即紧急风缸空气压力未排至缓解弹簧和放风阀弹簧压力前,不能向制动管充风。但单机时,由于总风缸来的强大制动管压力可以强行压下放风阀活塞,呈缓解充气位施行充风。而机车挂有车辆时,由于制动管容积增大则不能充风。

## 八、单独制动阀

单独制动阀(简称单阀,俗称小闸)主要用于单独控制机车的制动和缓解作用,它通过直接控制单独作用管的压力来控制作用阀的动作,进而操纵机车的制动或缓解及阶段制动或阶段缓解作用,与列车的制动状态无关。在自动制动阀制动后,还可实现机车的单独缓解作用而仍然保留车辆的制动状态。

单独制动阀是自动保压式的,它有三个作用位置,即单独缓解位、运转位和制动区。运转位到全制动位之间为制动区,单独制动阀手柄作用位置如图 4-52 所示。单独制动阀手柄在单独缓解位时,受到缓解弹簧的作用,当操纵人员的手离开手柄时,它能自动返回到运转位。

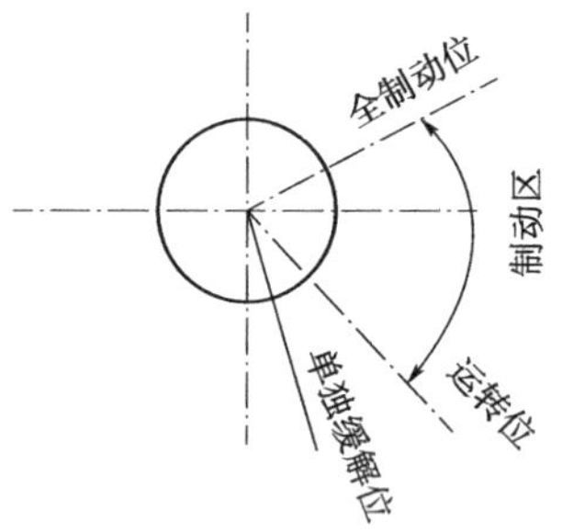


图 4-52　单独制动阀手柄作用位置

### (一)单独制动阀的构造

单独制动阀主要由手柄、凸轮盒、调整阀、单缓柱塞阀、定位柱塞和阀体等组成,如图 4-53 所示。

1. 阀　　体

单独制动阀的阀体用螺栓紧固在自动制动阀的阀体上,经自动制动阀的阀体连有 3 条通路,分别通总风缸管 3、单独作用管 11 和单独缓解管 10。单独作用管 11 经变向阀与作用阀作用管 14 相连,单独缓解管 10 与工作风缸相连。阀体上装有单缓柱塞阀、定位柱塞阀和调整阀。

2. 手柄与凸轮盒

在凸轮盒内,凸轮轴上装有 3 个凸轮。单独制动阀的手柄直接套装在凸轮轴的上端,构成了单独制动阀的操纵机构。在运转位时手柄可取出,以避免在非操纵端产生误动作。

凸轮轴上部装有单缓凸轮,它可控制单缓柱塞阀的动作;中间装有定位凸轮,该凸轮上刻有定位凹槽,用弹簧使定位柱塞顶在凹槽内来定位;下部装有调整凸轮,它可控制调整阀的供、排气的作用。制动区范围内调整凸轮为一个弧形的斜面,使手柄在不同的位置时具有不同的制动力。

3. 单缓柱塞阀

单缓柱塞阀的作用是当列车制动后,通过排出单独缓解管和工作风缸的压力空气,达到单独缓解机车制动的作用,而仍然保持列车的制动状态。单缓柱塞阀由单缓柱塞弹簧、单缓柱塞、单缓柱塞套、O 形圈、挡圈、弹性涨圈、复原弹簧及定位片等组成。

4. 调 整 阀

调整阀的作用是直接控制单独作用管的充、排气,使机车产生制动或缓解的作用。

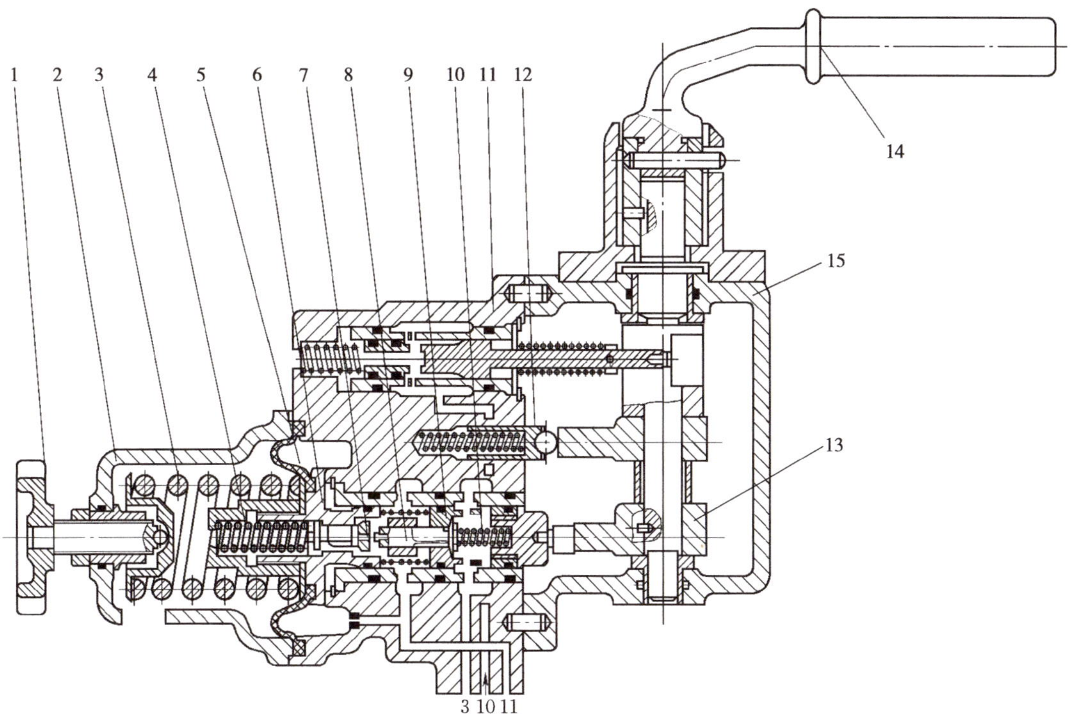


图 4-53　单独制动阀结构原理(单独缓解位)

1—调整手轮;2—调整阀盖;3—调整弹簧;4—排气阀弹簧;5—调整阀膜板;6—调整阀座;7—排气阀;8—供气阀;9—调整阀柱塞;10—供气阀弹簧;11—单缓柱塞;12—定位柱塞;13—调整阀凸轮;14—手柄;15—凸轮盒

管号:3—总风管;10—单独缓解管;11—单独作用管

调整阀在结构上采用了橡胶膜板密封和柱塞双向止阀结构。调整阀主要由调整手轮、调整弹簧、调整阀座、调整阀膜板、排气阀、排气阀弹簧、缓解弹簧、调整阀柱塞、调整阀柱塞套、供气阀以及供气阀弹簧等组成。

**(二)单独制动阀的作用**

单独制动阀的单独作用管 11 经变向阀与作用阀作用管 14 相连,可直接控制作用阀的动作,使机车产生制动或缓解作用。单独制动阀的单独缓解管 10 与工作风缸管 23 相连,在自动制动阀制动后可排出工作风缸的压力空气,使机车单独缓解。

单独制动阀与自动制动阀配合,使机车制动与车辆制动交替作用,可控制列车运行时的速度并减小列车的纵向冲动。

单独制动阀有三个作用位置:

1. 单独缓解位

单独缓解位是用于自动制动阀施行常用制动后,根据运行需要使机车施行单独缓解的位置。

单独制动阀手柄移到单独缓解位时,单缓凸轮推单缓柱塞左移,使单独缓解管 10 经单缓柱塞凹槽与柱塞的径向孔、中心孔,从阀体上的单缓柱塞孔与大气相通。由于单独缓解管 10 与工作风缸管 23 相连,工作风缸内的压力空气一排向大气,就使处于保压位的分配阀主阀动作而呈缓解位。此时,作用风缸内的压力空气经分配阀主阀的排气口排向大气,车产生单独缓解作用。

而作用阀作用管 14 的压力空气经变向阀也从分配阀主阀的排气口排出，作用阀呈缓解位，当松开单独制动阀的手柄时，由于复原弹簧的作用，手柄自动恢复到运转位，单缓柱塞关闭了单独缓解管的排气口，工作风缸的压力停止下降，使单独缓解作用中断。

单独缓解位与运转位的调整凸轮是在一个同径的圆面上，所以其调整部的作用、通路相同。

2. 运 转 位

运转位是单机运行或列车运行时单独制动阀所放的位置。

当单独制动阀手柄由制动区某一位置移到运转位时，使调整阀凸轮得到一个降程(运转位相对于制动区有个降程)，在单独作用管的压力空气和缓解弹簧的作用下，调整阀柱塞向右移动，供气阀仍处于关闭状态。起初，调整膜板两侧压力平衡而调整阀座没有移动，当调整柱塞右移时，排气阀在排气阀弹簧的作用下打开了排气阀口，使单独作用管 11 内的压力空气及膜板右侧的压力空气经调整阀座的小孔从调整弹簧盒盖的缺口排向大气。因为单独作用管 11 经变向阀与作用阀作用管 14 相连，所以作用阀处于缓解位，使机车得到缓解。若单独制动阀手柄由全制位向运转位方向阶段移动时，调整凸轮的降程阶段的逐次增大，调整阀则为阶段控制。当调整阀膜板右侧的单独作用管压力下降时，在调整弹簧的作用下，调整阀座逐渐右移，排气口逐渐关闭。当单独作用管内的压力和膜板右侧的压力降到与单阀手柄位置所对应的压力时，排气阀口则完全关闭，单独作用管内的压力停止下降。经作用阀的控制，机车制动缸内的压力降到与作用管的压力相等时保压，则机车制动力减小，呈缓解后的保压状态。重复上述动作操纵，可实现机车的阶段缓解。

当单阀手柄移到运转位时，排气阀不再关闭，而呈开启状态，单独作用管内的压力降为零，机车制动缸的压力也降为 0，机车完全缓解。

3. 制 动 区

制动区是单机运行、调车作业时使机车产生制动作用，或需要缓解车辆、保留机车制动时所使用的位置。根据运行需要制动时，可将单阀手柄从运转位移到制动区某一位置。调整凸轮得到一个升程，推动调整阀柱塞向左移动一个距离。调整阀柱塞左移时，供气阀先压缩排气阀弹簧，关闭排气阀口(供气阀弹簧的预紧力大于排气阀弹簧的预紧力)，当调整阀柱塞继续左移时，因调整弹簧压力远大于供气阀弹簧，调整阀座不动，供气阀受到排气阀的阻挡，而压缩供气阀弹簧开启了供气阀口，总风经供气阀口进入单独作用管，同时，总风经阀体上的缩口风堵进入膜板右侧。由于单独作用管 11 经变向阀与作用阀作用管 14 相连，使作用阀处于制动位，机车单独制动。

随着单独作用管内的压力及膜板右侧的压力逐渐升高，调整阀座压缩调整弹簧而逐渐左移，此时，调整阀柱塞没动，供气阀在其弹簧的作用下，也随随之左移而逐渐关闭供气阀口。当单独作用管内的压力和膜板右侧的压力升到与单阀手柄位置所经所对应的压力时，供气阀口完全关闭，调整阀座及膜板停止移动。由于总风停止向单独作用用管充气，作用阀作用管的压力停止上升，作用阀呈保压位，机车呈制动后的保压状态。

若单独制动阀手柄向全制动位阶段移动时，调整阀则重复上述动作，机车可得到阶段制动作用。在全制动位时，机车制动缸的压力规定为 300 kPa，旋转单阀的调整手轮可改变调整弹簧的压缩量，调整其压力。

## 九、制动机附件

### (一)变 向 阀

变向阀又称换向阀或双向阀,它是改换气流通路的装置。在制动机的管路系统中设有两个变向阀,一个用于转换自阀和单阀对作用阀的控制,另一个用于转换两端单阀对作用阀的控制。变向阀由阀体、柱塞、O 形圈和阀盖组成。

当压力空气由变向阀的一端充入时,便将柱塞推向另一端,柱塞端部的 O 形圈被紧压在阀体(或阀盖)的锥形面上,将此端的通路堵死,只允许压力空气从一端流入。

### (二)紧急制动阀

紧急制动阀是空气制动机的安全设施。当制动阀失效或乘务员发现特殊情况需要立即停车时,方可使用紧急制动阀,一般情况不准使用。

紧急制动阀由阀体、阀座、曲柄和手柄组成。阀的开启和关闭,是通过手柄转动曲柄来完成的。当手柄朝上时,曲柄使阀紧压在阀座上,将阀口关闭。当拉动手柄使其朝下时,曲柄转动并将阀提起,因而列车内的压力空气通过阀口,经阀体上的排气孔直接而迅速地排向大气,从而使机车和车辆产生紧急制动作用。

### (三)无动力装置

机车制动缸的压力空气是由总风缸供给的。当机车附挂回送时,由于内燃机车不启动柴油机,机车无动力,空气压缩机不运转,所以总风缸内无压力空气,制动时就不能和车辆一样发生制动作用。为了使无动力机车能发生制动作用,在分配阀附近列车管和总风缸之间装有无动力装置。

在机车无动力回送时,将无动力装置塞门打开,列车管的压力空气推开止回阀,单向地充入总风缸内储存。制动时,总风缸向制动缸供给压力空气,使无动力机车仍能得到与列车同样的制动或缓解作用。

1. 构　造

无动力装置主要由无动力塞门、滤尘网、止回阀、止回阀弹簧、缩口风堵及阀体等组成。止回阀的入口处装有滤尘网,止回阀的上方有止回阀弹簧,其开启的压力约为 140 kPa,在止回阀的出口处装有缩口风堵。

2. 作　用

无动力装置塞门除在无动力机车回送时开放外,平时应确保关闭,以防止回阀一旦泄漏时,总风缸压力空气逆流到列车管,造成列车管过供给。

滤尘网用以过滤压力空气中的尘埃、水分。止回阀的作用是在列车管减压时,防止总风缸压力空气向列车管逆流。缩口风堵($\phi3.2$)的作用是在开放本装置时使列车管压力空气徐徐流入总风缸,避免列车管因急速减压而引起制动。止回阀弹簧用以限制总风缸的压力。在无动力回送时,总风缸压力空气仅供给制动缸使用,其压力无须太高。止回阀弹簧的压力约为 140 kPa,当列车管压力为 500 kPa,进入总风缸的压力达到 360 kPa 时,止回阀靠自重落下关闭阀口,不再向总风缸送风;当总风缸的压力低于此值时,止回阀又自动开放补给,使总风缸经常保持一定压力。在施行常用制动最大减压量时,制动缸的最高压力接近 360 kPa,所以无动力机车总风缸储存 360 kPa 的压力空气即可。由于机车在无动力回送时，分配阀常用限压阀的压力只调整到 250 kPa，若压力过高反而会影响列车充气和缓解时间。

机车正常运行中，若无动力装置止回阀不严且塞门又泄漏时，总风缸的压力空气就会逆流到列车管内，造成列车管过量供给，因此无动力装置应经常保持良好状态。

## 十、JZ-7 型制动机综合作用

### (一)自阀的综合作用

自阀的综合作用，系指单阀手柄在运转位，自阀手柄在各个位置时的综合作用。

1. 过充位

过充位是在制动管初充风或再充风迅速缓解列车制动时使用的位置，综合作用及通路：

(1)自　阀

调整阀先呈充气状态，总风经供气阀向均衡风缸和调整膜板右侧充风，当达到调整弹簧调定的压力后，自动停止充风呈保压状态。重联柱塞阀柱塞凹槽将均衡风缸管和中均管连通，用均衡风缸风压变化操纵中均管及中继阀动作。缓解柱塞阀使遮断阀管经客货车转换阀(手柄货车位)柱塞凹槽及缓解柱塞凹槽通大气，并使总风经柱塞尾端与过充管及过充柱塞和过充风缸连通，为过充压力提供控制风源。过充风缸容积为 9 L，有 0.5 mm 的小孔通大气，不断排风。

(2)中 继 阀

由于遮断阀管通大气，所以总风遮断阀呈开启状态。此时，中均管增压，双阀口式中继阀呈缓解充气位，总风经遮断阀口及供气阀口向制动管和膜板右侧充风。由于过充柱塞增加了中继阀活塞左侧的控制压力，从而使制动管得到比均衡风缸高 30～40 kPa 的过充压力。当膜板活塞两侧压力平衡时，自动呈中立位保压状态。

(3)分 配 阀

由于制动管增压，副阀、主阀、紧急放风阀和充气阀均处于缓解位，制动管向工作风缸、降压风缸、紧急风缸和各气室充风，并同制动管一样压力过充。同时，作用风缸的压力空气经(常用或紧急)限压阀及主阀空心阀杆排风口排向大气，各部件均处于缓解位。

(4)作 用 阀

由于作用风缸压力下降，作用阀呈缓解位，制动缸压力空气经作用阀空心阀杆排风口排向大气。

(5)制 动 缸

由于压力空气全部排出，活塞及活塞推杆在缓解弹簧作用下恢复原位，制动缸完全缓解。

2. 运 转 位

该位置是列车制动后缓解充气及运转状态时使用的位置，其作用及通路与过充位基本相同，不同之处：

(1)自　阀

缓解柱塞阀柱塞尾端遮断了总风与过充管及过充柱塞和过充风缸的通路，切断了过充压力的控制风源。过充柱塞、过充风缸及过充管的压力空气经过充风孔缓慢排向大气。

(2)中 继 阀

由于过充压力的控制风压逐渐消失,使中继阀膜板活塞两侧压力失去平衡,活塞带动顶杆左移开启排风口,呈制动位,使制动管的过充压力空气由排气阀口缓慢排向大气,而不会产生制动作用。待制动管恢复定压,中继阀呈中立位保压状态。

(3)分 配 阀

工作风缸、降压风缸、紧急风缸及各气室的过充压力空气,由其充风通路逆流到制动管随之消除。

3. 常用制动区

常用制动区是列车调速或正常停车使用的位置。由最小减压位至最大减压位为一制动区,随手柄位置不同,制动管的减压量也随之变化,综合作用及通路:

(1)自　　阀

调整阀先呈制动状态,均衡风缸和膜板右侧的压力空气经排气阀口排向大气。待膜板右侧及均衡风缸风压与柱塞在调整阀内所处作用位置确定的风压相等后,自动呈保压状态。重联柱塞阀柱塞凹槽仍连通均衡风缸管与中均管。缓解柱塞阀柱塞中心孔使总风经客货车转换阀(手柄在货车位)通总风遮断阀管。同时,柱塞凹槽将过充管与大气连通,防止因过充柱塞左侧有风影响制动。

(2)中 继 阀

由于总风经缓解柱塞阀、客货车转换阀(手柄在货车位)通总风遮断阀套弹簧侧,使总风遮断阀呈关闭状态。由于均衡风缸减压,中继阀膜板活塞左侧中均室压力降低,在制动管及膜板活塞右侧的压力空气推动下打开排气阀口排气,其减压量与均衡风缸减压量相同。待膜板活塞两侧压力平衡后,自动呈中立位停止排风。如客货车转换阀手柄在客车位,总风遮断阀的控制风源被切断和遮断阀套左侧弹簧室通大气,总风遮断阀处于开启状态,中继阀能使制动管自动保压。

(3)分 配 阀

由于制动管减压,副阀由缓解位经局部减压位移至制动位,柱塞凹槽开通制动管经局减止回阀与局减室和充气阀柱塞尾端小孔与大气的通路,引起分配阀附近制动管的局部减压,以提高主阀制动的灵敏度。同时,柱塞尾端还切断了工作风缸与降压风缸的通路,柱塞中心孔还连通降压风缸经保持阀通大气的通路,待降压风缸压力降至与制动管压力相等时,活塞在弹簧作用下右移至中立位,降压风缸停止减压。

主阀因制动管减压呈制动位,总风经主阀供气阀口及常用限压阀柱塞凹槽向小膜板活塞上方和作用风缸(等处)充风。当作用风缸(等处)风压达到 24 kPa 时,充气阀由缓解位移至作用位,柱塞凹槽切断了制动管与工作风缸的通路,防止逆流破坏制动作用;柱塞尾端切断了制动管经局减止回阀及充气阀排向大气的局减通路,结束局减作用。直到小膜板活塞上方作用风缸(等处)的增压与大膜板活塞上方制动管的减压相适应(为 2.5∶1)时呈中立位,总风停止充风。如制动管减压量过大,当作用风缸风压达到常用限压阀柱塞弹簧调定的压力时,常用限压阀上移至限压状态,切断总风向作用风缸等处充风的通路,停止充风起限压作用。

由于制动管常用减压,紧急放风阀先呈常用制动位,膜板活塞下方及紧急风缸的压力空气由阀下体上第一缩口风堵排向大气,待膜板活塞上下两侧压力平衡时,呈缓解位停止排风。

(4)作 用 阀

由于作用风缸增压，作用阀呈制动位，总风经供气阀口向膜板活塞上方和制动缸充风，待膜板上下两侧压力平衡时，呈中立位停止充风并保压。

(5)制 动 缸

由于压力空气充入制动缸，推动活塞及活塞推杆压缩缓解弹簧移动产生推力，经传动装置使闸瓦压紧车轮，产生制动作用。

若自阀手柄在制动区阶段右移，则调整阀控制的均衡风缸阶段减压，随之中继阀、分配阀、作用阀、制动缸为阶段控制，机车得到阶段制动作用。

若自阀手柄在制动区阶段左移(客货车转换阀手柄在客车位，分配阀转换盖板在阶段缓解位)，则调整阀控制的均衡风缸阶段增压，中继阀、分配阀、作用阀、制动缸亦能得到阶段缓解控制，使列(机)车得到阶段缓解。

4. 过量减压位

常用制动已接近最大有效减压量或频繁制动充风不足又急需制动时，均可用过量减压位，其通路与制动区通路完全相同，只是均衡风缸、制动管可获得更大的减压量(240～260 kPa)。

5. 手柄取出位

手柄取出位是重联机车、无动力回送机车及本务机车非操纵端使用的位置，其综合作用及通路：

(1)自　　阀

调整阀的作用与过量减压位相同，均衡风缸减压量仍为 240～260 kPa。重联柱塞阀柱塞遮断了均衡风缸管与中均管的通路，使均衡风缸风压变化不影响中均管，自阀不能操纵中继阀，不能操纵列车。而连通了中均管与制动管的通路，使中继阀自锁，防止误动作。

(2)中 继 阀

由于中均管与制动管连通，使双阀口式中继阀膜板活塞两侧沟通，失去对制动管的充、排风的控制能力，处于自锁状态，不能操纵列车。

6. 紧急制动位

在列车运行中，遇有紧急情况，需要立即停车时使用的位置。其综合作用及通路：

(1)自　　阀

调整阀、缓解柱塞阀与过量减压位相同。重联柱塞阀柱塞凹槽连通中均管与制动管的通路，使中继阀自锁；柱塞尾端还沟通总风与撒砂管的通路，通过撒砂装置实现机车的自动撒砂。放风阀此时迅速开启，制动管压力空气直接由放风阀口迅速排向大气。单机时，制动管压力排至 0 的时间在 3 s 以内。

(2)中 继 阀

仍处于自锁状态。

(3)分 配 阀

由于制动管压力迅速下降，紧急放风阀呈紧急制动位，使制动管进一步加速减压。副阀呈制动位，开启局减通路和降压风缸经保持阀排大气的通路。在保持阀弹簧的作用下，降压风缸压力可保持在 280 kPa(制动管定压 500 kPa 时)或 340 kPa(列车管定压 600 kPa 时)。

主阀呈制动位，总风经供气阀口、常用限压阀、紧急限压阀向作用风缸等处充风。当作用风缸压力上升到 24 kPa 时，充气阀由缓解位上移到作用位。当作用风缸压力达到常用限压阀的调定压力时，常用限压阀呈限压状态，关闭充风通路。此时，由于制动管迅速减压，紧急限压阀呈顶开状态，由供气阀口来的总风经紧急限压阀止阀口继续向作用风缸等处充风增压。当作用风缸压力达到 450 kPa 时，紧急限压阀呈限压状态，停止增压。

(4)作 用 阀

由于作用风缸迅速增压呈制动位，总风经供气阀口向制动缸和膜板活塞上方充风。待制动缸压力达到 450 kPa 时，膜板活塞两侧压力平衡呈中立位，停止充风并保压。

(5)制 动 缸

由于压力空气迅速充入制动缸，使其迅速产生制动作用。

**(二)单独制动阀的综合作用**

单阀的综合作用，系指自阀手柄在运转位，单阀手柄在制动区、运转位时的综合作用，即单阀的单独制动缓解性能。

1. 制 动 区

制动区主要是单机运行或调车作业(不接风管)需要减速、停车；或需要机车单独制动时使用的位置。其综合作用及通路：

(1)单　　阀

当手柄移置于制动区某一位置时，调整阀呈制动状态，总风经供气阀口向单独作用管和调整膜板右侧充风，当压力上升到与手柄位置相对应的压力值时，供气阀口关闭，停止充风，呈中立位保压状态。

(2)作 用 阀

由于总风向单独作用管充风，压力空气推动第Ⅰ、第Ⅱ变向阀柱塞至右端，切断非操纵端单独作用管(即单阀)和分配阀作用风缸管(即自阀)与作用阀的联系，直接进入作用阀膜板活塞下方，使作用阀呈制动位，总风经供气阀口向制动缸和膜板活塞上方充风，机车产生单独制动作用。待膜板活塞上下两侧压力平衡呈中立位，停止充风并保压。

2. 运 转 位

运转位是机车单独制动后缓解或运行状态时所使用的位置。

(1)单　　阀

当单阀手柄由制动区移至运转位时，调整阀处于缓解状态，排气阀开启。作用阀膜板活塞下侧室的压力空气经作用阀管、第Ⅱ、第Ⅰ变向阀、单独作用管，与调整阀膜板右侧室的压力空气经排气阀口排向大气。

(2)作 用 阀

由于膜板活塞下侧室的压力空气排向大气，作用阀呈缓解位。制动缸及膜板活塞上方压力空气经作用阀排风口排向大气，使机车制动得到完全缓解。

若单阀手柄在制动区阶段右移，总风经调整阀向单独作用管阶段充风，单独作用管阶段增压，使作用阀在制动位和中立位之间重复动作，总风向制动缸阶段充风实现阶段制动。单阀手柄在全制动位，制动缸的最高压力规定为 300 kPa。若单阀手柄在制动区阶段左移，单独作用管的压力空气经调整阀阶段排向大气，单独作用管阶段减压，使作用阀在缓解位和中立位之间重复动作，制动缸的压力空气经作用阀阶段排向大气，实现阶段缓解。

**(三)自动制动阀和单独制动阀的综合作用**

1. 自阀手柄在制动区,单阀手柄在单独缓解位

此位是用于调节列车运行速度,列车制动后,缓解机车制动时使用的位置,其综合作用及通路:

(1)单　阀

单缓柱塞使单独缓解管与大气相通,将工作风缸及主阀大膜板活塞下方的压力空气经单独缓解管及单缓柱塞阀排风口排向大气。

(2)分 配 阀

由于主阀大膜板活塞下方减压,主阀呈缓解位,排风口开启,作用风缸及作用阀膜板活塞下方的压力空气经常用限压阀,由主阀空心阀杆排风口排向大气。

(3)作 用 阀

由于作用阀膜板活塞下方减压,作用阀呈缓解位,机车制动缸及膜板活塞上方压力空气经作用阀空心阀杆排风口排向大气。

(4)制 动 缸

制动缸的压力空气排向大气,机车制动缸缓解。说明:

由于常用制动后主阀呈中立位,紧急制动后主阀呈制动位,虽然都能单独缓解到 0,但单缓时间不同:常用制动后单缓,制动缸压力由 350 kPa 下降至 35 kPa 的时间为 5～6 s;紧急制动后单缓,手柄移至单缓位,须经 10～15 s 左右,待工作风缸压力下降至 180 kPa 后才开始缓解。故紧急制动后单缓、制动缸压力由 450 kPa 下降至 35 kPa 的时间为 25～28 s。

自阀常用制动后单缓,只要将工作风缸减压至制动管压力,即可使机车完全缓解。如客货车转换阀手柄在货车位继续单缓,使工作风缸降至制动管压力以下,会出现制动管压力下降的现象。其原因有二:一是工作风缸压力低于制动管时,制动管可经工作风缸充气止回阀向工作风缸充风;二是当作用风缸压力下降到 24 kPa 后,充气阀呈缓解位,开通了局减室管与大气的通路,此时副阀在中立位,制动管的压力空气经 2a→局减止回阀 2a1→充气阀柱塞尾端→小孔排向大气,制动管压力下降。

单机在使用自阀常用全制动后单缓,如将工作风缸压力空气排至 0,将单阀手柄移回运转位后,还会出现制动缸压力回升的现象,但要求在 1 min 内不允许超过 100 kPa。当机车挂有车辆时,由于制动管容积增大,一般不会出现制动缸压力回升现象。

2. 自阀和单阀手柄均在制动区

这种情况常用在缓解货物列车制动前,为了防止列车断钩,须保持机车制动后再缓解车辆制动。

自、单阀手柄均在制动区,作用阀呈制动位,机车制动缸产生制动作用。究竟是自阀控制作用阀,还是单阀控制作用阀,要看自阀制动后作用风缸压力和单阀制动后单独作用管压力,谁的压力大谁控制作用阀,由第Ⅱ变向阀实现自、单阀对作用阀控制的转换。

如自阀制动后,作用风缸风压大于单阀制动后单独作用管的风压,第Ⅱ变向阀柱塞切断单独作用管与作用阀的通路,连通作用风缸至作用阀的通路。自阀控制作用阀,制动缸压力表显示自阀制动作用产生的制动缸压力。如自阀制动后,作用风缸风压小于单阀制动后单独作用管的风压,第Ⅱ变向阀柱塞切断作用风缸与作用阀的通路,连通单独作用管至作用阀的通路,单阀控制作用阀,制动缸压力表显示单阀制动作用产生的制动缸压力。

# 第五节 DF4B 型内燃机车运用保养

机车保养质量的良好与否，关系着机车工作的可靠性和行车安全，应以认真负责的精神做好机车保养工作。

## 一、柴油机及其辅助机件的保养

### (一)柴油机的保养

柴油机是内燃机车的心脏，所以在正常工作中，要经常检查，精心保养。

根据季节变化，选择使用规定牌号的机油和燃油。机油的油位应在油尺上、下刻线之间，燃油油量应满足运用要求，冷却水成分要符合要求，膨胀水箱水位要保持在水表 2/3 处。机车修理或日常运用中发现油、水异常时，要及时正确的接取油、水样送化验室化验，不合格时要立即更换，并要查明原因。

启动柴油机前，要确认油、水、气系统各管路的阀、堵是否处于规定位置。机车停放时间较长时，要先接通启动机油泵电源，向柴油机各摩擦表面供油，进行预先润滑。对长时间停留或检修之后的机车，除进行预先润滑之外，还要进行甩车，彻底排除气缸内油、水等污物。

柴油机启动时，应有人监视机械间各部情况，如有异状时，应立即停机处理。当启动困难或不能启动时，要查明原因，在故障未消除前，禁止盲目强迫启动。柴油机启动后，应立即仔细倾听柴油机运转声响和检查各运动件状况。仪表显示不正常时，要判明原因及时处理。

1. 柴油机油、水温度规定

(1)柴油机启动时，机油和冷却水的温度均不得低于 20 ℃，当温度偏低时，可用预热锅炉进行加温。

(2)柴油机加载时，机油和冷却水的温度不得低于 40 ℃。

(3)机车运用中，机油温度应保持在 55～65 ℃，冷却水温度应保持在 65～75 ℃之间，水温最高不得超过 88 ℃。

(4)正常情况下停机时，柴油机应空转 3～5 min，使油、水温度控制在 50～60 ℃之间。

(5)柴油机需要放水时，冷却水温应降至 50 ℃以下方可放水，当环境温度低于 5 ℃时，放水温度应控制在 35 ℃以下。

(6)柴油机在运用中，应避免因冷却水温度剧烈变化，进而影响柴油机各零、部件的使用寿命。

2. 柴油机运转中，机油压力规定

(1)当柴油机转速为 1 000 r/min，机油压力不得小于 250 kPa；当柴油机转速为 450 r/min，机油压力不得小于 120 kPa。

(2)主机油泵出口压力不得小于 600 kPa。

(3)定期旋转机油滤清器滤芯手柄，滤清器前后压力差正常时应保持在 40～100 kPa，最大值不得大于 150 kPa。

柴油机运行中，要经常注意差示压力计的显示状态。当差示压力计起作用使柴油机停机后，应查明原因，原因不明时，禁止盲目打开曲轴箱检查孔盖。故障未消除时，禁止启动柴油机。

柴油机运转中，其转速应注意避开共振区和喘振区。主手柄应逐位移动，避免柴油机转速急剧变化。

冬季停机后，要关闭所有门窗及百叶窗，挂好防寒被注意保温。空转加温时，柴油机转速应控制在 700 min 以内，禁止高转速强迫加温。

根据机车不同的运用条件，合理确定各种滤清器的清洗和更换期限，以保持滤清器的良好性能。

柴油机工作时，严禁调整加有铅封的部件及切除水温继电器、油压继电器和差示压力计等保护装置。

机车长期停放不用时，停留时间不超过 15 天时要每隔两天用启动机油泵向柴油机泵油 1～2 min，盘车 2～3 圈。停留时间超过 15 天时，则要按柴油机防腐处理规定进行日常保养工作。

**(二)增压器的保养**

增压器是柴油机的重要部件，长期处于高温、高速及急剧变换的负荷下工作，因此对增压器应做到冷却和润滑条件良好，以保证增压器的正常运转，同时，还须在日常运用中对增压器作如下的检查和保养。

1. 长期停止使用的增压器在运用之前，应打开涡轮壳底部的排污堵，排出污物。

2. 启动柴油机之前，应闭合启动机油泵开关 3K，打油 1～2 min，向增压器和柴油机其他部件进行预润滑。

3. 柴油机启动后，空载状态下，用金属棒测听增压器运转声响是否正常。

4. 经常检查油、水管路及空气通道有无泄漏现象。

5. 按规定时间定期清洗机油滤清器。

6. 经常检查油压继电器的作用状态，并使其作用良好。

7. 更换增压器时，应注意检查增压器转子的灵活性，轴向间隙及工作轮与外壳的间隙，以及空气通道的清洁度。

8. 柴油机停机时，应立即闭合启动机油泵开关 3K，以继续维持高速运转的增压器轴承有充分的润滑。

9. 定期清除增压器中的积碳和水垢，保证增压器的可靠工作。

10. 柴油机工作时，可利用开放稳压箱排污阀的机会，判断增压器及其他部件有无泄漏现象。

**(三)静液压系统的保养**

1. 由于静液压系统油箱位置低，容量小，油管路又比较长，因此向静液压系统油箱加工作油时，应分几次注入，并甩车几次，直至油位达到规定值为止。

2. 应经常检查静液压系统有无泄漏，工作油有无变质。若工作油出现乳化现象，多为热交换器内部泄漏，应修复或更换静液压油热交换器，并彻底更换液力工作油。

3. 变速箱及轴承盖温度不应超过 80 ℃，静液压泵及马达温度不应超过 70 ℃，静液压系统工作油温度应在 15～65 ℃之间。

4. 机车正常运用中，不得随便调整温度控制阀的调节螺钉。

5. 检查各部油、水管路有无泄漏，油箱油位符合规定。

6. 静液压系统工作油应保持清洁，机车每走行40 000～50 000 km时，更换新油。

7. 百叶窗开关油缸与静液压马达油路沟通，在风扇工作之前，百叶窗应先打开，在风扇停止工作时，百叶窗依靠弹簧作用自行关闭，应注意观察油缸作用是否正常。

**（四）联合调节器工作油的更换**

1. 工作油的质量直接影响联合调节器的正常工作，故当联合调节器工作不良时，应更换工作油。

2. 在柴油机停止工作后，打开中间体下部的放油堵，放出全部工作油，并从加油口加入清洁柴油。

3. 柴油机启动后，司机控制器主手柄在0位工作3～5 min，清洗联合调节器内部。然后停机，放出柴油，向联合调节器注入新工作油。

4. 再启动柴油机，司机控制器主手柄0位工作3～5 min后停机，放出加入的新油，再次注入新工作油。

5. 在任何时候，向联合调节器加入工作油或柴油时，均须用绸布进行过滤。

6. 联合调节器开始工作时，司机控制器主手柄在0位，将针阀拧松2～3扣，使柴油机转速在不稳定的情况下，工作3～5 min，以排除联合调节器油路中的空气，然后再调整针阀，直到柴油机转速稳定为止。

7. 联合调节器针阀的最后调整工作，应在柴油机热态下进行，一般情况下针阀应在拧紧位置松开1/4扣左右。

**（五）机油粗滤器的清洗**

1. 柴油机停机后，打开滤清器及机油系统的排油阀，将滤清器及管路中的机油排回油底壳。

2. 用19 mm开口扳手松开滤清器上盖螺母，取下垫圈，然后取出滤清元件，放在油盘中进行解体。

3. 用8 mm开口扳手松下固定架螺母，用12 mm开口扳手松下中心杆螺母，取出刷子及外滤芯，放在柴油中进行清洗。

4. 把内滤芯放在干净柴油中进行刷洗，再用弯型细风管由里向外用压力风吹干净。

5. 检查刷子弹簧是否有断裂，断裂应更换新品。

6. 检查外滤芯钢丝是否有断头，断头可施行锡焊点牢。

7. 检查内滤芯铜网是否有破裂，破裂面积小于0.5 $cm^2$时，可施锡焊焊死，大于0.5 $cm^2$时，更换新品。

8. 检查各橡胶件是否变形，老化或有其他缺陷，不合格者换新品。

9. 清除机油滤清器底部沉积物。

10. 按拆卸的相反工序进行组装，调整好刷子弹簧压力，保证刷子均匀接触外滤芯。

11. 组装后将回油阀关闭，闭合启动机油泵开关打机油，检查滤清器上盖处应无泄漏，滤芯转动应灵活。

**（六）机油离心精滤器的清洗**

1. 用17 mm套筒扳手松下离心精滤器上盖螺母，取下上盖，并检查上盖与体之间石棉垫是否良好。

2. 检查转子顶面有无擦伤并取出铜垫。

3. 将转子放入轴盘中，由尖嘴钳子将转子盖螺母上的开口销取下。

4. 用 14 mm 套筒扳手松开转子盖螺母，将转子分解(注意不要乱放以免影响平衡)。

5. 用刮刀将转子内壁及墙上油垢刮掉，再将各件浸入柴油中用毛刷清洗，用压缩空气吹净。

6. 检查心轴，毡垫有无破损，喷嘴是否畅通，轴承状态是否良好。

7. 按解体的相反顺序组装转子时，要使下端罩上的定位铁和槽对好，转子盖和定位销对正，盖保持水平且均匀，紧固时力不要过大，以防歪斜和滑扣。

8. 把转子装入体内时，应注意把转子轴上的钢垫和体上的石棉垫放好，再将螺栓按对角拧紧。

9. 组装后启动试验，检查应无异声及泄漏，油压正常。

**(七)燃油粗滤器的清洗**

1. 将转换阀手柄置于关闭位。

2. 用 8 mm 开口扳手松下放油堵放油至油盘。

3. 用 17 mm 套筒扳手松下上盖螺栓，取下燃油粗滤器器体。

4. 从体内取出滤清元件及弹簧，检查是否良好。

5. 打开滤清元件，抽出棉纱进行清洗。

6. 检查内外滤网及空心杆有无破损及开焊，把滤网放入油盘内用毛刷清洗，然后用压缩空气吹净。

7. 组装时将棉纱用柴油浸透，拧成麻花状，接头要叉开，松紧程度要适当。组装后应注意密封垫应良好，紧固螺栓时对角紧固，然后将转换手柄置于开放位。

8. 闭合燃油泵开关，泵油，排净空气，检查管路应无泄漏。

**(八)燃油精滤器的清洗**

1. 用 17 mm 扳手松下燃油滤清器体上的放油堵将油放入油盘内。

2. 用 22 mm、27 mm 扳手松下排气管连接螺母，取下心杆及外罩，检查心杆螺纹及垫是否良好，心杆排气孔是否畅通，外罩有无裂纹。

3. 用 41 mm 扳手松开滤清元件压紧螺母，更换滤清元件，检查套及密封垫是否良好。

4. 用 41 mm 扳手松开来油管螺母，用 300 kPa 压力空气吹扫干净，然后组装。

5. 组装后闭合燃油泵开关，泵油，排除空气，检查管路有无泄漏。

**(九)空气滤清器元件的更换**

第一种情况：如果机车在段外故障而以上工具及材料不全具备时，可将网板式滤清器取出，用刷子清扫网面，清扫干净后原位装好、装牢。

第二种情况：如果条件具备，则工作顺序如下：

1. 取下滤清元件，松开卡子取出滤清网板(顺序记好)。

2. 将网板置于柴油中刷洗，并用压缩空气吹净。再用 80～100 ℃含 5%～10%的 NaOH 溶液浸泡 20～30 min，用 70 ℃以上热水冲洗，然后再用冷水冲洗残碱，用压缩空气吹干。

3. 将滤网浸入机油中，取出滴净。

4. 按顺序将网板组装在一起后牢固的装于机车上。

## 二、电机、电器部分的保养

### (一)电机的保养

1. 定期使用干燥的压缩空气吹扫电机，清扫整流子、刷杆(瓷瓶)上的碳粉和灰尘，经常保持电机内外清洁、干燥、无油、水。吹扫电机应在柴油机启动状态下进行。

2. 要根据机车的运用情况，确定合理的轴承补油周期和给油量，避免缺油和给油过多。补入的润滑脂应与电机轴承内原有的油脂牌号相同，禁止不同牌号的油脂混合使用。

(1)同步主发电机轴承：应用3号锂基脂润滑油润滑，其用量约15 g。

(2)牵引电动机轴承：电机两端轴承清洗后的一次加油量为换向器200 g；传动端400 g。轴承在运用中的添油量，建议机车从20 000 km开始，每走行20 000 km，换向器端轴承加油10～15 g；传动端轴承加油20～25 g。

(3)启动发电机轴承：应用3号锂基脂润滑油润滑，其用量约15 g。

(4)励磁机轴承：应用3号锂基脂润滑油润滑，其用量约15 g。

(5)通风机轴承：应用3号锂基脂润滑油润滑，其用量约10 g。

(6)其他各型直流电机轴承：应用3号锂基脂润滑油润滑，其用量约10 g。

3. 经常打开检查孔盖，检查电机内部。打盖前要清除电机外壳上的灰尘、油垢，以防落入电机内部。检查电机时，禁止用有油的手去摸换向器表面。电刷工作表面、换向器表面有油污及黑痕时，要及时用棉丝或绸布蘸酒精擦去，当黑迹较重或出现轻度烧痕时，可用00号砂纸沿轴向打磨，并需将打磨后的粉尘吹扫干净。电刷在刷盒方孔内应活动自如，压指动作灵活，压指弹簧无锈蚀、退火及弹性衰弱等现象。更换电机电刷时，同一台电机要使用同类型同牌号的电刷，有条件时应尽量采用分裂式电刷；换上的电刷要认真用00号纱布沿着换向器表面的弧度进行打磨，使电刷和换向器的接触面积达到85%以上，打磨后要彻底清除炭粉。当电机内部有断线、变色、烧损、松动、裂纹、开焊、甩油及换向器严重发黑等现象时，要立即与有关人员联系，判明原因并采取适当措施。检查完毕后，将检查孔盖盖好。

4. 机车牵引列车时，牵引电流不得超过最大允许工作电流。当列车起而不动时，主手柄在任何牵引位置上，停留时间都不得超过10 s。操纵机车时，要注意使主回路电流不发生大的波动；同时掌握好列车速度，禁止机车以大于持续电流的牵引电流长时间运行。高速通过振动大的区段或道岔时，应适当回主手柄，以防止牵引电动机产生火花。运行中提高柴油机转速时，不可一次提升太多，以防机车动轮发生空转，当有空转预兆时要及时撒砂；空转继电器作用后，要判明原因，消除后继续运行。除空转保护电路本身故障外，禁止盲目切除空转继电器运行。接地继电器作用后，在未查明原因之前，禁止加负荷(查找接地故障除外)。当机车切除故障牵引电动机运行时，要控制主手柄位置，以免其他牵引电动机过载。

5. 保持磁场削弱接触器作用良好，电路中各导线、接点、线圈要连接牢固无松动，以保证磁场削弱后主电路各支路电流分配均匀。运行中，磁场削弱的过渡点要在规定的范围内进行，当过渡点动作不合要求时，要及时请检修人员调整。恢复全磁场时，若释放过晚，可提前断开过渡开关，防止牵引电动机电流过大。发现磁场削弱电阻过热或发红时，要及时切除该台牵引电动机，入库后，认真检查其主极电路，防止故障扩大。牵引电动机电流分配误差要在规定的范围内。

6. 严禁逆电操作。在任何情况下，严禁机车未停稳时就换向加载。运行中，禁止做电器动作试验。经常检查牵引电动机通风机的工作情况。当机车无动力回送时，应拔掉牵引电动机全部电刷。

7. 机车到达入段或进入有地沟的线路后，要立即检查牵引电动机，并做到“三摸”：摸轴承温度；摸主磁极温度；摸附加极温度。如磁极温度有显著差别时，可能是绕组有断路或短路情况，要详细检查，判明原因，及时处理，防止故障扩大。

8. 冬季机车进入暖车库时，要在牵引电动机热态下进入，以免在电机换向器等部件上出现缓霜。当发生缓霜现象时，要及时用热的干燥压缩空气吹扫，并用棉丝擦干，再用 1 000 V 兆欧表测量主回路绝缘值(不低于 5 MΩ 时，方可投入运用)。严寒地区机车运用中，要采取措施保持牵引电动机内部温度，以改善牵引电动机的工作条件。

9. 装有电阻制动的机车，在使用电阻制动时，要注意制动电流和机车速度的关系，勿使制动电流超过允许值，以保护牵引电动机和制动电阻。

**(二)电器的保养**

1. 检查和保养电器装置时，要切断电源，定期用低压干燥空气吹扫或用棉丝、毛刷等清扫电器，保持电器清洁、干燥、无油污。按时向各给油处所给油，保证机械部动作灵活。

2. 电器装置各触头、触指接点的工作面有氧化层或接触不良时，要及时用棉丝蘸酒精或汽油擦洗。接触器主触头有轻微烧伤时，可用 00 号砂纸打磨，烧伤严重的用细锉刀仔细修整。银质接点禁止用砂纸打磨。触头开度、弹簧压力不良时应予以调整。灭弧罩破损时要及时修整或更换。

3. 工况转换开关、方向转换开关，各触片、触指应保持接触良好，经常检查触片、触指有无松动、虚接，电空风缸有无漏风、卡滞现象。

4. 电器线路各连接处应牢固无松动，有虚接、断路、短路或接地现象时，要立即消除。电器试验时，动作应正确，有卡滞者应及时处理。要定期用兆欧表检查线路的绝缘状态。检查绝缘时，要注意对电压调整器等电子装置进行防护，防止击穿电子元件。

5. 电路中必须使用符合规定的熔断器，严禁以大代小，或用其他金属丝代替。机车运行中，不得人为的搬动工况转换开关、换向转换开关。不得任意调整各种电器的作用参数，不得随意更改电路。需要变更其参数时，应由专修人员在试验台上或随车进行调整。

6. 回主手柄时，主手柄应在 1 位稍作停留，待主回路的负载电流降至最低稳定值后，再退回 0 位，以减少主接触器、励磁接触器的断开电弧，防止触头烧损。

**(三)蓄电池的保养**

1. DG-420 型蓄电池组属酸性蓄电池，单节额定电压为 2 V，共计 48 节，额定工作电压不小于 96 V。额定容量为 420 A·h。充电电压 110 V，初充电电流为 38 A，时间约为 36～45 h；一般充电电流为 50 A，时间约为 12～16 h，单节放电终止电压为 1.7 V。

2. 经常保持蓄电池清洁，接线螺栓连接紧固。如发现导线或接点上有氧化物附着时，应将螺栓拧下，用干净的布擦净。在接点及导线端子上涂以凡士林油。

3. 检查蓄电池时，要在柴油机停机状态下进行，断开蓄电池闸刀，工作中严禁吸烟、明火及将金属工具放置于蓄电池跨线上。蓄电池检查孔盖上的通气孔应保持畅通，充电时，应拧下检查孔盖。

4. 蓄电池在使用中应经常检查，电解液不足时，应补加蒸馏水，以保持电解液液面高出极板 10～15 mm。

5. 运用中电解液的比重：当气温在 30 ℃时，比重为 1.25±0.005。温度变化时，比重也随之升高或降低，一般可按下列公式进行计算：

$$S_t = S_{30} + 0.0007(30 - t)$$

或

$$S_{30} = S_t + 0.0007(t - 30)$$

式中，$t$——测定电解液时的温度，℃；

$S_t$——在 $t$ ℃时的比重；

$S_{30}$——在 30 ℃时的比重。

6. 电解液减少或比重不足时，绝对不允许添加浓硫酸，应补充蒸馏水或比重为 1.25±0.005(30 ℃时)的电解液，或用比重为 1.4 的稀硫酸进行调整(要根据具体情况而定)。比重的调整，应在蓄电池充电完成后进行。

7. 在充电终期尚未停止充电时，单节电压应在 2.6 V 以上，电解液比重应恢复为 1.25±0.005(30 ℃时)。如比重不符合规定应进行调整，并再充电 2 h，重新检查或调整，直到电压与比重稳定为止，充电完毕。

8. 在日常运用中，发现蓄电池状态不正常时，必须及时进行处理。如发现电解液比重降到 1.150 以下时，应进行一般性充电。如发现有个别蓄电池单节不符合要求时，可以个别进行充电或更换。

9. 机车长期停留期间，每月至少进行一次一般性充电。充电时间可以缩短到 2～3 h，充电完毕之后，电压及比重均应符合要求。

## 三、机车辅助部件的保养

### (一)机车启动变速箱及静液压变速箱的保养

启动变速箱及静液压变速箱均为浸浴式飞溅润滑。只要油位在油尺最高、最低油位之间，各部位即可得到充分润滑。运用中要密切注意油位情况，过高会引起箱体过热，过低会造成润滑不足。变速箱正常温度一般不应高于 80 ℃。为确保油位准确，各变速箱油尺不要互换。

启动变速箱及静液压变速箱的箱体中均注入与柴油机相同牌号的机油。机车每走行 50 000 km 左右应更换一次新油。

齿轮如有齿轮裂纹、断齿或齿面点蚀超过 20%者，应予更换。

当静液压泵骨架式橡胶油封严重磨损漏油时，会造成静液压变速箱内油量增多，产生箱体高温或冒油故障，运用中可以采取临时措施，打开放油堵，将余油放掉，待回段后修复。

### (二)万向轴及尼龙绳联轴器的保养

万向轴各滑动副均采用滚动轴承Ⅰ型锂基脂润滑，轴上有可供注油的油杯，其中每个十字轴四个，花键轴套两个。机车每走行 15 000 km 应加油一次。注油时可只向每组油杯之一加注，待每个十字轴四个端部均冒出油脂即可。

尼龙绳联轴器的尼龙绳具有较高的抗拉强度和良好的吸震能力，但易被利物割断和受热熔断。因此无论 U 形螺栓、柱销及法兰等与尼龙绳接触之表面，都必须光滑无疵。与尼龙绳接触部位，可涂以少量润滑油以减少摩擦，提高寿命。一旦发现尼龙绳有断丝状态时，应及时更换新绳。

**(三)空气压缩机空气滤清器的清扫**

1. 断开空气压缩机开关。

2. 用螺丝刀松下空气滤清器外罩螺钉；用 19 mm 开口扳手松下外罩螺母，取下外罩。

3. 取出滤清元件，将马鬃及毡罩放入油盘中，用汽油清洗干净。

4. 按相反顺序组装，组装前在马鬃上涂上少量机油。

**(四)轴箱的保养**

1. 机车运用中，在停车站应检查轴箱温度，最高温升不得超过 55 ℃。如果温度过高或局部温度过高，应打开轴箱端盖，检查润滑油质、油量、滚柱轴承、轴承支架和橡胶垫圈的情况。

2. 机车整备时，应检查轴箱端盖、轴箱拉杆和电机悬挂吊杆是否紧固良好。在锤检螺母时，不得向松开方向敲击螺母及敲击在螺母棱角上。

3. 轴箱通气孔，应保持畅通，勿使其堵塞。

4. 定期打开轴箱端盖，检查轴承工作状态和油脂状态。油量不足时，应补加同牌号的润滑脂，加油后油量符合规定，不可过多。

5. 机车长期存放时，应每隔 2～3 个星期将机车移动一次，以改变轴承滚柱的受力点，防止轴承部件受到腐蚀。

**(五)牵引电动机抱轴的保养**

1. 牵引电动机抱轴轴承的径向间隙：轴瓦是新品时，其径向间隙为 0.2～0.4 mm，；同一轴两副轴瓦的径向间隙差不得超过 0.15 mm；运用后径向间隙磨耗至 1.2 mm 时，或同轴两副轴瓦的径向间隙差达到 0.3 mm 时，应更换新瓦。

2. 牵引电动机抱轴轴承的轴向间隙：轴瓦是新品时，其轴向间隙为 1.0～2.6mm；轴向间隙磨耗至 6 mm 时应更换新瓦。同一轴上两副轴瓦中任何一副的端面磨耗量不得超过 3 mm。

3. 抱轴承润滑油应定期更换。机车每运行 150 000 km 后，应更换毛线垫。经常检查抱轴油盒，油位高度应保持在 75～120 mm 之间，油盒盖关闭严密，油脂清洁。毛线垫作用良好。弹簧无脱落、折损和锈蚀。

4. 毛线垫由纯毛毛线编成，更换时应取出全部毛线垫，在清洁的柴油中浸泡、清洗并淋干，除去断损毛线，重新编制。

5. 抱轴轴承在工作中其温度不应超过 90 ℃。如发现轴瓦有发热或碾片，要及时处理；当温度过高或冒烟时，禁止用油、水进行人工冷却，以免轴颈产生裂纹。为避免高温下车轴弯曲，必要时可将机车在线路上慢慢移动，直到温度恢复正常，之后及时入段进行处理。

## 四、机车防寒

**(一)内燃机车防寒期的规定**

根据历年来的过冬经验，内燃机车的防寒期一般定为每年 11 月 15 日起至次年 3 月 15 日止。但各地可根据当地气候适当延长或缩短。

**(二)过冬前应做好下列准备工作**

1. 配齐机车打温人员。

2. 在防寒期到来之前对机车有关部分进行一次整修。

3. 组织有关人员进行过冬防寒知识的学习。

4. 对机车有关处所包扎防寒设备。

5. 更换冬季牌号的机油、润滑脂、燃油等。

**(三)机车打温人员应具备的条件和打温过程中的注意事项**

机车打温人员应具备的条件：

1. 熟练掌握预热锅炉的使用方法。

2. 熟知机车油、水管路布置情况。

3. 熟练掌握柴油机的检查及启动方法。

4. 能判断和处理柴油机、电器装置的一般故障。

5. 熟知蓄电池的构造、充放电的方法。

6. 熟知防火、灭火措施和掌握机车上灭火器的使用方法。

打温过程中的注意事项：

1. 检查并做好机车防溜措施。

2. 启动柴油机前应检查柴油机的油、水情况及有关部件状态。

3. 打温过程中，手柄位置不能过高，保持规定的油水温度，并经常对柴油机及辅助装置的运行情况进行检查。

4. 在柴油机运转中，打温人员不得擅离机车。

**(四)入冬前应对机车下列部件进行检查与整修**

1. 机械间各百叶窗及其传动装置作用良好，百叶窗关闭时应严密。

2. 司机室、机械间各门窗及顶部各孔盖应完整、严密。

3. 司机室取暖设备(热风机、通风机百叶窗、侧壁暖水管)应作用良好，管路无泄漏。前窗玻璃加热器作用良好。

4. 配齐并加挂冷却室防寒棉被及各通风口防寒罩。

5. 燃油循环预热系统的各管路，止阀及热交换器应严密无泄漏，作用良好。

6. 检查蓄电池，液面高度要符合要求，充电之后，比重应达到 1.27 以上。运用中应保持在 1.26～1.27，蓄电池单节电压应不得低于 1.85 V，并经常擦拭蓄电池外表灰尘及溢出的电解液，疏通蓄电池排气孔。

7. 结合机车修程，对钩舌销进行回火处理。

8. 更换冬季牌号的燃油、机油。

9. 整修燃油箱、蓄电池箱防寒隔热层。

检查、整修预热锅炉燃油、水、风管路系统各阀、各泵组及预热锅炉点火装置，使其作用良好。

**(五)入冬前应进行防寒包扎的部件及包扎方法**

应进行防寒包扎的部件：

1. 空气系统的油水分离器、远心集尘器、总风管、各截断塞门及各排水阀。

2. 柴油机放油管、放水管及止阀。

3. 燃油箱输油管和回油管。

4. 司机室取暖水管。

包扎方法：

各管均以毡条包扎缠紧，然后用麻袋条包扎，再用铁丝缠紧，铁丝间距 20～30 mm，然后涂上防腐油或防腐漆。

油水分离器、远心集尘器各排水阀均应防寒包扎，但要保持排水阀开关灵活。

**（六）柴油机的防寒注意事项**

1. 禁止向柴油机冷却水系统补加冷水。补水温度不得低于 20 ℃，补水时最好使柴油机空转，水温也不宜过高。

2. 柴油机启动时，冷却水温度不得低于 20 ℃。水温过低时，应点燃预热锅炉或接入循环水加温。

3. 柴油机加载时，冷却水温度不得低于 40 ℃，若水温在 40 ℃以下时，可提高柴油机转速空转加温，但通常以柴油机转速不超过 700 r/min 为宜。

4. 运行中，冷却水温度应保持在 65～75 ℃之间，必要时适当调整百叶窗开度，但应注意避免冷却水温度急骤变化，通常以每分钟不超过 5 ℃为宜。柴油机停机时，事先应空转 2～5 min，使冷却水温度降至下限。

5. 机车因故障或修复中需要放水时，水温应控制在 50 ℃以下，当气温在 5 ℃以下时，水温应降到 35 ℃以下方可放水。冬季放水时，应迅速开启各排水阀堵，并开启冷却单节及柴油机上部止阀，以加速放水。放水结束后，开放热交换器和预热锅炉循环水泵等排水阀堵，并稍行移动机车，以达到彻底放水。

6. 遇暴风、雪、雨等不良天气时，应关闭百叶窗，改为内通风。

7. 入库后，应及时关闭门窗及百叶窗，并放下防寒被进行保温。

**（七）冬季运用机车对电气部分防寒注意事项**

1. 经常检查蓄电池比重、电压和液面高度，比重低于 1.23 或容量低于额定容量的 75% 时应充电。

2. 机车进入有暖气的库房时，应在牵引电机处于热态下进入，以免换向器缓霜。长时间停留的机车进库时，应启动柴油机以小电流走车，提高换向器温度后再进库。进库后应检查电机，发现缓霜应立即吹干擦净。

3. 遇大风、雨、雪天气时应及时将牵引电机通风机改为内通风，以防尘土、雨、雪进入牵引电机内，并防止柴油机空转。

4. 长期停留的机车，在整备作业中应彻底检查牵引电动机，若电机内有积雪或水珠时应及时擦净，并启动柴油机，采用小电流走车，待烘干换向器后方可牵引列车。

5. 运行中，非操纵端司机室门窗关严，开放暖气和热风机。

**（八）冬季对长期停留和无动力回送机车的处理**

在冬季，机车长期停留或无动力回送时，为了避免冻结，应彻底放水，所有水阀、排水阀和排水堵全部打开。特别对热交换器、燃油预热器的下端盖放水堵，预热锅炉循环水泵，中冷水泵，主水泵及出水管弯头下部放水堵，空气中冷器进水管放水堵都应卸下；必要时用另一台机车前后拉动数次，使各部分的存水彻底排净。并将各门窗和百叶窗关闭，并挂好所有防寒被。

**（九）冬季长期停留的机车转入运用前的处理**

冬季长期停留的机车转入运用时，应拖至暖库内保温 24 h 以上，再加入 40 ℃的热水，同时开启排水阀，通过检测待排水温度达到 20 ℃以上，关闭排水阀，方可启机。

检查各电机，如有缓霜潮湿现象，应进行擦净，吹干。测量绝缘电阻，应使其符合要求，必要时可通入小电流烘干，然后投入使用。

**（十）在冬季，机车在途中发生故障不能运行时，应采取的防冻措施**

冬季机车在途中发生故障，不能继续运行时，应立即关闭门窗，挂好防寒被。柴油机能启动时，应使其空转或间断打温，以保持规定的油水温度。如柴油机不能启动，应点燃预热锅炉保温。如无预热设备或预热锅炉作用不良时，应彻底放水，但须待水温降至规定温度方可进行放水。

**（十一）内燃机车冻结后的解决方法及注意事项**

1. 机车部分部件和管路冻结时，可采用库内保温或浇以热水的方法进行解冻。
2. 与冷却器部分单节或通路冻结时，可打开冷却间侧门，利用机械间的温度解冻。
3. 严格禁止用火烤解冻，以防损坏部件和引起火灾。
4. 为防止冻裂和泄漏，解冻后的部件应进行全面检查。

## 复习思考题

1. 电磁驱动装置与电空驱动装置有什么不同？
2. 磁场削弱接触器由哪几部分组成？为什么没有灭弧装置？
3. 司机控制器为什么设机械联锁装置？
4. 简述柴油机的工作原理。
5. 尼龙绳及与之相连的部件有何要求？

# 第五章　实作基本技能

## 第一节　基本钳工技能

### 一、甩掉柴油机故障气缸

1. 准备工作

将柴油机停机或降到低转速。

2. 工作方法

(1)将夹头体从齿条拨叉座内拨出(由于调整螺母已与夹头销相对固定成一体,因此只要用手抓住调整螺母向外拔就行),然后扭转 90°,通过锁销将夹头销卡在夹头体的浅槽内(必要时用铁丝或穿销穿到定位孔中),使夹头体不能复位,以免与喷油泵齿条拨叉座相碰而发生柴油机飞车事故。

(2)将故障缸供油齿条拨到停油位(右端)。

(3)用铁丝或绳索将故障缸供油齿条捆绑固定在停油位。

(4)开放示功阀或示功堵。

3. 注意事项

(1)甩缸应尽量安排在停机后进行,禁止在柴油机高转速下甩缸。

(2)加强机械间巡视,注意夹头销及供油齿条固定在安全位置,且彼此不得接触,以免发生柴油机飞车事故。

(3)打开示功阀后,如发现该缸喷油泵仍在向故障缸供油,可将高压油管螺母松开,用硬币或铜片堵住,再紧固螺母。

### 二、更换尼龙绳

1. 更换液压变速箱尼龙绳时应按步骤进行:

(1)卸下后通风机端的弧形铁口上的两个安装螺钉,把弧形铁取下待用。

(2)把选好的尼龙绳先穿到液压变速箱的弧形铁上,使尼龙绳形成四股状态。

(3)再把另外两端穿在待用的后变速箱弧形铁上,套在后通风机的轴上,重新把两个螺钉上紧。

2. 更换启动变速箱的尼龙绳时应按步骤进行:

(1)拆下启动变速箱右侧前端传动尼龙绳上防脱铁丝,取下失效尼龙绳。

(2)把选好的尼龙绳按规定的安装顺序绕在前变速箱与前通风机的传动轴键上。

(3)重新把防脱铁丝扎上。

## 三、制动软管的连接与摘解

列车的空气制动装置是通过主风管与机车制动软管相连，并由机车制动软管提供压力。在列车管排气（减压）时制动缸充气（增压），发生缓解，这时候列车才能运行。制动操作时，通过调节风管内的压力来控制制动力的大小。机车始发作业前连挂列车时需进行制动软管的连接作业，机车到达后摘解列车时需进行制动软管的摘解作业。

1. 准备工作

挂车作业换端后，机车保持全制动，司机检查确认机车与第一位车辆的车钩、车钩防跳装置、软管连接（制动主管和总风管）、折角塞门和机车走行部状态。

2. 连挂作业

（1）连挂手信号：昼间——两臂高举头上，使拢起的手信号旗杆成水平末端相接；夜间——红、绿色灯光（无绿色灯光的人员，用白色灯光）交互显示数次。

（2）试拉手信号：昼间——拢起的红色信号旗直立平举，再用展开的绿色信号旗上下小动；夜间——绿色灯光上下小动。

（3）连接制动软管，先打开车辆端折角塞门，再打开机车端折角塞门。

3. 摘解作业

（1）按照“一关前，二关后，三摘软管，四提钩”的顺序进行作业，再显示前移手信号。

（2）前移手信号：昼间——展开的绿色信号旗上下摇动；夜间——绿色灯光上下摇动。

4. 注意事项

将机车风管挂入防尘堵内，防止软管侵限碰坏行车设备。

## 四、更换不良制动软管

1. 使用工具及材料

55 mm 开口扳手（或 18 英寸管子钳）、制动软管、生料带。

2. 工作程序

（1）确认折角塞门在关闭状态后，打开防尘堵。

（2）用 55 mm 开口扳手松下制动软管，检查折角塞门接口的螺纹是否良好。

（3）装制动软管时，应检查水压试验日期及螺纹是否良好，并在螺纹缠绕上生料带。

（4）安装制动软管后，软管斜度为 45°，接口向内垂直。装好防尘堵，开放折角塞门，试验有无泄漏。

（5）安装制动软管时，不得紧过劲再回扣。

## 五、更换不良闸瓦

闸瓦有裂纹或到限时（25 mm）均须更换。更换闸瓦时，应关闭该组制动缸塞门，使其他组制动，确保安全。松开调整装置，使闸瓦至轮箍踏面的距离增大，即可卸下旧闸瓦，装上新闸瓦。装好穿销后，应用撬棍撬动，检查穿销位置是否正确。

## 六、拆装检查车钩钩舌

1. 准备工作

机车制动，按规定设置防溜防护、并悬挂“禁动牌”。

2. 操作步骤

(1)拆下钩舌

①将车钩置于闭锁位。

②将钩舌销下方开口销合并,取下开口销。

③取出钩舌销,然后一手扶钩舌、一手提钩,使钩舌转出,并将其取下。

④双手抱住车钩,贴身抱稳并放在地上,注意防伤。

⑤按顺序取出钩锁铁、钩舌推铁。

(2)安装钩舌

①将钩舌推铁平放位于钩体腔内,然后再装上钩锁铁。

②将钩锁铁位于钩体上腔内,然后再装上钩舌。

③将钩舌上的孔与钩体耳销孔对正,然后将钩舌置于闭锁位。

④装上钩舌销和开口销,并将开口销扳成不小于 60°。

(3)车钩三态检查

①检查车钩开锁、闭锁状态,三态作用必须良好。用钢板尺分别测量车钩全开位和闭锁位时的尺寸。

②用丁字尺测量车钩中心水平线距轨面的高度。

(4)车钩主要技术参数

①车钩开度:闭锁位 110~130 mm,开锁位 220~250 mm。

②钩锁铁跳动量:5~15 mm;钩舌销径向间隙:1~4 mm。

③车钩中心线距轨面垂直高度:815~890 mm。

### 七、调整制动缸活塞行程和闸瓦间隙

用调整装置调整闸瓦与踏面的间隙,使其在 6~8 mm 的范围内。制动缸活塞行程应符合规定。

如闸瓦间隙上下不一致,可用闸瓦间隙调整器的支撑螺母调整。制动缸活塞行程为 74~123 mm。

## 第二节　基本电工技能

### 一、更换熔断器

1. 使用工具

活扳手、螺丝刀、克丝钳、同牌号熔断片。

2. 工作顺序

更换不良熔断器时,应在该电路断电后进行。更换熔断器熔体时,先松开熔断器两端压盖,卸下止动圈,用活扳手和螺丝刀将同容量熔断片换上,并加以紧固,再装上止动圈和两端压盖。

### 二、更换头灯灯泡及调整焦距

1. 使用工具及材料

17 mm 和 27 mm 开口扳手、螺丝刀、灯泡。

2. 工作程序

(1)断开头灯开关。

(2)松开卡子,打开头灯检查盖,松开手轮,取下正负极插头,更换新灯泡,更换汞氙灯管时,注意灯管极性,阳极(粗短端)在下,阴极(细长端)在上,否则会影响发光效率。

(3)闭合头灯开关,检查头灯后燃状态。

(4)用 27 mm 开口扳手松开灯座螺母,调整灯光偏移量和焦点。

(5)用螺丝刀松开灯架升降止钉,使灯泡升降,调整焦距。

(6)用 17 mm 开口扳手松开反光镜固定螺母,调整反光镜倾斜角度亦可调整焦距。

(7)试验调整灯光时,注意将检查盖盖好,防止灯光刺眼及灯泡爆炸伤人。

### 三、电器线的切断与连接

在机车上进行控制及照明线路的切断或连接时,应尽可能在接线端子板上进行,或者用绝缘柄克丝钳剪断,但应包扎绝缘。如将两导线连接,可先用电工刀将导线的绝缘层削掉,然后将裸体导线两端连接,并用绝缘胶带包扎。

### 四、甩掉故障的蓄电池单节

1. 使用工具

17 mm 开口扳手。

2. 工作程序

个别蓄电池单节出现故障需要甩掉时:

(1)断开蓄电池闸刀。

(2)甩掉 1 号故障单节时,用扳手将连接板 A 拆除:把大线(+)端接到连接板 D 的下部接线柱上。

(3)甩掉 2 号故障单节时,用扳手将连接板 A 的上端螺栓和连接板 C 左端螺栓松下,接到 E 板的右端接线柱上即可。

3. 注意事项

(1)严禁将扳手等金属物品放在蓄电池跨线上。

(2)采用代用连接线时,必须注意线径容量。

## 第三节 行车安全防护用品

### 一、响墩使用方法

已请求救援的列车:

已请求救援的列车,应在救援列车开来方向(不明时,从列车前后两方面)距停留车列不少于 300 m 处放置响墩,如图 5-1 所示。

### 二、火炬使用方法

1. 使用时机

列车被迫停车可能妨碍邻线时,司机应立即用列车无线调度通信设备通知邻线上运行的

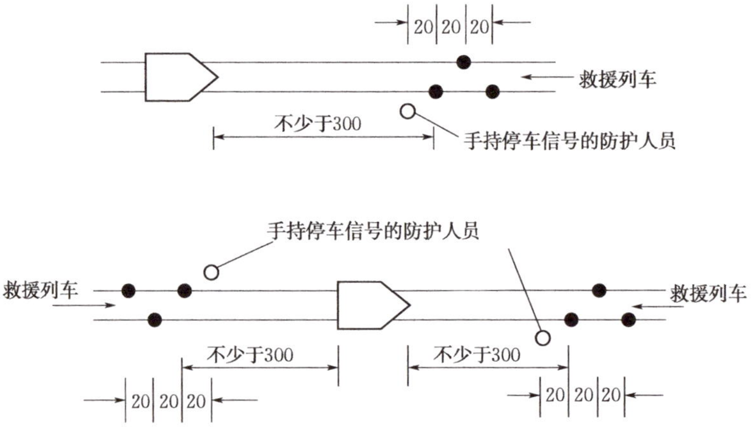


图 5-1 已请求救援列车响墩设置示意(单位:m)

列车和两端站(列车调度员),并与车辆乘务员分别在列车的头部和尾部附近邻线上点燃火炬。

2. 火炬使用方法

火炬使用方法如图 5-2 所示。

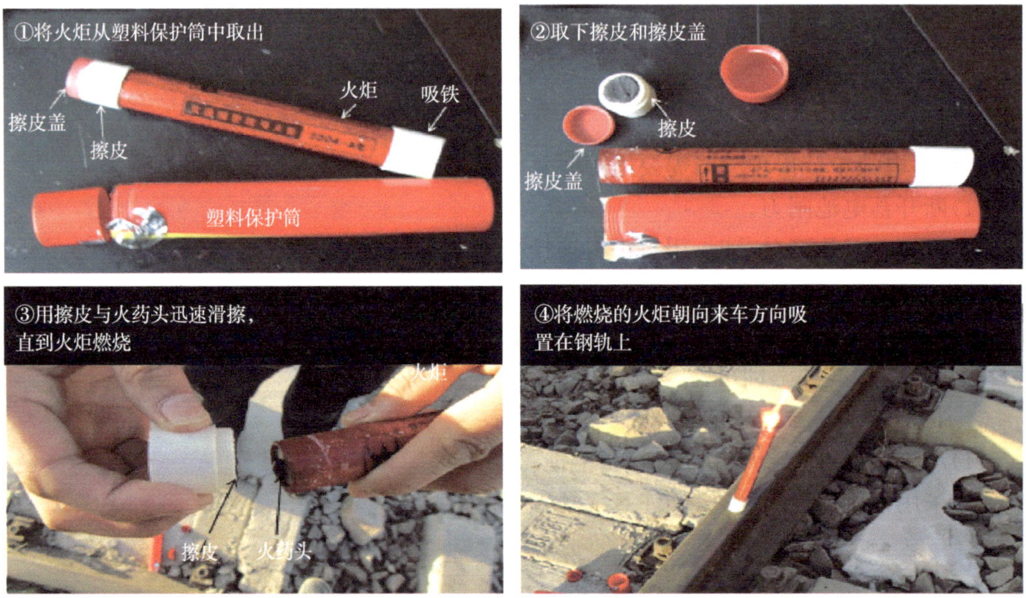


图 5-2 火炬使用方法

3. 遇到火炬的处置方法

响墩爆炸声及火炬信号的火光,均要求紧急停车。停车后如无防护人员,机车乘务人员应立即检查前方线路,如无异状,列车以在瞭望距离内能随时停车的速度继续运行,但最高不得超过 20 km/h。在自动闭塞区间,运行至前方第一架通过(进站)信号机前,如无异状,即可按该信号机显示的要求执行;在半自动或自动站间闭塞区间,经过 1 km 后,如无异状,可恢复正常速度运行。

4. 注意事项

注意放置燃烧的火炬时应斜拿,且不得朝向任何人;燃烧充分时火药水四溅,小心烫伤。

## 三、轨道电路短路铜线使用方法

1. 轨道电路调谐区

(1)轨道电路调谐区标志如图 5-3、图 5-4、图 5-5 所示。

图 5-3　Ⅰ型调谐标

图 5-4　Ⅱ型调谐标

图 5-5　Ⅲ型调谐标

(2)轨道电路调谐区设置要求

Ⅰ型为反方向区间停车位置标，涂有白底色、黑框、黑“停”字、斜红道，标明调谐区长度的反光菱形板标志。

Ⅱ型为反方向行车困难区段的容许信号标，涂有黄底色、黑框、黑“停”字、斜红道，标明调谐区长度的反光菱形板标志。

Ⅲ型用于反方向运行合并轨道区段之间的调谐区或因轨道电路超过允许长度而设立分隔点的调谐区，为涂有蓝底色、白“停”字、斜红道，标明调谐区长度的反光菱形板标志。

以上三种调谐区标志均使用黑白相间的立柱。

(3)轨道电路调谐区实例如图 5-6、图 5-7 所示。

图 5-6　Ⅰ型调谐区

图 5-7　Ⅲ型调谐区

2. 轨道电路短路铜线使用时机

单机、自轮运转特种设备在自动闭塞区间紧急制动停车或被迫停在调谐区内时，司机须立即通知后续列车司机、向两端站车站值班员(列车调度员)报告停车位置(具备移动条件时司机须先将机车移动不少于 15 m)，并在轨道电路调谐区外使用短路铜线短接轨道电路。

## 四、复轨器使用方法

1. 能使脱轨的机车车辆轮对复位到钢轨上的专用工具称为复轨器。

2. 复轨器的分类：

根据类型可分为人字形复轨器(98 型复轨器、高强度复轨器、桥梁复轨器)、海参型复轨器、道岔复轨器、组合式复轨器等。

3. 我们现在机车上常用的是人字形复轨器。人字形复轨器是以其表面上高起的两条导轮棱的形状，从平面上看是“人”字，因此称为人字形复轨器，即左“人”形；右“人”形，如图 5-8 所示。

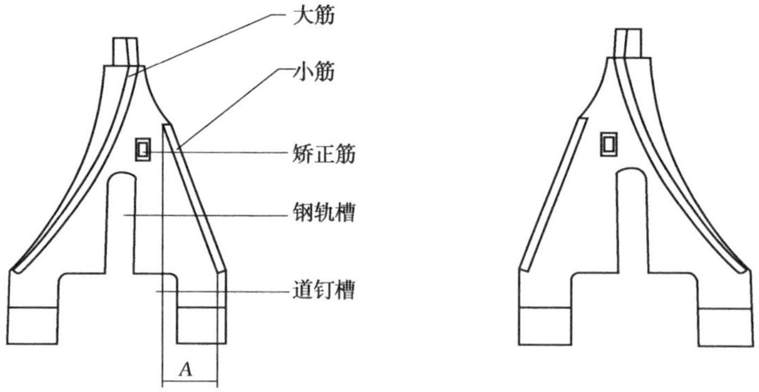


图 5-8 人字形复轨器

(1)人字形复轨器的工作原理

在外力牵引下，使脱轨车轮由轨下沿复轨器斜坡面滚动升高至钢轨平面，同时利用导轮棱条横向调整车轮滚动方向，逼迫车轮轮缘，使轮对移动复轨。

(2)人字形复轨器的工作特点

不论车轮脱轨至线路同一侧或两侧，向一个方向拉复都能使其复轨，而未脱轨的车轮从其顶上越过不会造成脱轨。

(3)人字形复轨器的缺点

复轨器骑卧在钢轨上，在作业时可能被压在车轮下不易取出，影响复轨工作的进行，又由于其有效复轨距离小，当车轮脱轨距离较大时(大于 240 mm 时)须配合逼轨器才能使其发挥作用。

4. 人字形复轨器安装方法

在脱轨机车复轨方向的一端前，按照车轮距钢轨的距离，选择两块枕木处，按照“左人/右人”的原则进行安置，选定安置复轨器的位置后，先将两枕木空档中的石渣挖出一层，再扣上复轨器，在复轨器的中部由钢轨底下穿过固定穿销，并顶住枕木，将两根轨筋与复轨器内侧的小筋进行连接，连接处用螺栓穿过并用螺帽拧紧，两根轨筋的连接处使用一根弯螺栓连接并固定拧紧。复轨器连接状态如图 5-9 所示。

## 五、灭火器使用方法

灭火器是一种可携带式灭火工具。

图 5-9　复轨器连接状态

1. 常见的灭火器

(1)干粉灭火器用于扑救油类、可燃气体、电器设备起火等火灾。

(2)二氧化碳灭火器主要用于扑救贵重设备,档案资料,仪器设备,600 V 以下电器设备及油类初期火灾。

(3)水基型灭火器适用于扑救各类火灾,但不能扑救金属火灾。

(4)泡沫灭火器适用于扑救油类以及一般液体物质的初期火灾。

2. 灭火器使用方法

(1)观察压力表是否处于正常范围,红色为压力不足,不能使用,绿色为压力正常,可以使用,黄色为充装过程当中压力过高,一般情况下也可以使用。

(2)将灭火器提至火场上风向 3～5 m 处,在距火源 2 m 左右的上风口位置,拔掉保险销,一手握住软管前端,对准火焰根部,一手按压手柄,进行左右扫射灭火,灭火器使用方法如图 5-10 所示。

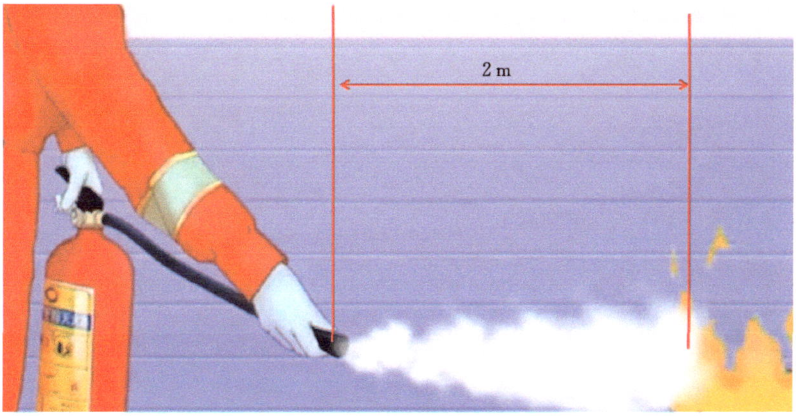


图 5-10　灭火器使用方法

## 复习思考题

1. 行车安全防护用品响墩的使用方法是什么?

2. 单机、自轮运转特种设备在自动闭塞区间紧急制动停车或被迫停在调谐区内时处置办法是什么?

3. 制动软管的连接与摘解的作业要求是什么?

4. 车钩钩舌的拆装检查方法是什么?

5. 柴油机甩气缸的方法是什么?

# 第六章　实作专业技能

## 第一节　DF4B 型内燃机车故障应急处置

### 一、内燃机车故障应急处理基本原则和方法

**(一)机车故障应急处理的基本原则**

处理机车故障，应在确保安全，不扩大机车故障的前提下，以最短的时间恢复运行为原则，并应遵守如下规定：

1. 机车检查前必须遵守“先联系，后检查”的制度，并通知有关作业人员，在操纵手柄开关处挂好禁动标志。

2. 检查带有压力的管子、细小管接头螺母、M14 以下螺母以及对光洁度要求较高或有镀层的零件时，禁止锤击。

3. 用手晃动、拍击、拧动零件时用力要适当，防止损伤部件，尤其是检查线路接头与紧固件松紧度时，要顺时针拧动。

4. 禁止反方向敲击螺母、螺栓或打在螺栓、螺母的棱角上。

5. 检查带电部件及转动部件时，禁止手触，以防触电或挤伤。检查机车电气部分时，禁止手触各电器触头，不得带电检查处理故障或直接接触高压带电部件。在不得已情况下需要人为闭合或断开电器时，必须使用绝缘物。检查电机内部时，开关或闸刀上须挂禁动牌。

6. 对加封的零部件(如铅封、漆)严禁随意破封，各种保护装置不得随意变动其动作参数。各部件检查完后，必须恢复定(原)位。

7. 机车带负荷运行时，禁止进入高压室作业。

8. 差示压力计作用后，在未判明原因前，禁止立即打开曲轴箱检查孔盖进行检查。

9. 外走廊式的内燃机车运行中不得在走板或走廊上作业。

**(二)机车检查基本方法**

机车乘务员应对所使用的车型结构，各部件的名称正常安装位置及状态非常熟悉，掌握该车型的运用特点以及容易出现故障的部件和关键部位，充分合理地利用检查时间，检查机车时应以有条不紊地顺序，正确的姿势和适当的方法进行，要求做到：

顺序检查、不错不漏；姿势正确、步伐不乱；

锤分轻重、目标明确；耳听目视、仔细周到；

测试工具、运用自如；手触鼻嗅、灵活熟练。

检查过程中，根据声音、颜色、形态、温度、气味等线索，准确及时地判断故障处所和故障程度，并采取适当的措施。

## 二、DF4B 型内燃机车常见故障应急处理

### (一)运行中 DLS 故障的检查处理

1. 现象：

柴油机突然停机,差示压力红灯不亮,燃油压力正常;再次启动柴油机,只转不爆发。

2. 检查：

(1)极限装置未作用,极限装置、DLS 线圈如图 6-1 所示。

(2)DLS 线圈明显烧损、底座螺栓松动。

(3)启动柴油机时,DLS 芯杆顶出。

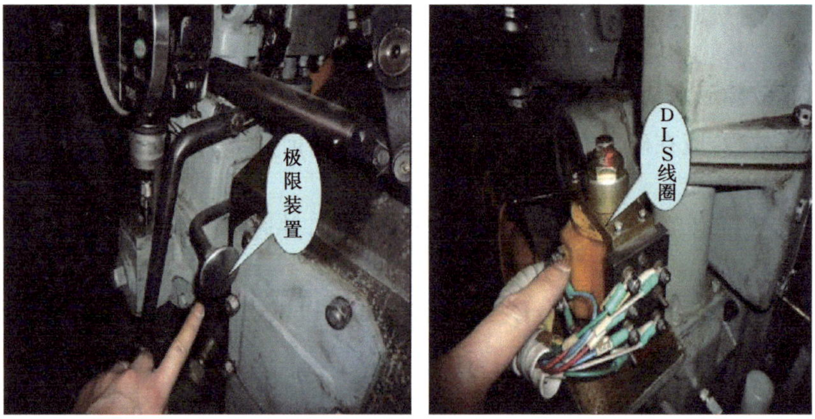


图 6-1　极限装置、DLS 线圈

3. 处理：

DLS 故障,拧下 DLS 线圈支架的底座螺栓,将约 1 mm 厚的硬质压板或其他硬物置于停车阀上方后,拧紧底座螺栓,人工闭合 DLS。如 DLS 线圈烧损,应拆除线圈上正、负导线,绝缘包扎,DLS 芯杆调整螺栓如图 6-2 所示。

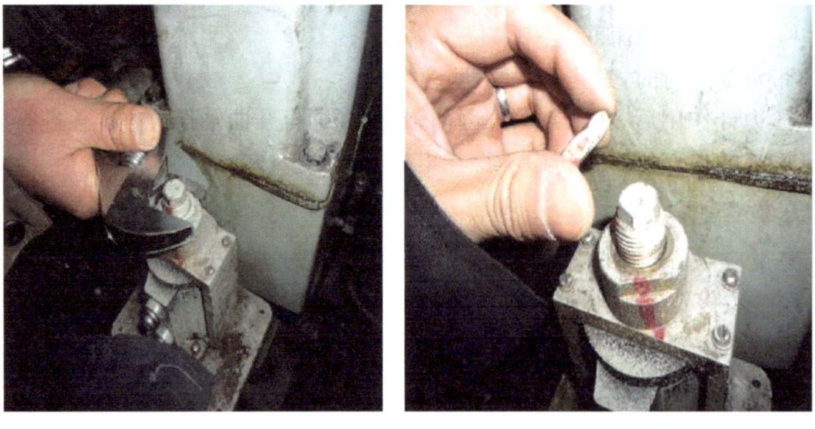

图 6-2　DLS 芯杆调整螺栓

4. 注意：

(1)启动时应密切注意滑油压力,柴油机已爆发,如滑油压力低于 100 kPa,应立即松开

DLS 停机。运行中当滑油压力低于 100 kPa 时，应立即松开 DLS；操纵台上差示压力红灯亮时，应立即按下紧急停车按钮，使柴油机停机。

(2)人工闭合 DLS 后，如不能一次启动柴油机，再次启动前应松开 DLS，然后再人工闭合，以免极限装置作用。

**(二)差示压力计误动作、4ZJ 常闭触指虚接的检查处理**

1. 现象：

柴油机突然停机，燃油压力为零，操纵台上差示压力红灯亮，差示压力红灯亮、短接 4ZJ 常闭触指如图 6-3 所示；柴油机突然停机，燃油压力也为零，操纵台上差示压力红灯不亮(4ZJ 常闭虚接)。

图 6-3　差示压力红灯亮、短接 4ZJ 常闭触指

2. 检查：

(1)差示压力红灯亮时，检查差示液面已升高到停机工作线或盐水已被吹出，为曲轴箱压力升高。此时严禁切除保护装置启动柴油机或打开曲轴箱检查盖。

(2)差示压力红灯不亮时，短接 4ZJ 常闭触指(438 号、439 号线)后正常为该触指虚接。

3. 处理：

(1)如确认差示压力计误动作，查明原因或排除不良处所，启动柴油机。

(2)4ZJ 常闭触指虚接，打磨修复或用短接线短接后启动柴油机。

4. 注意：

4ZJ 常闭触指短接后在运行中发现差示压力红灯亮时，必须立即断开 4K 停机。

**(三)启动柴油机时，QC 不能吸合的检查处理**

1. 现象：

按下 1QA，45～60 s 后，QC 不吸合，柴油机无法启动。

2. 检查：

(1)按下 1QA，QBD 不工作，换室启机正常时，为主手柄 9 号触指、1QA 虚接，否则为 ZLS 虚接。

(2)断开 4K，按 1QA，QC 能吸合，为 1SJ 故障，仍不吸合为 FLC 常闭触指或 QC 线圈故障。

3. 处理：

(1)ZLS 虚接时，短接 2/15 与 2/16，如图 6-4 所示；FLC 常闭触指虚接时，短接 FLC 常闭触指(422 号与 423 号线)。

(2)1SJ 故障时，可在泵滑油 1 min 后，短接 1SJ 的 2 号(427 号线)和 3 号(2027 号线)接点，按下 1QA，直接启动柴油机。

图 6-4 短接 2/15 与 2/16、短接 1SJ

4. 注意：

启机完毕立即取下短接线。

**(四)供油齿条犯卡的检查处理**

1. 现象：

柴油机运行中转速不正常甚至造成停机、启机时柴油机转速突升或启动不了。

2. 检查：

逐缸检查供油齿条，找出犯卡处所。

3. 处理：

(1)如供油齿条因异物卡滞，应清除。

(2)无法处理时，进行甩缸。方法：将夹头销从体内拉出，旋转 90°，卡于夹头销体上浅槽内，并将夹头销调整螺母顺时针拧到底，将齿条供油齿条，并予以固定，供油齿条如图 6-5 所示。

图 6-5 供油齿条

4. 注意：

(1)甩缸应在停机后或手柄在 0 位时进行，禁止在高手柄时进行甩缸作业，禁止甩缸出库(包括折返段)。

(2)途中禁止盲目随意甩缸。

**(五)燃油压力不正常的检查处理**

1. 现象：

燃油压力显示偏低或波动，加负载

时压柴油机转速,甚至停机。

2. 检查:

(1)燃油泵电机运转是否正常。

(2)开放燃油精滤器排气阀,确认燃油管路中有无空气,开放燃油精滤器排气阀如图 6-6 所示。

3. 处理:

(1)燃油管路有空气时,对管路进行放气。

(2)燃油泵故障时,进行换泵。换泵后必须关闭故障燃油泵截止阀并对燃油管路进行放气。

**(六)油压继电器滑油管裂漏的检查处理**

1. 现象:

柴油机突然停机,再次启动柴油机爆发正常,但松开 1QA 后停机;机车负载运行时,有规律地在柴油机转速达 750 r/ min 及以上时,机车卸载。

2. 检查:

油压继电器滑油管有无松、裂、漏,检查油压继电器滑油管路如图 6-7 所示。

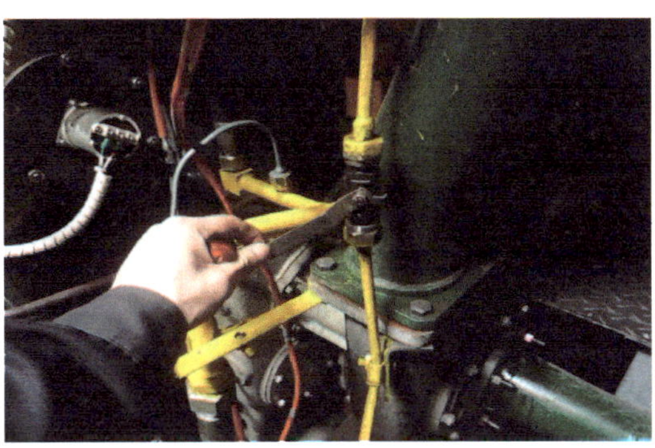

图 6-6　开放燃油精滤器排气阀

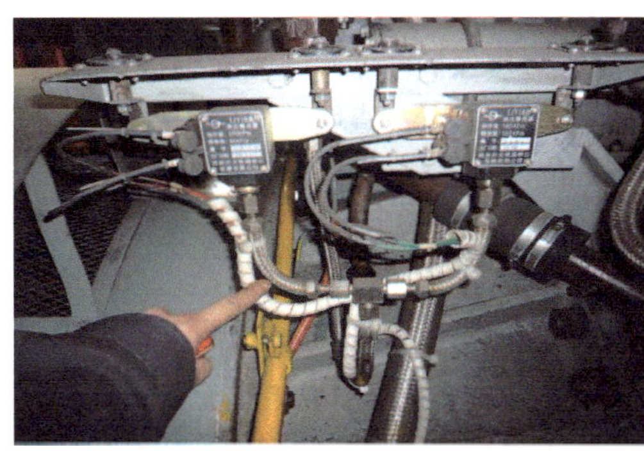

图 6-7　检查油压继电器滑油管路

3. 处理:

(1)若滑油管裂漏时可堵塞其进油方向的管接头或将油管敲扁。

(2)当某油压继电器油管堵塞后应将该电器常开触指短接,短接后运行中应密切注意滑油压力显示。

**(七)提主手柄卸载红灯不灭的检查处理**

1. 现象:

主手柄提 1 位,卸载红灯不灭。

2. 检查:

(1)LLC、1C～6C、LC 均不吸合。人工闭合 LLC 后,卸载红灯灭,为 LLC 故障;卸载红灯不灭,为保护电器 DJ、TJ、LJ、1ZJ～3ZJ 常闭触指及 HKf 辅助触指虚接。

(2)LLC 吸合、1C～6C、LC 不吸合,短接 LLC 常开触指(282 号、283 号导线)后卸载红灯灭,为 LLC 常开触指虚接。

(3)LLC、1C～6C 吸合,LC 不吸合,为 LC 线圈及其电路故障。

3. 处理:

(1)保护电器常闭触指虚接时,用短接线短接该触指后维持运行。

(2)LLC、LC 故障时,人工闭合维持运行,人工闭合 LC 如图 6-8 所示。

(3)LLC 常开触指虚接,1C~6C 不吸合,短接 LLC 常开触指(282 号、283 号线)后维持运行,短接 LLC 常开触指如图 6-9 所示。

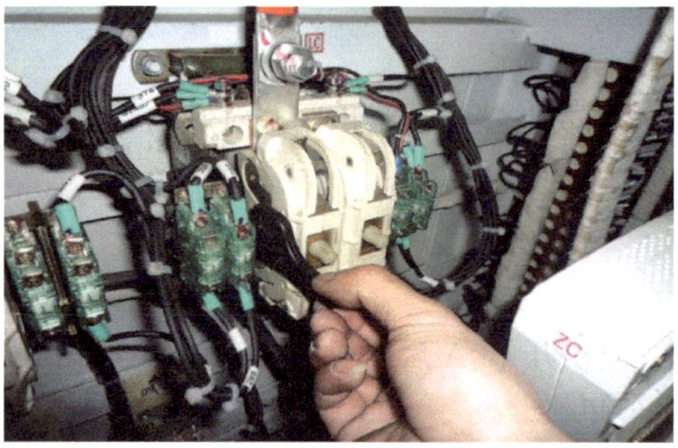

图 6-8 人工闭合 LC

图 6-9 短接 LLC 常开触指

4. 注意:

(1)短接保护电器常闭触指维持运行时,一旦操纵台上接地、过流、水温高红灯亮,应立即将主手柄回 0 位,查明动作原因并作处理后再继续运行;如自停作用时,也应立即将主手柄回 0 位。

(2)人工闭合 LC 后,当保护装置作用时卸载红灯不会亮,但无电压、电流,此时应根据操纵台接地、过流、水温高红灯显示查明原因并作处理后方可继续运行。

(3)人工闭合 LLC、LC 或短接 LLC 常开触指运行时,主手柄回 0 位后,立即断开 2K。

**(八)提主手柄牵引发电机无流、无压时的检查处理**

1. 现象:

主手柄提 1 位,LLC、1C~6C、LC 均吸合,卸载红灯灭,牵引发电机无电压、电流。

2. 检查:

(1)2DZ 在合位。

(2)闭合 9K,提手柄至 1 位,主发电机有电流、电压,为 CF 及其电路故障。

3. 处理:

(1)2DZ 跳闸,应恢复。

(2)CF 及其电路故障,使用故障励磁维持运行,转换故障励磁如图 6-10 所示。

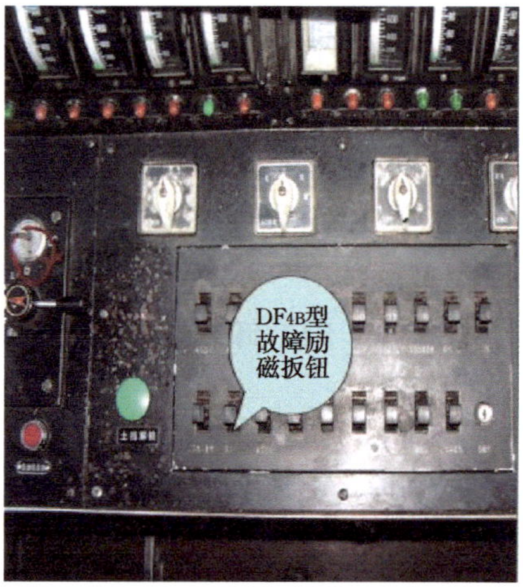


图 6-10 转换故障励磁

4. 注意:

(1)使用故障励磁运行时,QD 处于固定发电工况,应注意蓄电池的充电并人工控制空压机泵风。

(2)使用故障励磁运行时,如遇手柄回 0 位卸载红灯不亮,机车不卸载时,应立即断开 5K、2K。

### (九)运行中主回路接地后的检查处理

1. 现象：

操纵台上接地红灯与卸载红灯亮，机车卸载，接地继电器 DJ 动作。

2. 检查：

主手柄回 0 位，恢复 DJ，提主手柄。若 DJ 不再动作，为主电路瞬间接地，可继续运行；若 DJ 仍动作，主手柄回 0 位，恢复 DJ，将接地开关 DK 置负端位，提主手柄，若 DJ 不动作，可将 DK 置负端位维持运行；若 DJ 还动作，主手柄回 0 位，恢复 DJ，DK 仍置负端位，逐一将 1～6GK 置故障位，提主手柄，DJ 不再动作，为已置故障位的 GK 对应的牵引电动机接地。

3. 处理：

确认某台牵引电动机接地后，将该电机的故障开关置于故障位，DK 仍置负端位维持运行，确认接地灯和卸载灯、切除故障电机如图 6-11 所示。

图 6-11　确认接地灯和卸载灯、切除故障电机

4. 注意：

途中只能切除一台电机运行；库内(包括折返段)严禁甩电机出库，并严禁盲目将 DK 置中立位运行。

### (十)牵引电机环火(放炮)的检查处理

1. 现象：

操纵台上接地、过流、卸载红灯亮，DJ、LJ 动作，机车卸载，确认接地灯如图 6-12 所示。

2. 检查：

主手柄回 0 位，恢复 DJ、LJ，将 DK 置负端位，用 1GK～6GK 判明故障电机。

3. 处理：

切除故障电机，接地开关置于负端位，并用绝缘物垫开 1HKg 或 2HKg 上对应的主触头，维持运行。

### (十一)油、水温过高的检查处理

1. 现象：

水温继电器 WJ 动作后，2ZJ 吸合，机车卸载，操纵台上水温高及卸载红灯亮，确认水温高灯如图 6-13 所示。

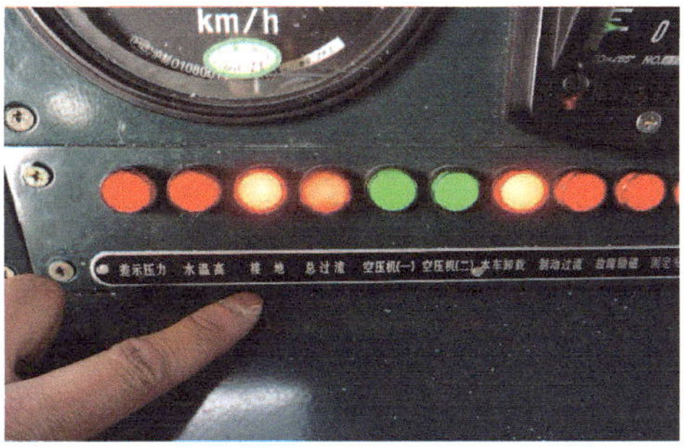

图 6-12　确认接地灯

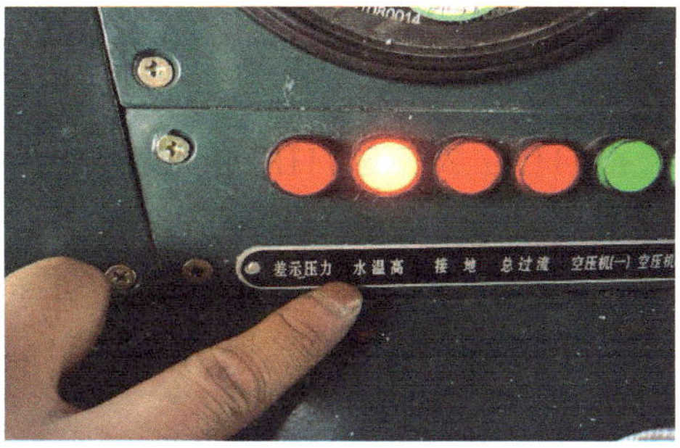
图 6-13　确认水温高灯

2. 检查：

主手柄回 0 位，检查Ⅰ、Ⅱ室水温表，水温均超过 88 ℃时，为 WJ、2ZJ 正常作用，否则为误动作。

3. 处理：

(1)水温高于 88 ℃，水箱水位不足时，检查泄漏处所，进行积极处理，低手柄或惰力运行维持到前方站补水。

(2)水位均正常时，确认静液压油箱油位，不足时补油。

(3)冷却风扇转速不正常或不转，将温度控制阀 T 型止动板取下，将故障调节螺钉按顺时针方向拧紧，处理后，运行中水温过低时可将温控器故障调节螺钉反时针拧回一些，温度控制阀 T 型止动板如图 6-14 所示。

图 6-14　温度控制阀 T 型止动板

(4)两端司机室水温表显示均在 88 ℃以下时，为 WJ 或 2ZJ 误动作，可短接 2ZJ 常闭触指(301 号、302 号导线)维持运行，但应加强水温的检查。

4. 注意：

运行途中将温度控制阀故障调节螺钉人工调节过后，如遇柴油机停机，在启动柴油机前，必须把温度控制阀故障调节螺钉逆时针方向拧回，启动完毕后根据需要再调节。

温度控制阀故障调节螺钉人工调节过后，回段必须及时报修。

**(十二)机控自动开关 16DZ 跳闸后的检查处理**

1. 现象：

提手柄走车时卸载红灯不灭，机控自动开关 16DZ 跳闸，确认 16DZ 如图 6-15 所示。

2. 检查：

检查 1HKg、2HKg，1HKf、2HKf，LLC，LC，1C～6C 线圈有无烧损。

3. 处理：

(1)1HKg、2HKg 线圈烧损短路时，拆除该电空阀上正、负导线，绝缘包扎后维持运行。

(2)1HKg、2HKf 线圈烧损短路时，拆除该电空阀上正、负导线，绝缘包扎后维持运行。换向时，应人工转换 1HKf、2HKf。

(3)LLC、LC 线圈烧损短路时，拆除该线圈上的正、负端导线，绝缘包扎后人工闭合维持运行。惰力运行时应立即断开 2K，拆除 LLC 线圈接线如图 6-16 所示。

图 6-15　确认 16DZ

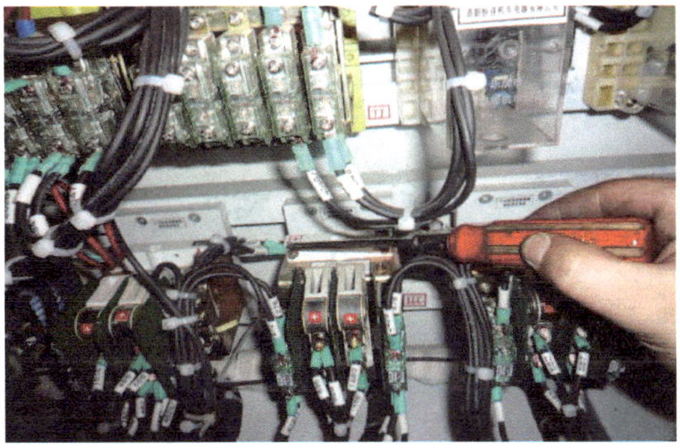

图 6-16　拆除 LLC 线圈接线

(4)1C～6C 中某一接触器线圈烧损短路时，拆除该线圈上的正、负端导线，绝缘包扎后，将该组故障开关置于故障位维持运行。

**(十三)方向开关 1HKf、2HKf 不良的检查处理**

1. 现象：在走车或换向走车时，主手柄提 1 位，卸载红灯不灭，牵引发电机无电压、电流。

2. 检查：提主手柄，1HKf、2HKf 与换向手柄位置不一致。

3. 处理：

主手柄回 0 位，手按 1HKf、2HKf 电空阀或将两只方向转换开关人工转到与换向手柄一致的方向，确认后，提手柄走车，人工转换换向手柄如图 6-17 所示。

4. 注意：

车未停稳(即轮子未停止转动)，严禁转换方向开关。

**(十四)冷却水管路中有空气时的检查处理**

1. 现象：

水箱水位正常，冷却水温度升高快或机车卸载。

2. 检查：

(1)冷却风扇转速正常。

(2)开放散热器及热交换器上的排水阀，确认管系中确有空气排出。

3. 处理：

排尽管系中的空气，直到有水连续排出为止。

**(十五)接触器的人工闭合方法**

1. 现象：

当某接触器不能吸合时，其控制的电路不能接通或自动开关跳闸(线圈烧损短路时)。

2. 检查：

由于接触器线圈烧损造成短路、自动开关跳闸时，必须查明短路的接触器线圈。

3. 处理：

(1)对 QBC、RBC、GFC、GLC、LLC 故障时，用小型楔木插入衔铁与挡铁之间，用小型楔木顶衔铁如图 6-18 所示。

图 6-17 人工转换换向手柄

图 6-18 用小型楔木顶衔铁

(2)LC、YC、YRC 故障时，用较大型楔木插入衔铁与磁轭之间。

4. 注意：

(1)使用人工闭合前，应拆除该线圈上的正、负端导线，并包扎好，人工闭合后，相应的保护装置被切除，在运行中要特别注意，一旦发现不正常情况时，应立即释放该接触器。

(2)严禁人工闭合启动发电机励磁接触器 FLC，一旦 FLC 故障，应改用固定发电维持运行。

**(十六)遇柴油机飞车预兆时的检查处理**

1. 现象：

回主手柄时，柴油机转速反而上升，一旦遇飞车预兆时，只能增加负载，严禁卸除或减少负载。

2. 检查：

(1)各供油齿条弹性夹头销位置是否正确。

(2)逐缸检查齿条是否卡滞(只准向减油方向拉动)。

3. 处理：

(1)夹头销位置不正确时，应将位置放正确，供油齿条弹性夹头销如图 6-19 所示。

(2)齿条卡滞时(包括柴油机转速不在零位转速时)，可根据供油齿条犯卡时的处理方法进行处理。

(3)未发现故障或情况紧急时，应立即断开燃油泵开关 4K，并关闭燃油泵截止阀，迫使柴油机停机。如仍不停机时，用管子钳松开 1、9 缸旁从燃油精滤器出油管通往喷油泵的油管接头，放出燃油。

4. 注意：

遇飞车预兆时，禁止开放燃油精滤器排气阀。柴油机停机后，必须检查柴油机及辅助传动装置各部状态，发现前、后台车通风机破损或尼龙绳断时，不得再次启动柴油机。

**(十七)柴油机转速失控时的检查处理**

1. 现象：

提、回主手柄时柴油机转速不能正常上升或下降，QD 发电正常。

2. 检查：

(1)RBC 的 9907(或 1507)号与 9915(或 1515)号线间常开触指接触是否良好。

(2)在上述检查无不良时,更换 WJT 插件,WJT 插件如图 6-20 所示。

图 6-19　供油齿条弹性夹头销

图 6-20　WJT 插件

3. 处理:

(1)RBC 的常开触指虚接时,打磨修复或短接。

(2)更换 WJT 插件后仍无效时,断开 WJT 电源,拔下 WJT 插件,将主手柄置保位,人工调节步进电机小扭轮,控制柴油机转速(顺时针方向转动,使柴油机转速下降;逆时针方向转动使柴油机转速上升),步进电机故障调整螺栓如图 6-21 所示。

4. 注意:

人工调节柴油机转速时,将主手柄置于保位,如需回主手柄至 0 位前,应先将转速降至 430 r/ min 后,再回手柄。

**(十八)熔断器烧损时的检查处理**

1. 现象:

某电路中熔断器烧损后,该电路中的电器或电机将停止工作。

2. 检查:

确认熔断器已烧损。

3. 处理:

更换相同容量的熔断器(或熔断片);禁止加大容量或减少容量,熔断器如图 6-22 所示。

图 6-21　步进电机故障调整螺栓

图 6-22　熔断器

**(十九)空压机泵风故障的检查处理**

1. 现象:

总风缸压力下降至 750 kPa,空压机不泵风或总风缸压力上升缓慢,确认总风压力上升速度如图 6-23 所示。

2. 检查:

(1)按下 2QA,空压机泵风正常,为 YK 故障。

(2)如某一台空压机不工作,为该空压机或电机及其电路故障。

图 6-23　确认总风压力上升速度

3. 处理:

(1)YK 故障,应改用 2QA 人工控制空压机泵风。

(2)只有一台空压机不工作时,属熔断器烧损应更换;如仍不工作,将该电机对应的熔断器拔下,用一台空压机维持运行。

4. 注意:

装有 YRC 接触器的机车,如在空压机泵风时,YC 吸合 3S 后 6XD 不灭,应立即断开 5K,并检查 Ry 及周围导线是否烧损,已烧损处理后方可进行泵风。

**(二十)分配阀故障造成机车制动与缓解作用不良的检查处理**

1. 现象:

自阀施行制动、缓解时,制动管充风、排风正常,但制动缸压力上升、下降不正常。

2. 检查:

(1)使用单阀制动、缓解,制动缸压力能正常上升、下降。

(2)检查分配阀各管系有无泄漏,检查分配阀各管系有无泄漏如图 6-24 所示。

(3)如制动缸压力不回零时,关闭分配阀总风支管塞门及分配阀制动支管塞门。然后松开作用风缸管接头螺母,排净作用风缸压力,制动缸压力降为零。

图 6-24　检查分配阀各管系有无泄漏

3. 处理:

(1)管系接头螺母松动泄漏时予以紧固。

(2)分配阀故障,关闭分配阀总风支管塞门及分配阀制动支管塞门,切除分配阀维持运行,分配阀总风支管塞门及分配阀制动支管塞门如图 6-25 所示。

图 6-25　分配阀总风支管塞门及分配阀制动支管塞门

4. 注意：

(1)切除分配阀维持运行时，机车的制动或缓解只能有单阀操纵。

(2)牵引货物列车或车列的机车，在需要时，应根据制动管减压量用单阀适当控制机车制动。

(3)单机运行或虽挂有车辆但制动管未接通时，禁止使用自阀制动。

## 第二节　机车乘务员确认呼唤(应答)标准

### 一、确认呼唤(应答)基本要求

1. 一次乘务作业全过程必须认真执行确认呼唤(应答)制度。

2. 确认呼唤(应答)必须执行“彻底瞭望、确认信号、准确呼唤、手比眼看”，并掌握“清晰短促、提示确认、全呼全比、手势正确”的作业要领。

3. 列车运行中必须对所有地面主体信号显示全部进行确认呼唤(应答)，自动闭塞区段分区通过信号显示绿灯，值乘速度 120 km/h 及以上旅客列车、特快货物班列时，只手比不呼唤(带有三斜杠标志预告功能的分区通过信号机除外)。

4. 遇有显示须经侧向径路运行的信号时，在呼唤信号显示的同时，必须呼唤侧向限速值。

### 二、信号确认呼唤时机和手比姿势

#### (一)信号确认呼唤时机

应遵循“信号好了不早呼、信号未好提前呼”的原则，瞭望条件良好时，进站(进路)信号不少于 800 m；出站、通过、接近、预告信号不少于 600 m；信号表示器不少于 100 m。

#### (二)手比规范

1. 信号显示要求通过(显示绿灯、绿黄灯)时：右手伸出食指和中指并拢，拳心向左，指向确认对象。

2. 信号显示要求正向径路准备停车(显示黄灯)时:右手拢拳伸拇指直立,拳心向左。

3. 信号显示要求侧向径路运行(显示双黄灯、黄闪黄)时:右手拢拳伸拇指和小指,拳心向左。

4. 信号显示要求停车(显示红灯,包括固定和临时)时:右臂拢拳,举拳与眉齐,拳心向左,小臂上下摇动3次。

5. 注意警惕运行时:右臂拢拳,大小臂成90°,举拳与眉齐,拳心向左。

6. 确认仪表显示时:右手伸出食指和中指并拢,拳心向左,指向相关确认设备。

7. 确认调车信号、非集中操纵道岔表示器、各类手信号、防护信号(脱轨器)时,右手伸出食指和中指并拢,拳心向左,指向确认的调车信号、非集中操纵道岔表示器、各类手信号、防护信号(脱轨器)。

8. 列车运行中,LKJ提示前方列车运行限制速度有变化时,司机必须在变速点前,对变化的速度值及时进行确认呼唤;确认呼唤时,右手伸出食指和中指并拢,拳心向左,指向LKJ显示部位。

9. 手比注意警惕姿势的开始和收回,手比动作稍作停顿。

## 三、机车乘务员确认呼唤(应答)标准用语

机车乘务员确认呼唤(应答)标准用语见附件一。

# 第三节 DF4B型内燃机车电气试验

## 一、测量试灯的使用方法

1. 测量试灯的分类

测量试灯按性质分为正试灯、负试灯。接正极线的称为正灯;接负极线的称为负灯。正灯用于测试电器的负端电器故障,负灯用于测试电器的正端电器故障,也可用来检查电路中是否存在接地。区分试灯使用的目的是避免用试灯直接导通电路,使电器动作造成危害,在实际工作中,大多使用负灯。

测量试灯按形式分为固定试灯和移动试灯,如图6-26所示。机车电器柜内固定装设的两个试灯(分别是正试灯和负试灯),称为固定试灯。在故障检查过程中为了方便测量和检查电路故障,一般采用移动试灯。移动试灯用两根导线(一端带线夹,另外一端是测量笔针)、一个灯头和一个与控制电路电压相符的灯泡组合而成。线夹夹在正端线路上为正灯,线夹夹在负端线路上为负灯。

2. 两种故障形式的试灯查找方法

(1)断　　路

如通电后该电器不动作,可先使用正灯测电器负端,如灯不亮为负端电路断路;如灯亮且亮度正常则证明负端电路正常。再用负灯测该电器操动线圈的正端,如试灯亮为该电器本身故障。如试灯不亮则为电器正端断路,正端电路中涉及的开关及联锁触头较多,难以确认故障处所时,应采取优选法,从该电器正端电路中间分段查找,既缩小了测试范围,又缩短了查找故障时间。

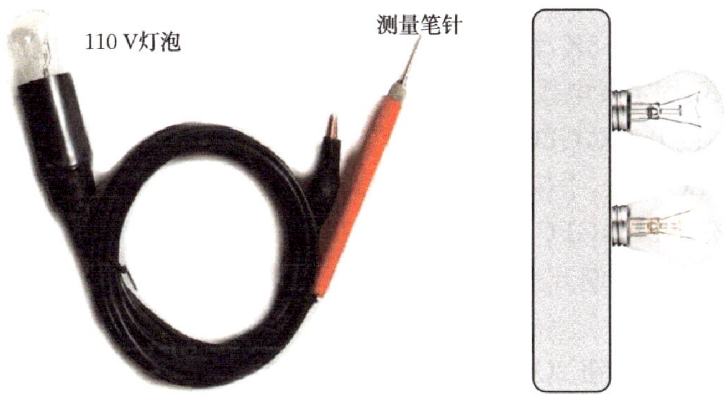


图 6-26 测试试灯

(2)虚 接

机车在运行中,由于电器触头氧化、松动或接线不牢等原因,在高速运行发生振动的情况下,造成电路时断时通,电器动作不正常。由于这种故障多发生于机车运行中,而停车后故障现象随即消失,所以在运行中尽可能根据故障现象及该电路各电器联锁及接线的特点直接判断,不能直接判断的可采用短接的方法,分段短接各联锁触头,电器动作恢复正常时,即可判定所短接的联锁触头虚接。但应注意,属于保护装置的电路不能长时间短接,使其失去保护作用。

## 二、$DF_{4B}$ 型内燃机车电器试验程序

### (一)准备工作

1. 控制风缸压力在 400 kPa 以上时,将 1GK～6GK 置于运转位;控制风缸压力在 400 kPa 以下时,将 1GK～6GK 置于故障位。

2. 闭合蓄电池闸刀 XK,蓄电池电压不低于 96 V,卸载信号灯 7XD 亮;闭合机车照明总开关 ZMK。

3. 将操纵台及电器柜各自动脱扣开关置于闭合位(燃油泵自动脱扣开关 3DZ、4DZ 只闭合一个)。

4. 确认正、负试灯亮度一致。

5. 闭合电动仪表开关 12K,水温表显示的温度应符合柴油机启动的温度,其他各仪表均指示零位。

### (二)电器动作试验

1. 手柄零位进行下列试验

(1)闭合总控开关 1K,闭合启动机油泵开关 3K,启动机油泵接触器 QBC 得电,启动机油泵电机 QBD 运转。

(2)闭合燃油泵开关 4K,燃油泵接触器 RBC 得电,QBC 失电,QBD 停转,Ⅰ RBD 或Ⅱ RBD 运转,电流表显示放电电流约 10 A。燃油压力应不低于 150 kPa,驱动器 ABC 三相指示灯均亮,步进电机有声响。短接 5/17 与 8/16,4ZJ 得电,RBC 失电,RBD 停转,差示压力信号灯 1XD 亮;取下短接线,4ZJ 应自锁。断开 4K,4ZJ 失电,差示压力信号灯 1XD 灭。

(3)闭合 4K,RBC 得电,RBD 运转。交替试验 3DZ、4DZ,Ⅰ、Ⅱ燃油泵转换工作正常,断

开 3DZ、4DZ。

(4)闭合辅助发电开关 5K,辅助发电励磁接触器 FLC 得电,放电电流增加 3～5 A。闭合固定发电开关 8K,固定发电接触器 GFC 得电,FLC 失电,固定发电信号灯 10XD 亮,放电电流减少 3～5 A。断开 8K,GFC 自锁,断开 5K,GFC 失电,10XD 灭。

(5)闭合 5K,FLC 得电,手按发电过压保护继电器 FLJ,GFC 得电,FLC 失电,固定发电信号灯 10XD 亮,松开 FLJ,GFC 自锁,断 5K,GFC 失电,10XD 灭。

(6)闭合空压机自动控制开关 10K,YC 得电,空压机启动信号灯 6XD 亮。断 10K,YC 失电,6XD 灭。

(7)按下空压机手动按钮 2QA,YC 得电,空压机启动信号灯 6XD 亮。松开 2QA,YC 失电,6XD 灭。

2. 保留 1K、4K,换向手柄置于前进位试验

(1)闭合机控 2K,1HKg1、2HKg1 得电。

(2)主手柄置 1 位,1HKf1、2HKf1 得电动作,LLC、1C～6C、LC 得电,卸载信号灯 7XD 灭。

(3)主手柄置保位,1ZJ 得电。手动过渡开关 XKK 置Ⅰ位,1C1、2XC1 得电,一级磁场削弱信号灯 11XD 亮。XKK 置Ⅱ位,1C2、2XC2 得电,二级磁场削弱信号灯 12XD 亮。XKK 置Ⅰ位,1C2、2XC2 失电,12XD 灭。XKK 置 0 位,1C1、2XC1 失电,11XD 灭。短接 2/9 与 2/10,2ZJ 得电,柴油机水温高信号灯 2XD 亮,LLC、1C～6C、LC 失电,卸载信号灯 7XD 亮。取下短接线 2ZJ 自锁。主手柄回 1 位,2ZJ 失电,LLC、1C～6C、LC 得电,2XD、7XD 灭。

(4)主手柄置保位,短接 5/13 与 6/20 接线柱,3ZJ 得电,LLC、1C～6C、LC 失电,卸载信号灯 7XD 亮。取下短接线后 3ZJ 失电,确认越位起车电路是否正常。主手柄回至 1 位,LLC、1C～6C、LC 得电,7XD 灭。主手柄至升位,驱动器三相指示灯亮,步进电机 10～16 s 发出“嗡嗡”声。主手柄至降位,驱动器三相指示灯亮,步进电机 12～22 s 发出“嗡嗡”声。

(5)主手柄回 0 位,1ZJ 失电,LLC、lC～6C、LC 失电,卸载信号灯 7XD 亮。

闭合 9K,主手柄提 1 位,5ZJ、GLC、GFC 得电,LLC、1C～6C、LC 得电,9XD、10XD 亮,7XD 灭;断开 9K,GLC、GFC 自锁,9XD、10XD 仍亮,主手柄回 0 位,LLC、1C～6C、LC 失电,GLC、GFC、5ZJ 失电 9XD、10XD 灭,7XD 亮。

(6)主手柄提 1 位,LLC、1C～6C、LC 得电,卸载信号灯 7XD 灭。闭合 DJ:LLC、1C～6C、LC 失电,卸载信号灯 7XD、接地信号灯 4XD 亮。恢复 DJ,7XD、4XD 灭。闭合 LJ:LLC、1C～6C、LC 失电,卸载信号灯 7XD、过流信号灯 5XD 亮。恢复 LJ,7XD、5XD 灭。分别闭合 1KJ～3KJ:空转信号灯 3XD 亮。松开 1KJ～3KJ,3XD 灭。主手柄回 0 位,LLC、1C～6C、LC 失电,7XD 亮。

(7)换向手柄置后进位,主手柄置 1 位,1HKf2、2HKf2 得电,LLC、1C～6C、LC 得电,卸载信号灯 7XD 灭。主手柄回 0 位,1HKf2、2HKf2 失电,LLC、1C～6C、LC 失电,卸载信号灯 7XD 亮。

(8)结束工作。

断开 2K、4K、1K,换向手柄置中立位,恢复 3DZ、4DZ,断开蓄电池闸刀 XK,断开照明开关 ZMK。电器动作试验完毕。

# 附　件　机车乘务员确认呼唤(应答)标准用语

## 一、机车乘务员单岗值乘确认呼唤标准用语

### 1. 出段至发车

| 序　号 | 呼唤时机 | 呼唤项目 | 确认呼唤标准用语 |
|---|---|---|---|
| 1 | 电力机车升弓 | 升弓作业 | 升弓注意,升弓好了 |
| 2 | 升弓后确认 | 总风仪表、网压数值 | 总风压力,××kPa<br>网压,××kV<br>各仪表(显示屏)显示正常 |
| 3 | 整备完毕,人员就岗 | 出段准备作业 | 出段准备好了 |
| 4 | 出段前 | 还道信号及出段手信号显示(非集中操纵道岔) | ××道,出段手信号好了 |
| 5 | | 出段信号显示(含出段简易信号) | 出段信号,白(绿)灯<br>出段信号,蓝(红)灯停车 |
| 6 | 经过非集中操纵道岔前 | 道岔开通位置 | 道岔开通正确 |
| 7 | 经过其他要道还道地点前 | 还道信号及道岔开通手信号显示 | 一度停车××道,手信号好了 |
| 8 | 行至站段分界点 | 站段分界点(或一度停车牌) | 一度停车 |
| 9 | 调车信号前 | 调车信号显示 | 调车信号,白灯<br>调车信号,蓝(红)灯停车 |
| 10 | 调车复示信号前 | 调车复示信号 | 复示信号,白灯<br>复示信号,注意 |
| 11 | 换端作业时 | 制动防溜 | 注意防溜,制动缸压力,××kPa |
| 12 | 进入挂车线 | 脱轨器 | 脱轨器,撤除好了、(红灯、红牌)停车 |
| 13 | 连挂车时 | 连挂距离 | 十辆 15 km/h,五辆 10 km/h,三辆 5 km/h,停车 |
| 14 | | 防护信号 | 防护信号,撤除好了<br>防护信号,注意 |
| 15 | 列车制动机试验时 | 列车制动机试验作业 | 制动、缓解<br>试风好了 |

续上表

| 序号 | 呼唤时机 | 呼唤项目 | 确认呼唤标准用语 |
|---|---|---|---|
| 16 | 发车前 | 行车安全装备设置作业 | LKJ设置,设置好了<br>CIR(通信装置)设置,设置好了<br>列尾装置设置,设置好了<br>机车信号上/下行确认,确认好了 |
| 17 | | 出站(发车进路)信号显示一个绿灯 | 绿灯,出站(发车进路)好了 |
| 18 | | 出站(发车进路)信号显示两个绿灯 | 双绿灯,××(线、站)方向出站好了 |
| 19 | 发车前 | 出站(发车进路)信号显示一个绿灯一个黄灯 | 绿黄灯,出站(发车进路)好了 |
| 20 | | 出站(发车进路)信号显示一个黄灯 | 黄灯,出站(发车进路)好了 |
| 21 | | 非正常行车确认行车凭证时 | 确认行车凭证,路票正确<br>确认行车凭证,绿色许可证正确<br>确认行车凭证,半自动闭塞发车进路通知书正确<br>确认行车凭证,红色许可证正确<br>确认行车凭证,调度命令正确 |
| 22 | | 进路表示器显示 | 进路表示器,××(线、站)方向好了<br>进路表示器,正、反方向好了 |
| 23 | | 发车信号 | 一圈、两圈、三圈,发车信号好了<br>联控发车好了 |
| 24 | | 发车表示器 | 发车表示器白灯 |
| 25 | | 列尾查询作业 | 尾部风压××kPa |
| 26 | 列车起动 | 确认开车时刻 | 正点(晚点××分)开车 |
| 27 | | LKJ对标点及道岔限速 | 对标好了,道岔限速××km/h |
| 28 | | 制动手柄位置 | 自阀、单阀运转位 |
| 29 | 出站后 | 操纵台各仪表 | 总风压力,××kPa<br>制动缸压力,××kPa<br>控制电压,××V |

## 2. 途中运行

| 序号 | 呼唤时机 | 呼唤项目 | 确认呼唤标准用语 |
|---|---|---|---|
| 1 | 贯通试验 | 贯通试验 | 贯通试验,贯通试验好了 |
| 2 | 查询列尾时 | 列尾查询作业 | 列尾查询,尾部风压××kPa |
| 3 | 接近临时限速地段减速地点起始位置6~4 km处 | 临时限速值、当前速度值 | 前方限速××km/h,当前运行速度××km/h |
| 4 | 接近慢行地段限速标 | 慢行标识及限速值 | 慢行限速××km/h |

续上表

| 序　号 | 呼唤时机 | 呼唤项目 | 确认呼唤标准用语 |
| --- | --- | --- | --- |
| 5 | 慢行减速地点(始端)标 | 慢行减速地点(始端)标位置 | 慢行开始 |
| 6 | 慢行减速地点(终端)标 | 慢行减速地点(终端)标位置 | 严守速度 |
| 7 | 越过减速防护地段终端信号标 | 减速防护地段终端信号标位置 | 慢行结束 |
| 8 | 乘降所 | 乘降所 | ××乘降所停车 |
| 9 | 接近分相前 | 分相位置 | 过分相注意 |
| | | 风压 | 总风缸压力,××kPa |
| 10 | 禁止双弓标前 | 禁止双弓标 | 单弓好了 |
| 11 | 断电标前 | 断电标(T断标) | 断电好了 |
| 12 | 越过合电标后 | 合电标 | 闭合好了 |
| 13 | 通过分相后 | 风压、网压 | 总风缸压力,××kPa<br>网压,××kV |
| 14 | 准备降弓标 | 准备降弓标 | 准备降弓 |
| 15 | 降弓标前 | 降弓标 | 降弓好了 |
| 16 | 越过升弓标后 | 升弓标 | 升弓好了 |
| 17 | 遮断信号 | 遮断信号显示 | 遮断信号,红灯停车、无显示 |
| 18 | 按压【开车】键开车后,地面第一架可进行LKJ数据校核的信号机、进站信号机前一架通过(接近)信号机和进站(接车进路、线路所通过)信号机 | LKJ距离与地面信号机实际距离核对 | 确认车位,车位正确<br>确认车位,校正好了 |
| 19 | 进站、接车进路复示信号 | 复示信号显示 | 复示信号,直向(侧向)<br>复示信号,注意信号 |
| 20 | 出站、发车进路复示信号 | 复示信号显示 | 复示信号,好了<br>复示信号,注意信号 |
| 21 | 出站后 | 总风缸、制动缸、控制电压 | 总风缸压力,××kPa<br>制动缸压力,××kPa<br>控制电压,××V |
| 22 | 通过手信号 | 通过手信号显示 | 通过手信号,好了(站内停车) |
| 23 | 防护信号前 | 防护信号 | 防护信号,红灯(红旗)停车、火炬停车、撤除好了 |
| 24 | 预告信号前 | 预告信号显示 | 预告信号,好了、注意信号 |
| 25 | CIR接收接车进路预告信息时 | 进路预告信息内容 | ××站(线路所)××道通过(停车)、机外停车 |

续上表

| 序　　号 | 呼唤时机 | 呼唤项目 | 确认呼唤标准用语 |
|---|---|---|---|
| 26 | 接收临时调度命令时 | 调度命令号及内容 | 确认调度命令，确认好了 |
| 27 | 通信模式转换时 | 模式转换 | 通信转换注意，转换好了 |
| 28 | 机车信号转换时 | 机车信号转换 | 机车信号转换，转换好了 |
| 29 | 接近信号前 | 接近信号显示 | 绿灯<br>绿黄灯<br>黄灯减速 |
| 30 | 进站(接车进路)信号前 | 进站(进路)信号机显示一个绿灯 | 绿灯，正线通过 |
| 31 | | 进站(进路)信号机显示一个绿灯一个黄灯 | 绿黄灯，正线通过，注意运行 |
| 32 | | 进站(进路)信号机显示一个黄灯 | 黄灯，正线停车 |
| 33 | | 进站(进路)信号机显示两个黄灯 | 双黄灯，侧线，限速××km/h |
| 34 | | 进站(进路)信号机显示黄闪黄 | 黄闪黄，侧线，限速××km/h |
| 35 | | 进站(进路)信号机显示红灯 | 红灯，机外停车 |
| 36 | | 非正常行车确认行车凭证时 | 一红一白，引导信号好了<br>黄旗、黄灯，引导手信号好了<br>绿旗、绿灯，特定引导手信号好了<br>机外停车 |
| 37 | 出站(发车进路)信号前 | 出站(发车进路)信号显示一个绿灯 | 绿灯，出站(发车进路)好了 |
| 38 | | 出站(发车进路)信号显示两个绿灯 | 双绿灯，××(线、站)方向出站好了 |
| 39 | | 出站(发车进路)信号显示一个绿灯一个黄灯 | 绿黄灯，出站(发车进路)好了 |
| 40 | | 出站(发车进路)信号显示一个黄灯 | 黄灯，出站(发车进路)好了 |
| 41 | | 出站(发车进路)信号显示一个红灯 | 红灯，站内停车 |
| 42 | | 非正常行车确认行车凭证时 | 确认行车凭证，路票正确<br>确认行车凭证，绿色许可证正确<br>确认行车凭证，半自动闭塞发车进路通知书正确<br>确认行车凭证，红色许可证正确<br>确认行车凭证，调度命令正确 |

续上表

| 序　　号 | 呼唤时机 | 呼唤项目 | 确认呼唤标准用语 |
|---|---|---|---|
| 43 | 进路表示器前 | 进路表示器显示 | 进路表示器,××(线、站)方向好了<br>进路表示器,正、反方向好了 |
| 44 | 自动闭塞区段闭塞分区通过信号前 | 闭塞分区通过信号显示 | 绿灯<br>绿黄灯<br>黄灯减速<br>红灯停车 |
| 45 | 线路所通过信号机前 | 线路所通过信号显示 | 通过信号,<br>绿灯,(××方向好了)<br>绿黄灯,(××方向好了)<br>黄灯减速,(××方向好了)<br>侧线限速××km/h、××方向好了<br>机外停车 |
| 46 | | 非正常行车确认行车凭证时 | 确认行车凭证,凭证正确 |
| 47 | 列车运行限制速度变速点前(由高速变低速) | 变速点低速值 | 前方限速××km/h,当前速度××km/h,注意控速 |
| 48 | 输入侧线股道号 | 侧线股道号输入 | ××道停车(通过),输入××道 |
| 49 | 进入侧线 | 确认 LKJ 输入 | ××道停车(通过),输入××道,正确 |
| 50 | 输入支线号前/后 | 支线号输入 | 输入前:支线运行,注意输入支线号<br>输入后:××方向,支线×× |
| 51 | 进入分支线路 | 确认支线号输入 | ××方向,支线输入正确 |
| 52 | 接近限制鸣笛标前 | 限制鸣笛标 | 进入限鸣区段 |
| 53 | 接近防洪地点标前 | 防洪地点标 | 防洪地点,注意运行 |
| 54 | 接近道口前 | 道口位置 | 道口注意 |
| 55 | 列车客运停点、开点、终到 | 报点 | ×点×分停,正点(晚点或早点××分)到达(通过、×点×分开车) |
| 56 | 列车信号机显示距离不到规定时 | 机车信号 | 绿灯<br>绿黄灯,控制速度<br>黄灯,控制速度<br>黄2灯,控制速度<br>双黄闪灯,控制速度<br>双黄灯,控制速度<br>红黄灯,停车<br>白灯,注意运行 |

续上表

| 序号 | 呼唤时机 | 呼唤项目 | 确认呼唤标准用语 |
|---|---|---|---|
| 57 | 接近电力机车禁停标 | 电力机车禁停标确认 | 禁停标注意 |

3. 到达至入段

| 序号 | 呼唤时机 | 呼唤项目 | 确认呼唤标准用语 |
|---|---|---|---|
| 1 | 列车终到后 | 行车安全装备设置 | LKJ设置,设置好了<br>CIR(通信装置)注销,注销好了<br>列尾销号好了 |
| 2 | 调车转线作业 | 调车信号显示 | 调车信号,白灯<br>调车信号,蓝(红)灯停车 |
| 3 | 调车复示信号前 | 调车复示信号 | 复示信号,白灯<br>复示信号,注意 |
| 4 | 行至站段分界点 | 站段分界点(或一度停车牌) | 一度停车 |
| 5 | 入段前 | 还道信号及入段手信号显示(非集中操纵道岔) | ××道,入段手信号好了 |
| 6 | | 入段信号显示(含简易信号显示) | 入段信号,白(绿)灯<br>入段信号,蓝(红)灯停车 |
| 7 | 经过非集中操纵道岔前 | 道岔位置 | 道岔开通正确 |
| 8 | 经过其他要道还道地点前 | 还道信号及道岔开通手信号 | 一度停车<br>××道,手信号好了 |
| 9 | 换端作业时 | 制动防溜 | 注意防溜 |
| 10 | 进入段内尽头线或有车线 | 确认停车距离 | 十辆15 km/h,五辆10 km/h,三辆5 km/h,停车 |
| 11 | 整备线防护信号前 | 防护信号显示 | 防护信号,撤除好了<br>防护信号,(红灯、蓝灯、红旗、红牌)停车 |

## 二、机车乘务员双岗值乘确认呼唤(应答)标准用语

1. 出段至发车

| 序号 | 呼唤时机 | 呼唤 | | 应答 | | 复诵 | |
|---|---|---|---|---|---|---|---|
| | | 呼唤者 | 标准用语 | 应答者 | 标准用语 | 复诵者 | 标准用语 |
| 1 | 电力机车升弓 | 操纵司机 | 升弓 | 副司机<br>非操纵司机 | 升弓注意 | 操纵司机 | 升弓好了 |

续上表

| 序号 | 呼唤时机 | 呼唤 | | 应答 | | 复诵 | |
|---|---|---|---|---|---|---|---|
| | | 呼唤者 | 标准用语 | 应答者 | 标准用语 | 复诵者 | 标准用语 |
| 2 | 电力机车升弓后 | 副司机<br>非操纵司机 | 仪表注意 | 操纵司机 | 总风压力,××kPa<br>控制电压,××V<br>各仪表(显示屏)显示正常 | 副司机<br>非操纵司机 | 总风压力,××kPa<br>控制电压,××V<br>各仪表(显示屏)显示正常 |
| 3 | 整备完毕,人员就岗 | 副司机<br>非操纵司机 | 出段准备 | 操纵司机 | 准备好了 | — | — |
| 4 | 出段前 | 副司机<br>非操纵司机 | 还道信号<br>出段信号(非集中操纵道岔呼唤内容) | 操纵司机 | ××道<br>出段手信号好了 | 副司机<br>非操纵司机 | ××道<br>出段手信号好了 |
| 5 | | 副司机<br>非操纵司机 | 出段信号 | 操纵司机 | 白(绿)灯<br>蓝(红)灯停车 | 副司机<br>非操纵司机 | 白(绿)灯<br>蓝(红)灯停车 |
| 6 | 经过非集中操纵道岔前 | 副司机<br>非操纵司机 | 道岔注意 | 操纵司机 | 道岔开通正确 | 副司机<br>非操纵司机 | 道岔开通正确 |
| 7 | 经过其他要道还道地点前 | 副司机<br>非操纵司机 | 一度停车<br>还道信号<br>道岔开通信号 | 操纵司机 | 一度停车<br>××道<br>手信号好了 | 副司机<br>非操纵司机 | ××道<br>手信号好了 |
| 8 | 行至站段分界点(或一度停车牌) | 副司机<br>非操纵司机 | 一度停车 | 操纵司机 | 一度停车 | — | — |
| 9 | 调车信号前 | 副司机<br>非操纵司机 | 调车信号 | 操纵司机 | 白灯、蓝(红)灯停车 | 副司机<br>非操纵司机 | 白灯、蓝(红)灯停车 |
| 10 | 调车复示信号前 | 副司机<br>非操纵司机 | 复示信号 | 操纵司机 | 白灯<br>注意信号 | 副司机<br>非操纵司机 | 白灯<br>注意信号 |
| 11 | 换端作业时 | 副司机<br>非操纵司机 | 注意防溜 | 操纵司机 | 制动缸压力,××kPa | 副司机<br>非操纵司机 | 制动缸压力,××kPa |
| 12 | 进入挂车线 | 副司机<br>非操纵司机 | 脱轨器注意 | 操纵司机 | 撤除好了<br>(红灯、红牌)停车 | 副司机<br>非操纵司机 | 撤除好了<br>(红灯、红牌)停车 |
| 13 | 连挂车时 | 副司机<br>非操纵司机 | 十辆、五辆、三辆、停车 | 操纵司机 | 15 km/h、10 km/h、5 km/h、停车 | 副司机<br>非操纵司机 | 15 km/h、10 km/h、5 km/h、停车 |
| 14 | | 副司机<br>非操纵司机 | 防护信号 | 操纵司机 | 撤除好了<br>注意信号 | 副司机<br>非操纵司机 | 好了<br>注意 |

续上表

| 序号 | 呼唤时机 | 呼唤 | | 应答 | | 复诵 | |
|---|---|---|---|---|---|---|---|
| | | 呼唤者 | 标准用语 | 应答者 | 标准用语 | 复诵者 | 标准用语 |
| 15 | 列车制动机试验时 | 副司机<br>非操纵司机 | 制动、缓解<br>试风好了 | 操纵司机 | 制动、缓解<br>试风好了 | — | — |
| 16 | 发车前 | 副司机<br>非操纵司机 | 确认行车安全装备 | 操纵司机 | LKJ设置好了<br>CIR(或通信装置)设置好了<br>列尾装置设置好了<br>机车信号上/下确认好了 | 副司机<br>非操纵司机 | LKJ设置好了<br>CIR(或通信装置)设置好了<br>列尾装置设置好了<br>机车信号上/下确认好了 |
| 17 | | 副司机<br>非操纵司机 | 出站(发车进路)信号 | 操纵司机 | 绿灯,出站(发车进路)好了<br>双绿灯,××(线、站)方向出站好了<br>绿黄灯,出站(发车进路)好了。<br>黄灯,出站(发车进路)好了 | 副司机<br>非操纵司机 | 绿灯,出站(发车进路)好了<br>双绿灯,××(线、站)方向出站好了<br>绿黄灯,出站(发车进路)好了。<br>黄灯,出站(发车进路)好了 |
| 18 | | 副司机<br>非操纵司机 | 确认路票<br>确认绿色许可证<br>确认半自动闭塞发车进路通知书<br>确认红色许可证<br>确认调度命令 | 操纵司机 | 路票正确<br>绿色许可证正确<br>半自动闭塞发车进路通知书正确<br>红色许可证正确<br>调度命令正确 | 副司机<br>非操纵司机 | 路票正确<br>绿色许可证正确<br>半自动闭塞发车进路通知书正确<br>红色许可证正确<br>调度命令正确 |
| 19 | | 副司机<br>非操纵司机 | 进路表示器 | 操纵司机 | ××(线、站)方向好了<br>正、反方向好了 | 副司机<br>非操纵司机 | ××(线、站)方向好了<br>正、反方向好了 |
| 20 | | 副司机<br>非操纵司机 | 发车信号 | 操纵司机 | 一圈、两圈、三圈,发车信号好了<br>联控发车好了 | 副司机<br>非操纵司机 | 一圈、两圈、三圈,发车信号好了<br>联控发车好了 |
| 21 | | 副司机<br>非操纵司机 | 发车表示器 | 操纵司机 | 发车表示器白灯 | 副司机<br>非操纵司机 | 发车表示器白灯 |
| 22 | 列车起动 | 副司机<br>非操纵司机 | 制动手柄、仪表确认 | 操纵司机 | 自单阀运转位,制动缸压力零,各仪表显示正常 | 副司机<br>非操纵司机 | 自单阀运转位,制动缸压力零,各仪表显示正常 |
| 23 | 起动列车后 | 副司机<br>非操纵司机 | 确认开车时刻 | 操纵司机 | 正点(晚点××分)开车 | 副司机<br>非操纵司机 | 好了 |
| 24 | | 副司机<br>非操纵司机 | 注意对标 | 操纵司机 | 对标好了<br>道岔限速××km/h | 副司机<br>非操纵司机 | 好了<br>道岔限速××km/h |

续上表

| 序号 | 呼唤时机 | 呼唤 | | 应答 | | 复诵 | |
|---|---|---|---|---|---|---|---|
| | | 呼唤者 | 标准用语 | 应答者 | 标准用语 | 复诵者 | 标准用语 |
| 25 | 起动列车后 | 副司机<br>非操纵司机 | 后部注意 | 操纵司机 | 后部好了 | 副司机<br>非操纵司机 | 后部好了 |
| 26 | 出站后 | 副司机<br>非操纵司机 | 仪表注意 | 操纵司机 | 总风缸压力，××kPa<br>制动缸压力，××kPa<br>控制电压，××V | — | — |

2. 途中运行

| 序号 | 呼唤时机 | 呼唤 | | 应答 | | 复诵 | |
|---|---|---|---|---|---|---|---|
| | | 呼唤者 | 标准用语 | 应答者 | 标准用语 | 复诵者 | 标准用语 |
| 1 | 机械间巡视及巡视后 | 副司机<br>非操纵司机 | 机械间检查<br>各部正常 | 操纵司机 | 注意安全<br>好了 | 副司机<br>非操纵司机 | 加强瞭望 |
| 2 | 贯通试验 | 副司机<br>非操纵司机 | 贯通试验 | 操纵司机 | 贯通试验好了 | 副司机<br>非操纵司机 | 好了 |
| 3 | 查询列尾时 | 副司机<br>非操纵司机 | 列尾查询 | 操纵司机 | 尾部风压<br>××kPa | 副司机<br>非操纵司机 | 好了 |
| 4 | 接近临时限速地段减速地点起始位置6～4 km处 | 司机 | 前方限速××km/h，当前运行速度××km/h | | — | 副司机<br>非操纵司机 | 前方限速××km/h，当前运行速度××km/h |
| 5 | 接近慢行地段限速标 | 副司机<br>非操纵司机 | 慢行注意 | 操纵司机 | 限速××km/h | 副司机<br>非操纵司机 | 限速××km/h |
| 6 | 慢行减速地点(始端)标 | 副司机<br>非操纵司机 | 慢行开始 | 操纵司机 | 慢行开始 | — | — |
| 7 | 慢行减速地点(终端)标 | 副司机<br>非操纵司机 | 严守速度 | 操纵司机 | 严守速度 | — | — |
| 8 | 越过减速防护地段终端信号标 | 副司机<br>非操纵司机 | 慢行结束 | 操纵司机 | 慢行结束 | — | — |
| 9 | 乘降所 | 副司机<br>非操纵司机 | ××乘降所 | 操纵司机 | 停车 | 副司机<br>非操纵司机 | 停车 |
| 10 | 接近分相前 | 副司机<br>非操纵司机 | 过分相注意 | 操纵司机 | 注意<br>总风缸压力，××kPa | 副司机<br>非操纵司机 | 注意 |

续上表

| 序号 | 呼唤时机 | 呼唤 | | 应答 | | 复诵 | |
|---|---|---|---|---|---|---|---|
| | | 呼唤者 | 标准用语 | 应答者 | 标准用语 | 复诵者 | 标准用语 |
| 11 | 禁止双弓标前 | 副司机<br>非操纵司机 | 禁止双弓 | 操纵司机 | 单弓好了 | 副司机<br>非操纵司机 | 好了 |
| 12 | 断电标(T断标)前 | 副司机<br>非操纵司机 | 断电 | 操纵司机 | 断电好了 | 副司机<br>非操纵司机 | 好了 |
| 13 | 越过合电标后 | 副司机<br>非操纵司机 | 闭合 | 操纵司机 | 闭合好了 | 副司机<br>非操纵司机 | 好了 |
| 14 | 通过分相后 | 副司机<br>非操纵司机 | 仪表确认 | 操纵司机 | 总风缸压力，××kPa<br>网压，××kV | — | — |
| 15 | 准备降弓标前 | 副司机<br>非操纵司机 | 准备降弓 | 操纵司机 | 准备降弓 | — | — |
| 16 | 降弓标前 | 副司机<br>非操纵司机 | 降弓 | 操纵司机 | 降弓好了 | 副司机<br>非操纵司机 | 好了 |
| 17 | 越过升弓标后 | 副司机<br>非操纵司机 | 升弓 | 操纵司机 | 升弓好了 | 副司机<br>非操纵司机 | 好了 |
| 18 | 遮断信号前 | 副司机<br>非操纵司机 | 遮断信号 | 操纵司机 | 红灯停车，<br>无显示 | 副司机<br>非操纵司机 | 红灯停车，<br>无显示 |
| 19 | 按压【开车】键开车后，地面第一架可进行LKJ数据校核的信号机、进站信号机前一架通过(接近)信号机和进站(接车进路、线路所通过)信号机 | 副司机<br>非操纵司机 | 确认车位 | 操纵司机 | 车位正确<br>校正好了 | 副司机<br>非操纵司机 | 车位正确<br>好了 |
| 20 | 进站、接车进路复示信号前 | 副司机<br>非操纵司机 | 复示信号 | 操纵司机 | 直向、侧向或注意信号 | 副司机<br>非操纵司机 | 直向、侧向或注意信号 |
| 21 | 出站、发车进路复示信号前 | 副司机<br>非操纵司机 | 复示信号 | 操纵司机 | 复示好了、注意信号 | 副司机<br>非操纵司机 | 复示好了、注意信号 |
| 22 | 通过手信号 | 副司机<br>非操纵司机 | 通过手信号 | 操纵司机 | 手信号好了<br>站内停车 | 副司机<br>非操纵司机 | 手信号好了<br>站内停车 |

续上表

| 序号 | 呼唤时机 | 呼唤 | | 应答 | | 复诵 | |
|---|---|---|---|---|---|---|---|
| | | 呼唤者 | 标准用语 | 应答者 | 标准用语 | 复诵者 | 标准用语 |
| 23 | 防护信号前 | 副司机<br>非操纵司机 | 防护信号 | 操纵司机 | 红灯(红旗)停车<br>火炬停车<br>撤除好了 | 副司机<br>非操纵司机 | 红灯(红旗)停车<br>火炬停车<br>撤除好了 |
| 24 | 预告信号前 | 副司机<br>非操纵司机 | 预告信号 | 操纵司机 | 预告好了<br>注意信号 | 副司机<br>非操纵司机 | 预告好了<br>注意信号 |
| 25 | CIR接收接车进路预告信息时 | 副司机<br>非操纵司机 | 确认进路预告信息 | 操纵司机 | ××站(线路所)××道通过(停车)、机外停车 | 副司机<br>非操纵司机 | ××站(线路所)××道通过(停车)、机外停车 |
| 26 | 接收临时调度命令时 | 副司机<br>非操纵司机 | 确认调度命令 | 操纵司机 | 调度命令确认好了 | 副司机<br>非操纵司机 | 调度命令确认好了 |
| 27 | 通信模式转换时 | 副司机<br>非操纵司机 | 通信转换注意 | 操纵司机 | 转换好了 | 副司机<br>非操纵司机 | 好了 |
| 28 | 转换机车信号时 | 副司机<br>非操纵司机 | 机车信号转换注意 | 操纵司机 | 转换好了 | 副司机<br>非操纵司机 | 好了 |
| 29 | 接近信号前 | 副司机<br>非操纵司机 | 接近信号 | 操纵司机 | 绿灯<br>绿黄灯<br>黄灯减速 | 副司机<br>非操纵司机 | 绿灯<br>绿黄灯<br>黄灯减速 |
| 30 | 进站(接车进路)信号前 | 副司机<br>非操纵司机 | 进站(进路)信号 | 操纵司机 | 绿灯,正线通过<br>绿黄灯,正线通过,注意运行<br>黄灯,正线<br>双黄灯,侧线,限速××km/h<br>黄闪黄,侧线,限速××km/h<br>红灯,机外停车 | 副司机<br>非操纵司机 | 绿灯,正线通过<br>绿黄灯,正线通过,注意运行<br>黄灯,正线<br>双黄灯,侧线,限速××km/h<br>黄闪黄,侧线,限速××km/h<br>红灯,机外停车 |
| 31 | | 副司机<br>非操纵司机 | 引导信号<br>引导手信号<br>特定引导手信号<br>机外停车 | 操纵司机 | 一红一白,引号信号好了<br>黄旗、黄灯,引导手信号好了<br>绿旗、绿灯,特定引导手信号好了<br>机外停车 | 副司机<br>非操纵司机 | 一红一白,引号信号好了<br>黄旗、黄灯,引导手信号好了<br>绿旗、绿灯,特定引导手信号好了<br>机外停车 |

续上表

| 序号 | 呼唤时机 | 呼唤 | | 应答 | | 复诵 | |
|---|---|---|---|---|---|---|---|
| | | 呼唤者 | 标准用语 | 应答者 | 标准用语 | 复诵者 | 标准用语 |
| 32 | 出站(发车进路)信号前 | 副司机<br>非操纵司机 | 出站(发车进路)信号 | 操纵司机 | 绿灯,出站(发车进路)好了<br>双绿灯,××(线、站)方向出站好了<br>绿黄灯,出站(发车进路)好了<br>黄灯,出站(发车进路)好了<br>红灯,停车 | 副司机<br>非操纵司机 | 绿灯,出站(发车进路)好了<br>双绿灯,××(线、站)方向出站好了<br>绿黄灯,出站(发车进路)好了<br>黄灯,出站(发车进路)好了<br>红灯,停车 |
| 33 | 出站(发车进路)信号前 | 副司机<br>非操纵司机 | 确认路票<br>确认绿色许可证<br>确认半自动闭塞发车进路通知书<br>确认红色许可证<br>确认调度命令 | 操纵司机 | 路票正确<br>绿色许可证正确<br>确认半自动闭塞发车进路通知书<br>红色许可证正确<br>调度命令正确 | 副司机<br>非操纵司机 | 路票正确<br>绿色许可证正确<br>半自动闭塞发车进路通知书正确<br>红色许可证正确<br>调度命令正确 |
| 34 | 进路表示器前 | 副司机<br>非操纵司机 | 进路表示器 | 操纵司机 | ××(线、站)方向好了<br>正、反方向好了 | 副司机<br>非操纵司机 | ××(线、站)方向好了<br>正、反方向好了 |
| 35 | 出站后确认仪表时 | 副司机<br>非操纵司机 | 仪表注意 | 操纵司机 | 总风缸压力,××kPa<br>制动缸缸压力,××kPa<br>控制电压,××V | — | — |
| 36 | 自动闭塞区段闭塞分区通过信号前 | 副司机<br>非操纵司机 | 通过信号 | 操纵司机 | 绿灯<br>绿黄灯<br>黄灯减速<br>红灯停车 | 副司机<br>非操纵司机 | 绿灯<br>绿黄灯<br>黄灯减速<br>红灯停车 |
| 37 | 线路所通过信号机前 | 副司机<br>非操纵司机 | 通过信号<br>确认行车凭证 | 操纵司机 | 绿灯,(××方向好了)<br>绿黄灯,(××方向好了)<br>黄灯减速,(××方向好了)<br>侧线限速××km/h、××方向好了<br>机外停车<br>线路所凭证正确 | 副司机<br>非操纵司机 | 绿灯,(××方向好了)<br>绿黄灯,(××方向好了)<br>黄灯减速,(××方向好了)<br>侧线限速××km/h、××方向好了<br>机外停车<br>线路所凭证正确 |

续上表

| 序号 | 呼唤时机 | 呼唤 | | 应答 | | 复诵 | |
|---|---|---|---|---|---|---|---|
| | | 呼唤者 | 标准用语 | 应答者 | 标准用语 | 复诵者 | 标准用语 |
| 38 | 列车运行限制速度变速点前(由高速变低速) | 操纵司机 | 前方限速××km/h,当前速度××km/h | 副司机<br>非操纵司机 | 注意控速 | 操纵司机 | 注意控速 |
| 39 | 交会列车时 | 副司机<br>非操纵司机 | 会车注意 | 操纵司机 | 注意 | — | — |
| 40 | 输入侧线股道号 | 副司机<br>非操纵司机 | 侧线股道号输入 | 操纵司机 | ××道停车(通过),输入××道 | 副司机<br>非操纵司机 | ××道,输入正确 |
| 41 | 进入侧线 | 操纵司机 | ××道停车(通过),输入××道,正确 | 副司机<br>非操纵司机 | ××道停车(通过),输入××道,正确 | — | — |
| 42 | 输入支线号 | 副司机<br>非操纵司机 | 支线运行,注意输入支线号 | 操纵司机 | ××方向,支线× | 副司机<br>非操纵司机 | 支线×,××方向 |
| 43 | 进入支线 | 操纵司机 | ××方向,支线数据正确(支线错误,修改) | 副司机<br>非操纵司机 | 支线数据正确(支线数据错误,修改) | — | — |
| 44 | 接近限制鸣笛标前 | 副司机<br>非操纵司机 | 进入限鸣区段 | 操纵司机 | 限制鸣笛 | 副司机<br>非操纵司机 | 限制鸣笛 |
| 45 | 接近防洪地点标 | 副司机<br>非操纵司机 | 进入防洪地点 | 操纵司机 | 注意运行 | 副司机<br>非操纵司机 | 注意运行 |
| 46 | 接近道口前 | 副司机<br>非操纵司机 | 道口注意 | 操纵司机 | 注意 | — | — |
| 47 | 旅客列车车站通过、停车、终到 | 副司机 | 报点 | 操纵司机 | 正点(晚点或早点××分)到达(通过、开车) | 副司机 | 正点(晚点或早点××分)到达(通过、开车) |
| 48 | 途中换班时 | 接班司机 | 换班注意 | 交班司机 | 加强瞭望;(前方有限速);注意安全 | 接班司机 | 明白 |
| 49 | 列车信号机显示距离不到规定时 | 副司机<br>非操纵司机 | 机车信号 | 操纵司机 | 绿灯<br>绿黄灯,控制速度<br>黄灯,控制速度<br>黄2灯,控制速度<br>双黄闪灯,控制速度<br>双黄灯,控制速度<br>红黄灯,停车<br>白灯,注意运行 | 副司机<br>(非操纵司机) | 绿灯<br>绿黄灯,控制速度<br>黄灯,控制速度<br>黄2灯,控制速度<br>双黄闪灯,控制速度<br>双黄灯,控制速度<br>红黄灯,停车<br>白灯,注意运行 |

续上表

| 序号 | 呼唤时机 | 呼唤 | | 应答 | | 复诵 | |
|---|---|---|---|---|---|---|---|
| | | 呼唤者 | 标准用语 | 应答者 | 标准用语 | 复诵者 | 标准用语 |
| 50 | 接近电力机车禁停标 | 副司机<br>非操纵司机 | 禁停标注意 | 操纵司机 | 注意 | — | — |

3. 到达至入段

| 序号 | 呼唤时机 | 呼唤 | | 应答 | | 复诵 | |
|---|---|---|---|---|---|---|---|
| | | 呼唤者 | 标准用语 | 应答者 | 标准用语 | 复诵者 | 标准用语 |
| 1 | 列车终到后 | 副司机<br>非操纵司机 | 确认行车安全装备 | 操纵司机 | LKJ设置好了<br>CIR(通信装置)注销好了<br>列尾装置销号好了 | 副司机<br>非操纵司机 | LKJ设置好了<br>CIR(通信装置)注销好了<br>列尾装置销号好了 |
| 2 | 调车转线作业 | 副司机<br>非操纵司机 | 调车信号 | 操纵司机 | 白灯、蓝(红)灯停车 | 副司机<br>非操纵司机 | 白灯、蓝(红)灯停车 |
| 3 | 调车复示信号前 | 副司机<br>非操纵司机 | 复示信号 | 操纵司机 | 白灯<br>注意信号 | 副司机<br>非操纵司机 | 白灯<br>注意信号 |
| 4 | 行至站段分界点(或一度停车牌) | 副司机<br>非操纵司机 | 一度停车 | 操纵司机 | 一度停车 | — | — |
| 5 | 入段前 | 副司机<br>非操纵司机 | 还道信号<br>入段信号(非集中操纵道岔呼唤内容) | 操纵司机 | ××道<br>入段手信号好了 | 副司机<br>非操纵司机 | ××道<br>入段手信号好了 |
| 6 | | 副司机<br>非操纵司机 | 入段信号 | 操纵司机 | 白(绿)灯<br>蓝(红)灯停车 | 副司机<br>非操纵司机 | 白(绿)灯<br>蓝(红)灯停车 |
| 7 | 经过非集中操纵道岔前 | 副司机<br>非操纵司机 | 道岔注意 | 操纵司机 | 道岔开通正确 | 副司机<br>非操纵司机 | 道岔开通正确 |
| 8 | 经过其他要道还道地点前 | 副司机<br>非操纵司机 | 一度停车<br>还道信号<br>道岔开通信号 | 操纵司机 | 一度停车<br>××道<br>手信号好了 | 副司机<br>非操纵司机 | ××道<br>手信号好了 |
| 9 | 换端作业时 | 副司机<br>非操纵司机 | 注意防溜 | 操纵司机 | 注意防溜 | — | — |
| 10 | 进入段内尽头线或有车线 | 副司机<br>非操纵司机 | 十辆、五辆、三辆、停车 | 操纵司机 | 15 km/h、10 km/h、5 km/h、停车 | 副司机<br>非操纵司机 | 15 km/h、10 km/h、5 km/h、停车 |

续上表

| 序号 | 呼唤时机 | 呼　　唤 | | 应　　答 | | 复　　诵 | |
|---|---|---|---|---|---|---|---|
| | | 呼 唤 者 | 标准用语 | 应 答 者 | 标准用语 | 复 诵 者 | 标准用语 |
| 11 | 整备线防护信号前 | 副司机<br>非操纵司机 | 防护信号 | 操纵司机 | 撤除好了(红灯、蓝灯、红旗、红牌)停车 | 副司机<br>非操纵司机 | 撤除好了(红灯、蓝灯、红旗、红牌)停车 |

4. 说明

(1)同时具有接车进路和发车进路的进路信号机，列车在该信号机前停车及发出时，按照发车进路信号机进行呼唤，信号指示列车在该信号机前不停车通过该信号时，按照接车进路信号机进行呼唤。

(2)设有出站信号机的线路所，线路所通过信号比照进站信号机呼唤内容进行呼唤。

(3)双线自动闭塞区段 2 灯位进路表示器显示，根据灯位显示确认呼唤“正、反方向好了”；双线自动闭塞区段 1 灯位进路表示器显示，反方向行车着灯时确认呼唤“反方向好了”，正方向行车不着灯时不呼唤；除上述之外的进路表示器，在确认进路表示器显示灯位后，呼唤“××(线、站)方向好了”。

(4)慢行地点限速标未标明限速值时，按限速 25 km/h 进行呼唤。

(5)LKJ 正线开车对标，无侧向道岔限速时，不呼唤道岔限速。

(6)对发车信号的呼唤，含使用手信号及无线通信设备发车。

(7)防洪地点标仅在防洪期间进行呼唤。

(8)上述表中“其他要道还道地点”，是指办理出段或入段作业走行进路上，显示出段或入段手信号之外的扳道房前的停车要道地点。

(9)双岗值乘时，首次机械间巡视需对巡视主要内容进行汇报。

(10)双岗值乘途中换班作业，运行当前区间或前方第一区间有临时限速时需进行呼唤。

(11)单岗值乘时，操纵司机按照《单岗值乘确认呼唤标准》执行，添乘指导司机对操纵司机确认呼唤内容进行复诵。

(12)双岗值乘时，值乘人员按照《双岗值乘确认呼唤(应答)标准》执行，添乘指导司机按照标准中复诵者内容进行复诵。

(13)货运列车在车站开车、通过、到达可不报告和呼唤列车正晚点时分。

(14)司机途中操纵牵引、制动手柄及操作行车安全装备遇有需要进行呼唤和手比的项目时，可只呼唤不手比。

## 三、机车乘务员调车作业确认呼唤(应答)标准

| 序号 | 呼唤时机 | 呼　　唤 | | 应　　答 | | 复　　诵 | | 备　　注 |
|---|---|---|---|---|---|---|---|---|
| | | 呼 唤 者 | 标准用语 | 应 答 者 | 标准用语 | 复 诵 者 | 标准用语 | |
| 1 | 计划传达 | 副司机 | 确认计划 | 司机 | 计划明确 | 副司机 | 计划明确 | — |
| 2 | 灯显试验 | 副司机 | 确认灯显 | 司机 | 灯显良好 | 副司机 | 灯显良好 | — |

续上表

| 序号 | 呼唤时机 | 呼唤 | | 应答 | | 复诵 | | 备注 |
|---|---|---|---|---|---|---|---|---|
| | | 呼唤者 | 标准用语 | 应答者 | 标准用语 | 复诵者 | 标准用语 | |
| 3 | 仪表确认 | 副司机 | 仪表注意 | 司机 | 显示正常 | 副司机 | 显示正常 | 每批作业动车前应确认风、仪表显示 |
| 4 | 每钩作业前 | 副司机 | 唱一钩 | 司机 | 复一钩 | — | — | — |
| 5 | 调车信号前 | 副司机 | 调车信号 | 司机 | 白灯<br>蓝（红）灯<br>停车 | 副司机 | 白灯<br>蓝（红）灯<br>停车 | — |
| | 起动信号 | 副司机 | 起动信号 | 司机 | 好了 | 副司机 | 好了 | — |
| 6 | 确认进路 | 副司机 | 确认进路 | 司机 | 进路好了 | 副司机 | 进路好了 | 得到车站值班员“×道进路准备好了”的通知后 |
| 7 | 连挂车辆 | 副司机 | 确认存车 | 司机 | 头部(中部、尾部) | 副司机 | 头部(中部、尾部) | 单机挂车时距存车一辆，呼唤应答为：一辆停车再连挂 |
| | | | 连挂(推进)信号 | | 信号好了 | | 好了 | |
| | | | 防护信号 | | 撤除好了<br>注意信号 | | 好了<br>注意 | |
| | | | 十辆 | | 15 km/h | | 15 km/h | |
| | | | 五辆 | | 10 km/h | | 10 km/h | |
| | | | 三辆 | | 5 km/h | | 5 km/h | |
| | | | 停车 | | 停车 | | 停车 | |
| 8 | 溜放作业 | 副司机 | 溜放信号<br>停车 | 司机 | 信号好了<br>停车 | 副司机 | 好了<br>停车 | — |
| 9 | 限速车辆 | 副司机 | 车辆限速 | 司机 | 限速××km/h | 副司机 | 限××km/h | — |
| 10 | 限速线路 | 副司机 | 线路限速 | 司机 | 限速××km/h | 副司机 | 限××km/h | — |
| 11 | 要道还道 | 副司机 | 一度停车 | 司机 | 一度停车 | — | — | — |
| | | | 还道信号 | | ××道 | 副司机 | ××道 | — |
| | | | 开通信号 | | 开通好了 | | 好了 | |
| | | | 道岔注意 | | 道岔开通正确 | | 道岔开通正确 | |

续上表

| 序号 | 呼唤时机 | 呼　　唤 | | 应　　答 | | 复　　诵 | | 备　　注 |
|---|---|---|---|---|---|---|---|---|
| | | 呼 唤 者 | 标准用语 | 应 答 者 | 标准用语 | 复 诵 者 | 标准用语 | |
| 12 | 预推 | 副司机 | 预推信号 | 司机 | 信号好了 | 副司机 | 好了 | — |
| 13 | 推峰(机峰) | 副司机 | 绿闪 | 司机 | 绿闪×km/h | 副司机 | ×km/h | — |
| | | | 绿灯 | | 绿灯×km/h | | ×km/h | |
| | | | 黄闪 | | 黄闪×km/h | | ×km/h | |
| | | | 红灯 | | 红灯停车 | | 停车 | |
| | | | 白灯 | | 白灯下峰 | | 下峰 | |
| | | | 红闪 | | 红闪回拉 | | 回拉 | |
| | | | 白闪 | | 白闪迂回线(禁溜线) | | 迂回线(禁溜线) | |

注:调车信号确认时实行手比呼唤。

1. 信号显示白色灯光时右手伸出食指和中指并拢,拳心向左,指向前方调车信号机;
2. 推峰信号有变化时右手伸出食指和中指并拢,拳心向左,指向机车信号;
3. 停车信号时右臂拢拳,举拳与眉齐,拳心向左,小臂上下摇动3次;
4. 注意警惕运行时:右臂拢拳,大小臂成90°,举拳与眉齐,拳心向左。